좋은 인연 되길 바랍니다.

부자 되시고 행복하세요.

유엔알 컨설팅 박상언

앞으로 10년,
**살아남는
부동산**

**사라지는
부동산**

앞으로 10년, 살아남는 부동산

박상언 지음

현실로 다가올 대한민국 부동산의 메가 트렌드

사라지는 부동산

한스미디어

앞으로 10년,
어떤 부동산이 살아남을 것인가

찐錢의 이동이 시작됐다

한국은행의 금리인하로 1,000조 원에 달하는 부동자금이 발 빠르게 안정성과 수익성을 찾아 움직이고 있다. 반면 디플레이션 우려와 미중 무역·환율전쟁, 홍콩 시위, 일본과 우리나라의 무역 갈등을 전후해 일부 전문가와 유튜브 등 여기저기서 R recession : 침체의 공포 등 비관적 경제 전망도 독버섯처럼 퍼지고 있다. 과거의 자유무역 기치와 달리 선진국을 중심으로 자국 이익을 우선으로 하는 보호무역주의가 팽배해지고 있다. 세계 정치경제를 쥐락펴락해 호황을 보이는 미국과 달리 대부분의 나라는 유례없는 초저성장 순환 사이클 안에 머무를 가능성이 많아 투자 전 최악의 경우도 고려해야 한다.

유가급등 등 국내외적인 돌발 변수가 나타나고 한국 기업들의 신용등급에 이어 국가신용등급까지 몇 단계 떨어지게 되면 외화자금까지 썰물처럼 빠져, 우리나라 경제가 심각한 사태를 맞이할 수도 있다. 홍콩과 싱가포르 금융가에서 한국에 대해 불안해하고 있다는 소문도 간간히 들린다. 한국 경제가 한 번도 가보지 않은 길을 걸을 수 있다는 두려움도 있다.

'더닝 크루거 효과'란 게 있다. 능력 없는 사람이 잘못된 결정을 내려 부정적인 결과가 나타나도 능력이 없어 스스로의 오류를 알지 못하는 현상이다. 심리학 이론의 인지편향 가운데 하나다. 부지불식간에 국가뿐 아니라 기업, 자기 자신에게 더닝 크루거 효과가 적용될 수 있으니 세상을 판단하거나 자산을 투자하기 전에 항상 귀를 열고 반대되는 의견도 경청하면서 10년 후 미래를 생각할 때다.

10년 후 벌어질 사회·문화의 변화

10년 후 유통 환경이 온라인과 배달업으로 더 급격하게 커질 것으로 보인다. 최근 연구 조사에서 온라인 쇼핑액이 100억 원 늘면 소매 점포가 8개 이상 감소하는 것으로 밝혀졌다.

10년 이내 적자 위기에 몰린 시내 요지의 대형마트와 백화점 절반 이상이 순차적으로 주상복합아파트로 개발될 것이다. 대형마트와 백화점 등 편의시설을 보고 주택에 투자했더라도 언제든 사라질 수 있다는 점을 염두에 둬야 한다. 도심 인근 호텔도 기숙사나 오피스텔, 임대주택으로 용도가 변할 것이다. 빈 사무실과 상가도 임대주택으로 바뀔 것이다. 빈 사무실과 상가도 임대주택으로 바뀌고 전국의 집장촌도 하나둘 고급주거지와 오피스텔촌으로 바뀔 것이다.

10년 후 수소연료를 기반으로 하는 인공지능, 자율주행차가 많이 보급돼 사고 처리 시 사람이 직접 운전했으면 오히려 처벌이 더 무거

워질 것이다. 차량도 직접 소유하는 것보다 필요할 때마다 빌려 쓰는 공유차 시대, 연간으로 잡지 구독하듯이 회비를 내면서 원하는 차량을 바꿔 쓰는 '구독 경제 시대'가 완전히 정착될 것이다. IT 기술 발달로 공유 오피스와 공유 주방이 도심 오피스의 공실을 메워줄 것이다. 고정 출근하는 직장이 없는 시대가 올 것이다.

학령 인구 감소로 초등학교부터 폐교되면서 경로당을 겸한 노인학교로 점차 변모될 것이다. 이익 단체의 반발이 있겠지만 초고령화 시대와 IT 기술 발달로 선택적인 원격 의료도 정착될 것이다. 허공에 모니터 화면을 띄우는 홀로그램 컴퓨터도 대중화되고 한반도 열대화로 열대식물 재배지가 점차 북상될 것이다. 국민의 의료보험과 국민연금이 점차 증가해 젊은이와 은퇴 세대와의 갈등도 예상된다.

미국 대선을 전후해 미중 무역·환율전쟁이 마무리된 후 중국의 경제력은 더욱더 커져서 중국인들이 마사지를 받으러 한국을 방문하는 게 자연스러운 문화가 될 것이다. 하지만 한일 관계는 정치 이해에 따라 온탕 냉탕을 끝없이 반복할 것이다.

부동산과 건설도 전자, 금융, AI, 빅데이터, VR, 블록체인 등과 결합해 프롭테크(부동산+기술의 합성) 서비스로 가야 살아남는 시대가 올 것이다. 10년 후에도 더욱 성공하는 멋진 삶을 살 것인지 부不동산이 부負동산이란 큰 짐으로 변할 것인지 사회·경제·정치·문화까지 한 발 앞서 트렌드를 분석하는 본인 능력에 달렸다.

좋아하는 것을 찾아서 즐겨라

"좋아하는 일을 찾아라. 그러면 당신은 단 하루도 일할 필요가 없다."

이 책을 쓰기 위해 수년에 걸쳐 국내외 자료를 수집했다. 필요하다면 국내외 현장을 직접 방문하고 확인하면서 진솔하게 적었다.

우리보다 은퇴 시기가 빠르거나 생활수준이 높은 미국, 영국, 일본, 프랑스, 독일, 싱가포르, 홍콩, 마카오 외 20여 개국 이상을 직접 발로 뛰면서 현장을 취재했다. 책에 실린 모든 사진은 직접 촬영한 것이다. 20년 동안 국내외 여러 곳을 다니면서 연구하고 글 쓰고 방송하고 투자하는 게 몸에 잘 들어맞았다. 일로 생각하지 않고 매순간을 즐긴 덕분인지 여기까지 잘 온 것 같다.

업무와 삶을 이분법적으로 분리하는 것보다 입체적으로 융합하는 게 개인과 조직에게 유리하다. 미국에서는 워라밸work-life balance : 일과 삶의 균형 대신 워라인work-life integration : 일과 삶의 통합이 주목받고 있다.

젊었을 때 일과 상관없는 것에 에너지를 쏟는 과도한 워라밸은 인생의 워라밸을 놓칠 수 있다. 여러분은 10년 단위로 나눠서 인생 계획을 세우고 점검하기를 바란다. 투자하고 싶거나 처분하고 싶은 자산이 어떤 성격인지 워라인하면서 분석해보는 것도 호황을 대비해 불황을 견디는 방법이 될 수 있다. 불황을 잘 버텨야 다가오는 호황도 잘 맞이할 수 있는 법이다. 마지막으로 독자들에게 돈은 "행복해지기 위해 써야 하고" "자기가 좋아하는 것을 찾아 써야" 하며 "인생에서 인상적인 경험을 하기 위해 써야 한다"는 말을 전하고 싶다.

반포동 연구실에서

박상언

차례

5장 앞으로 10년, 부동산으로 부자 되는 기술

6장 상가 시장의 미래 트렌드

1장

앞으로 10년,
대한민국 부동산에는
어떤 일이 일어나는가

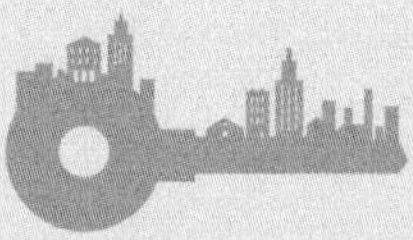

01 10년 전, 금융위기의 교훈

위기가 우량 물건 싸게 살 수 있는 기회

2008년 금융위기 충격으로 기업도산, 실업자 속출, 주가와 부동산 폭락, 가계 파산 등이 들이닥쳤다. 그때 가보지 못했던 부동산 현장을 주로 탐방했다. 평소 듣고 싶었던 유명 강좌를 일부러 찾아서 들었다. 힐링하면서 실전투자 실력을 배가시킬 수 있는 기회였다.

대부분의 사람이 불황을 온몸으로 맞고 있지만, 앞으로 좋아질 일만 남았다고 생각하고 그동안 하고 싶었던 것을 즐기면서 실력을 키우고 내실을 다지는 기회로 삼아야 한다. 불황은 시장에서 한 발짝 물러나 잊었던 소중한 것을 생각하는 시간을 제공하기 때문이다.

경제 사이클을 분석해보면 10년 이내 2008년에 버금가는 금융위기가 한국에 다시 찾아올 것이다. 《10년 후에도 살아남을 부동산에 투자하라》에서 거론한 적 있는 '양털 깎기'다. 양털이 자라는 대로 뒀다가 어느 날 털을 깎아 수익을 챙긴다는 말이다. 시중에 유동성 (돈)을 풀어놓고 금리를 점차 올려서 자금을 빨아들이는 식이다.

부동산과 주식 등 자산 가격도 거대 금융기관의 '보이지 않는 손'의 의해 결정된다. 20세기 초반의 금융위기, 1980년대, 1990년대 유럽과 아시아의 금융위기는 세계적인 금융 재벌들의 이익 극대화를 위한 작전이었다. 해당 국가의 경제를 파탄내면서 이익을 얻는 수법들을 썼다. 한국의 위기는 국외의 변수보다 정치·경제 등의 복합적인 내부 문제로 예상보다 빨리 올 수 있다. 대비책을 세워야 한다.

《위기에 성장하는 직장인 생존비밀》(뤼궈룽 지음, 밀리언하우스, 2008)에 불황을 잘 극복한 출판인의 사례가 나온다. 불황에 어느 출판인이 책이 팔리지 않아 골머리를 앓다가 대통령에게 책을 보내서 의견을 구했다. 정무에 바쁜 대통령은 그와 엮이기 싫어서 짧게 답신했다. "책이 매우 좋습니다." 그러자 출판인은 대통령이 가장 아끼는 책이라고 대대적으로 광고해서 엄청난 판매량을 올렸다.

오래지 않아 출판인은 잘 팔리지 않는 또 다른 책을 대통령에게 보냈다. 전에 속았던 대통령은 그를 골리려고 형편없는 책이라고 했다. 출판인은 골똘히 생각하다가 대통령이 가장 싫어하는 책이라고 광고했다. 그러자 이번에도 호기심을 느낀 사람들이 앞다퉈 책을 사갔다. 얼마 뒤 출판인은 세 번째 책을 보냈다. 대통령은 이전 일을 교훈삼아 아무 답변도 하지 않았다. 그러자 출판인은 '대통령도 쉽게 결론을 내리지 못한 책, 절찬리 판매 중'이라고 광고했다. 이번에도 많은 사람이 책을 샀다. 이 출판인은 현명하게도 기존과 다른 시각에서 문제를 생각해 구매력을 끌어냈다. 거듭하는 거절 속에서도 뛰어난 융통성으로 성공의 길을 찾았다.

20년 이상 부동산 업계에 종사한 경험에 비춰 우리나라 경제가 어렵지 않은 적이 없었다. 하지만 위기론이 대두될 때마다 좋은 물건을 싸게 살 수 있는 기회로 여겨 실행한 사람은 큰돈을 벌 수 있었다. 미중 무역·환율전쟁, 한일 간 갈등도 영원히 지속될 수는 없다. 현재 갈등을 빚고 있는 나라들의 정치적인 큰 이벤트가 마무리되면 서서히 화해 무드로 돌아서면서 자산 시장도 정상 복귀할 것이다.

내가 좋아하는 명언이 있다. 윈스턴 처칠 전 영국 총리의 '과거와 현재가 싸우면 미래를 잃는다'다. 과거를 잊으면 안 되지만 과거에만 집착하면 미래를 보지 못한다. 과거의 투자 실패 사례와 아픔을 복기하는 것은 좋다. 단, 암울했던 과거에 사로잡혀 항상 우울해하면 앞으로 나가지도 못하고 인생에 도움이 되지 않는다.

미래 한국 경제를 장밋빛으로 생각한다면 지금 같은 불황을 맞아 급락한 자산을 가장 싸게 투자할 수 있는 절호의 기회로 삼아야 한다. 글로벌 금융위기 때 모든 자산이 폭락한 게 아니다. 이 시기를 기점으로 자산을 늘린 재테크에 밝은 회원이 적지 않다. 도심권의 개발 가능 단독주택과 상가주택, 관광지 한옥과 지방 광역시 주택, 평택과 제주도 부동산은 이 시기를 기점으로 급등세를 탔다.

시장 트렌드 파악이 투자의 기본

10년 후에 어느 지역의 부동산 가격이 가장 많이 오르고 내릴까? 그 상황에 닥치면 부동산을 팔아야 하는지 그대로 보유하고 있어야 하는지가 가장 궁금할 것이다. 나를 포함한 대부분의 전문가는 지역·상품별 부동산 가격의 차별화가 지금보다 심해진다고 예측한다. 과거처럼 아무 곳에나 투자하면 오르는 시대는 끝났다.

나는 부동산 재테크와 식당 사업으로 큰돈을 번 개그맨 팽현숙 씨와 공동 강의를 했었다. 직접 그녀의 성공 스토리를 들은 적이 있다. 집안의 장녀인 팽현숙 씨는 유산 대신 "동생들 뒷바라지 잘 하라"는 유언을 물려받았다. 20대부터 치열하게 살면서 부동산투자와 순댓국 사업을 한 결과 지금의 성공에 이르렀다. 팽현숙 씨는 시간이 갈수록 돈의 가치는 추락하고 상대적으로 부동산 가치는 오른다고 생각했다. 100세 시대를 대비하려면 부동산투자는 무조건 해야 한다고 강조하는 그녀다. 부모를 부양하고 자식을 돌보려면 2배로 벌어야 한다. 그중에서 가장 빠른 게 부동산이라고 판단한 것이다.

부동산을 통해 수백억 원을 번 가수 방미도 신도시보다 도심투자를 언급한다. 현금과 월세 중장기투자 등으로 나누는 분산투자를 강조하고 있다. 그녀는 부동산을 팔면 반드시 부동산을 사야 한다고 말한다. 경험상 잘 모르는 상품에 투자하다가 실패하기 십상이기 때문이라면서 말이다.

불황에 기회를 엿본다

2차 세계대전 당시 일본은 진주만을 공격했다. 당일 일본 증시는 하한가를 맞았다. 이날 한 증권사에서 하한가 주식을 대거 매입했다. 얼마 후 거래소는 문을 닫았다. 패전하고 나서 주식은 폭등했고 하한가에 주식을 매입했던 증권사는 돈을 벌어 최고의 증권사가 됐다. 바로 노무라다.

나도 주식 시장이 외부 변수인 브렉시트나 트럼프 당선, 북한 문제로 급락할 때마다 배당이 증가하는 회사를 눈여겨보다 꾸준히 매입했다. 수억 원의 배당금도 받고 대주주까지 오른 적이 있다. '밀짚모자는 겨울에 사라'는 격언이 있다. 수요가 크게 없어 가격이 싼 겨울에 '밀짚모자를 미리 사두었다가 여름 성수기에 팔면 이문을 크게 남길 수 있다'는 말이다.

문재인 정부의 국내외적 정치경제 상황은 개인이든 기업이든 투자하기에 역대 최악이다. 그렇다고 이 환경이 영원히 계속되지는 않을 것이다. 역설적으로 이럴 때일수록 알짜매물을 잡을 수 있다. 주변의 현금 부자들은 부동산이든 주식이든 가격이 더 떨어지기를 기대하고 있다. 이들은 우리나라가 위기에 빠질 때마다 헐값에 자산을 매입하고 호황기에 잘 팔았거나 가지고 있다가 현재의 부를 유지했다. 미래가 보이지 않을 때 포기하는 대다수의 일반인과 다르다.

내가 자산이 급격히 늘어난 이유는 시장 트렌드를 재빠르게 파악하고 부동산에 장기투자한 데서 찾아볼 수 있다. 또한 도심권 아파트나 오피스텔 등 주거용 부동산 개발에 직간접적으로 참여한 덕분이다. 주식투자도 나름 성공했다. 미래를 이끌 산업섹터군의 배당주 같은 안정적인 주식에 장기투자를 했다. 남들이 하는 일반 매매 방식으로 시장 흐름에 맡겨 오르기를 기다리는 것은 일반적인 부동산 투자법이다. 시장 흐름에 맞는 상품으로 개발해서 분양이나 매매하는 방식이 고수의 투자법이다. 곧 공급자의 위치에 서는 게 더 빠르게 부를 쌓는 지름길이다.

10년 후에도 살아남을
부동산에 투자하라

《10년 후에도 살아남을 부동산에 투자하라》는 내가 10년 전 발간한 책으로 2018~2019년 전후를 예측하는 내용을 다뤘다. 당시에는 선풍적인 인기를 끌어 한동안 경제경영 분야의 베스트셀러 1위를 기록했다.

우리보다 10년 정도 은퇴 시기와 GDP가 앞서거나 비슷하게 진행되는 일본, 미국, 오스트레일리아, 독일, 프랑스, 홍콩, 싱가포르, 상하이, 베이징, 대만 등 20여 개국 이상을 탐방하면서 10년 후 한국의 경제와 부동산 트렌드 등 미래에 대해 쓴 전망서다.

"직주근접도심에 투자하라. 기업체

10년 전 오늘의 부동산 상황을 예측한 《10년 후에도 살아남을 부동산에 투자하라》(2009)

수익형 부동산과 차별화된 개념을
만든 《나는 주식보다 연금형 부동
산이 좋다》(2011)

없는 신도시는 망한다. 한강변에 투자
하라" 등은 지금에야 여러 매체와 전문
가가 주장하고 있지만 15년 전부터 우
리보다 소득수준이 높은 여러 선진국
부촌과 특징적인 지역들을 발로 뛰면서
내린 결론이었다.

지금 최고의 부촌으로 등극한 반포
동, 개포동, 청담동, 삼성동 같은 "일
자리가 많은 도심권의 강남 한강변이
뜬다"는 것은 15년 전부터 연구를 통해
알 수 있었다. 나의 또 다른 저서 《나는 주식보다 연금형 부동산이
좋다》에도 이런 내용이 기술돼 있다.

10년 후에도 국내외적 큰 이벤트가 없다는 가정 아래 일자리가 서
울에 몰려 있다면 이 지역은 떨어지기가 쉽지 않다. '연금형 부동산'
은 일반 명사화됐지만 2011년경 '수익형 부동산보다 안전한 게 연금
형 부동산'이라는 의미에서 내가 만든 용어다.

지금도 인터넷 카페와 블로그에서 이 책을 평가하는 글을 찾아볼
수 있다. 물론 이 책에서 예측한 내용이 100% 들어맞지는 않았다.
소득수준이 증가할수록 그에 맞게 외곽의 고급 대형 타운하우스가
뜰 것이라고 예측했지만 뜨지 않았다. 용산이나 판교처럼 소득수준
이 뒷받침되는 지역의 고급 타운하우스와 소형 실속맞춤형으로 트
렌드가 변하고 있다. 100% 맞추지 못했지만 90% 이상의 적중률을
보여 작은 위안으로 삼고 있다.

2010년경 중국 하이난섬의 부동산이 중국 정부의 지원으로 급등

중인 것을 눈치 채고 제주도에 지사를 만들어 부동산 여기저기를 추천했다. 저가항공 전성기와 이효리 등 연예인들의 제주도살이로 운 좋게 알짜 부동산을 선점할 수 있었다. 2009년부터 회원들과 세종특별자치시 일대 토지 탐방에 집중하고 있다. 현재까지 세종특별자치시는 공시지가 상승 1~2위를 나타내고 있다.

여러 정보를 취합해본 결과 앞으로 10년 후 섬 투자도 유망하다. 크게 보면 울릉도와 영종도 인근 섬, 여수 인근 섬이 제주도의 바통을 이어 뜰 가능성이 농후하다.

일본의 잃어버린 20년 동안 산업 자료를 구해 차근히 분석해봤다. 제약 바이오주가 호황인 것을 파악하고 2015년부터 제약 바이오주에 집중 투자했다. 제약바이오주가 폭락하기 직전에 매도해 소소한 재미도 봤다. 1992년부터 2001년까지 '잃어버린 10년' 동안 일본 토픽스 지수는 40% 하락했지만 제약·식품·소매·정보통신 등 일부 업종은 토픽스 대비 초과 수익률을 기록했다.

스티브 잡스의 멘토였던 엘렌 케이 캘리포니아주립대학 교수는 "미래를 예측하는 가장 좋은 방법은 미래를 만드는 것"이라 했다. 일반인에게 결코 쉬운 일은 아니다. 일반인에게는 적어도 부동산이나 주식에 투자하기 전 과거 호황과 위기 시 자산 시장의 급등락 데이터를 상품별로 파악하고 있어야 미래를 예측하는 데 도움이 될 것이다.

10년 후에도 부동산 애착 여전할 것

2015년 시장조사 전문기업 마크로밀엠브레인의 트렌드모니터가

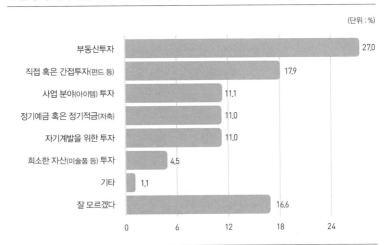

10년 후 수익이 가장 높을 것 같은 투자 형태

(단위 : %)

투자 형태	비율
부동산투자	27.0
직접 혹은 간접투자(펀드 등)	17.9
사업 분야(아이템) 투자	11.1
정기예금 혹은 정기적금(저축)	11.0
자기계발을 위한 투자	11.0
희소한 자산(미술품 등) 투자	4.5
기타	1.1
잘 모르겠다	16.6

출처 : 트렌드모니터

전국 만 19~59세 성인남녀 2,000명을 대상으로 10년 후 수익이 가장 높을 것 같은 투자 형태를 조사했다. 그 결과 부동산투자(27.0%)를 가장 많이 꼽았다. 다음으로 직접 및 간접투자(17.9%), 사업 분야 투자(11.1%), 정기예금 및 적금 등의 저축(11.0%), 자기계발을 위한 투자(11.0%)의 수익이 좋을 것 같다는 의견이 뒤를 이었다. 연령이 낮을수록 자기계발에 투자하는 것이 좋을 것 같다는 의견(20대 17.6%, 30대 11.2%, 40대 8.6%, 50대 6.4%)이 상대적으로 많았다.

현재 일정 수준의 현금자산을 가지고 있을 경우 투자하고 싶은 분야를 묻는 질문에도 부동산을 첫손에 꼽는 응답자들이 가장 많았다. 현금자산을 1억 원 보유하고 있다면 36.5%가 부동산에 투자하겠다는 의사를 밝혔다. 정기예금 및 적금(20.1%), 직간접투자(17%) 의향보다 우세했다. 현금 보유 수준이 10억 원 내지 30억 원이라면 각각 61.5%, 60.6%가 부동산투자를 할 것이라는 의향을 밝혔다. 이 이야기는 현금자산이 많을수록 부동산에 더욱 눈을 돌릴 것이라는 예상을 가능케 했다. 부동산투자 분야 중 10년 후 수익이 가장 높을 것 같은 대상으로는 수익형 임대상가(36.4%, 중복응답), 토지(36.3%), 수익형 임대주택(33.5%)을 가장 많이 꼽았다. 경기 흐름이 급격히 바뀐 만큼 위의 조사가 100% 맞지 않을 수 있다. 수시로 쏟아지는 정부 부동산 대책에 일희일비할 필요는 없다. 적어도 10년 후를 내다보고 미래 트렌드를 파악해야 한다. 지금은 부의 축에 차근차근 접근할 수 있는 내공을 기를 수 있는 최적의 타이밍이다.

10년 후,
부자들은 강에서 만난다

기를 많이 받는 젊은 시절에는 해를 충분히 받는 동향이 좋다. 인생을 마무리하는 60대 이후부터는 인생을 관망하고 내려놓는다는 의미에서 북향이나 서향이 좋을 수 있다.

"그 아저씨 산으로 올라갔대." 이 말을 듣는 순간 대개 몸이 좋지 않거나 사업이 망해서 산으로 올라갔다는 의미로 들릴 것이다. 사람들은 산이나 언덕, 윗동네로 올라갈수록 재물도 같이 축난다고 알고 있다.

어느 지역이든 '산동네 출신'이라면 '못사는 동네에 산다'가 연상된다. 나도 지방 소도시 바닷가 '산동네 출신'이다. 초등학교 때 선생님이 가정방문이라도 온다고 하면 어린 마음에 부끄러웠다.

재벌은 왜 성북동, 구기동 등 언덕배기에 사는데도 부를 유지하고 있는지 궁금할 것이다. 재벌이나 스님, 무당 등은 기가 세서 언덕배

기나 산에 살아도 문제가 없다. 기가 약한 일반인은 재물을 더 모으려고 산으로 올라갈수록 기를 뺏긴다.

산을 택할 것인가, 물을 택할 것인가? 풍수 관점에서 부富를 택할 것인지 귀貴를 택할 것인지 묻는 것과 같다. 부를 택하려면 물을 가까이 하고 귀를 택하려면 산을 가까이 해야 한다.

부자들은 강변으로 모이고 있다

"그 집 가족 한강에서 이번 주 금요일 저녁 외식하기로 했대." 이 말을 듣는 순간 누구라도 약간의 부러움을 느낄 수 있다. 하지만 사업하다 망한 친구네 가족이 한강에서 외식한다는 얘기를 전해 들었을 때는 혹시 식사 후에 다른 생각을 가지지 않을까 걱정하는 게 인지상정이다. 우리는 부러움보다 막연한 두려움과 힘내라는 응원 메시지를 보내고 싶을 것이다.

부와 연관된 강에 대한 개념은 소득수준이 높고 여유가 있는 사람에게만 해당된다. 소득이 낮은 사람에게는 해당되지 않는다. 소득이 3만 달러 이상인 도시에 사는 사람에게 비치는 강은 여유로워 보이고 그 이하일수록 반대로 보일 것이다.

차츰 익숙해지는 숫자, 평당 1억 원

한강변 반포아크로리버파크의 평당 시세가 1억 원이 "맞다, 아니다"라는 말이 많다. 반포아크로리버파크 전용면적 84㎡는 30억 원에 실거래 됐다. 상하이 황푸강을 조망할 수 있는 고급아파트 탕천 이핀은 평당 1억 이상을 오르내린다. 인근의 중량하이징 이하오의 거래가도 비슷하다. 야경이 화려한 황푸강을 조망할 수 있는 이 아파트는 40층과 44층 각각 2동으로 구성돼 있다. 가구당 계산하면 50~200억 원을 호가한다. 일본에서 가장 비싼 아파트인 롯폰기 히노키초공원 옆 파크맨션 도쿄에 새로 지은 180평짜리 아파트 분양 가는 550억 원이다. 10년 후 평당 1억 아파트는 서울 도심에 흔할 것이다.

반포아크로리버파크

10년 뒤 한강조망권에 따라 가격은 더 벌어질 것

북향인 주거지라도 조망이 좋다면 남향보다 가격이 높다. 한강을 조망하려면 북향이어야 하는 압구정동에서는 북향을 선호한다. 한 강조망권 때문이다. 이촌동 래미안 이촌 첼리투스 124㎡는 2012년 분양가가 1억 원도 차이 나지 않았다. 현재 한강조망권이 좋은 곳은 그렇지 않은 곳에 비해 5~7억 원 이상 비싸다. 삼성동 아이파크는 같은 평형대라도 조망권 프리미엄에 따라 10억 원 이상 가격이 차이가 난다. 강남권 재건축아파트 평형대 설계 배정은 중소형은 역세권, 중대형은 한강변에 위치한다. 강남권일수록 조합원 사이에 한강변 대형아파트부터 신청이 마감된다. 중소형은 한창 일을 해야 하는 사람들이 많아 지하철역과 가까운 곳을 선호한다.

싱가포르 센토사 최고급주택(왼쪽), 풀빌라 리조트(오른쪽)

외국에서도 부자들은 강변을 선호

선진국을 방문할 때마다 부자마을을 둘러본다. 부자마을은 공통적으로 강변에 위치하고 있다. 선진국일수록 소득수준이 높아 강 조망권을 최우선한다. 다음으로 공원, 산 순이다. 수년 전 방문했던 1인당 국민소득GNI이 5만 달러에 달하는 싱가포르는 요트와 유람선이 떠다니는 도심 강변에 고급주택과 빌딩 등이 대거 몰려 있다. 해당 지역 주택 1채 가격이 50~100억 원을 호가한다. 국내뿐 아니라 아시아 각국의 부자를 끌어들이고 있다.

홍콩의 부자들이 모여 사는 최고 부촌인 리펄스베이 고급아파트 1채는 최소 수십억 원에 달한다. 월세는 1,500~2,500만 원쯤 지불해야 렌트할 수 있다. 런던과 일본 대도시도 사정은 비슷하다. 도쿄 도심의 부자 집성촌은 미나토구와 지요다구다. 오사카와 고베시도 주목받고 있다. 서로 인접한 이 부유층 거주지는 물이 가까이 있다는 게 공통분모다.

홍콩 리펄스베이 고급아파트(왼쪽), 런던 템스강 주변의 고급아파트(오른쪽)

공격적 풍수에서 보면 물이 있는 곳이 부촌

'공격적 풍수'는 산보다 물을 중시한다. 전통적으로 중국 상인華
商들은 배수면가背水面街를 으뜸으로 친다. 가게 뒤로는 물(바다 또는
강), 앞으로는 도로가 있는 것을 말이다. 물과 도로가 있어야 유통이
쉽다. 장사에 좋은 입지가 되는 것은 물론이다. 공격적 풍수로 강과
바다를 삶터로 여기게 되면서 물을 중시하는 관념主水이 형성된다.
그 결과 '산주인 수주재山主人 水主財'라는 풍수 격언이 만들어진다. '산
은 인물을 낳고 물은 재물을 창출한다'는 뜻이다.

풍수를 잘 활용해 부동산 가치를 극대화시킨 인물로는 도널드 트
럼프 미국 대통령을 꼽을 수 있다. 세계적인 부동산 재벌로 성공하
고 대통령이 된 트럼프는 공격적 풍수를 잘 이용하고 있다. 트럼프는
아무도 거들떠보지 않던 뉴욕 59번가에서 72번가까지의 부지를 매
입하고 트럼프월드타워를 지었다. '이스트리버'라는 강을 주목했기
때문이다. 월스트리트 40번지 오피스빌딩은 뉴욕항이 잘 보인다는

물길을 낸 송도의 한 상가(왼쪽), 화려한 분수 쇼로 돈을 긁어모으는 라스베이거스 호텔(오른쪽)

이유에서 택했다. 만약 물이 없다면 인공 폭포를 만들어 대체한다. 그가 소유하는 여러 빌딩 안의 아트리움atrium, 中庭과 골프장에 인공 폭포가 등장하는 것도 같은 이유다.

강이 있다 해도 다른 건물에 가려서 볼 수 없다면 트럼프는 우겨서라도 물이 보일 만큼 건물을 높게 짓는다. 뉴욕 소호의 트럼프호텔은 주변 건물의 공중권을 사들인 다음 조망권을 확보했다. 건물이 높게 올라가면 강이나 바다가 보여 전망이 좋아진다. 전망이 좋아지면 자연스레 분양가나 임대료가 올라간다. 물과 마천루, 이것은 트럼프 풍수의 핵심이자 부자들이 모이는 키워드다.

10년 후,
대한민국 부촌의 이동

최고 부촌의 필수요건

"반포와 압구정동 중 부자들이 어디에 더 많이 살까요?" 본사에서 강의를 하다 수강생들에게 가끔 던지는 질문이다. 동일 평수 아파트 가격을 비교해보자. 새 아파트가 즐비한 반포에 밀리지만 집이 거의 전 재산인 반포 주민보다 압구정 부자들은 아파트 외에 사업체·빌딩·토지·상가 등을 다수 보유하고 있다.

고급 사무실이 즐비하고 각종 쇼핑시설과 문화편의시설, 서울 수도권 전역으로 통하는 교통편까지 우위에 있는 강남 생활권 수요는 꾸준하다. 자녀 교육에 최적이고 강남에 산다는 심리 만족도까지 더해져 10년 후에도 강남으로 몰려드는 행렬은 여전할 것이다. 이런 이유로 강남의 노후 아파트 단지들은 민간아파트 분양가 상한제 등 정부규제에 따라 급등락하겠지만 국내외적 큰 외부 변수가 없다면 가격 폭락이 쉽지 않아 보인다.

투기과열지구 내 민간 분양가 상한제 시행으로 재건축과 재개발 시장이 단기간 큰 혼란을 보이겠지만 시간이 지날수록 회복될 것이다. 현재 강남권은 신축 아파트를 중심으로 대형아파트가 희소성이 있는데 저평가돼 있다. 자금력이 받쳐준다면 10년 후를 내다보고 신축 대형아파트에 관심을 집중할 때다.

자산가들이 군침 흘리는 용산, 여의도 대규모 개발

박원순 서울시장이 싱가포르에서 여의도 및 용산 개발 구상을 발표했다. 10년 뒤 이 지역의 부동산 미래 가치는 더 높아질 것이다. 부동산 시장이 잠잠해지면 서울의 맨해튼을 목표로 여의도 일대 통개발이 점차 진행될 것이다. 향후 여의도는 주거·업무·상업 기능이 어우러진 초고층 국제 금융도시로 탈바꿈할 것이다.

용산구 중심에 자리 잡은 주한미군기지(총면적 265만 4,000㎡, 약 80만 평)도 대규모 공원으로 변신 예정이다. 단군 이래 최대 부동산 개발 프로젝트로 불리는 용산국제업무지구개발사업도 우여곡절을 겪겠지만 차츰 윤곽을 드러낼 것이다. 현 용산 역세권 개발사업은 용산철도정비창 부지(44만 2,000㎡) 등 주변 일대를 관광·IT·문화·금융 비즈니스 허브로 개발하는 프로젝트다. 용산 역세권 개발의 거점인 용산역은 KTX는 물론 GTX B선(송도~용산~마석), 지하철 4호선, 신분당선 연장선이 모이는 통합 역사로 탈바꿈된다.

현대자동차그룹이 서울 강남구 삼성동 한국전력 부지에 짓는 국내
최고층 빌딩 글로벌비즈니스센터GBC 신축 사업은 잠실 롯데월드타워
와 더불어 삼성·청담·대치·잠실 지역의 부동산 가격을 끌어올릴 것
이다. GBC는 105층 규모로 건설된다. 연면적 91만 3,521㎡에 업무·
숙박·문화시설 등이 들어선다. 현대차 GBC 같은 글로벌 기업은 수
만 명의 고소득 협력업체까지 몰고 오므로 롯데월드타워 효과보다
2~3배 크게 인근 부동산 시장에 긍정적인 효과를 끼칠 것이다.

서울 강남 한복판인 지하철 2호선 삼성역과 9호선 봉은사역 사이
에 광화문광장 1.5배 규모의 공원이 생긴다. 지하에는 철도노선 5개
가 지나가는 복합환승센터도 마련된다. 10년 뒤 이 지역이 최고 부
촌으로 변모하는 데 기폭제 역할을 할 것이다.

영동대로 상부에는 뉴욕 센트럴파크, 런던 하이드파크급의 대형
공원이 조성된다. 지하에는 4층 깊이까지 자연광이 도달하는 거대

GBC 투시도와 배치도

지하도시가 들어서 주변 부동산 가격이 급등세를 탈 것이다. 계획대로라면 10년 후 강남구 삼성동 일대는 수도권 교통의 중심축이 돼 전국의 자산가들을 빨아들일 것이다.

부의 축 이동

2000년대 중반까지 최고의 부촌으로 평가받았던 도곡동, 대치동은 한강변 조망과 새 아파트로 변모하는 반포동, 개포동으로 자리를 내주고 있다. 10년 후 최고 부촌으로 탈바꿈할 삼성동, 용산, 압구정, 여의도, 잠실 등은 한강조망+마천루 대기업 업무시설+핵심 교통+새 아파트+대규모 개발 프로젝트 등을 복합적으로 누릴 수 있는 곳이다. 서울에서는 이 지역 외에 10년 후 편리한 교통 인프라와 고급 문화시설이 집중된 반포와 잠원, 대치동, 부산광역시는 해운대구 센텀시티, 대구광역시는 수성구가 여전히 자산가들이 선호하는 동네가 될 것이다. 개발이 진행 중이고 미래 고소득 인구가 늘어나는 삼성동, 청담동, 압구정동, 용산, 여의도, 잠실 등으로 부의 축이 이동해 자산가들이 집중적으로 모여 살 것이다.

10년 후, 부자들이 사랑하는
외국 도시 VS 국내 도시

업무시설, 강변 인근 지역 여전히 인기 끌 듯

10여 년 전 국내에서는 도시보다 쾌적하고 공간이 넓은 교외에 위치한 주택을 소유하는 것이 자산가뿐 아니라 중산층에게 선망의 대상이었다. 선진국에서는 교외보다 도심 주거지가 재개발 붐이 일면서 큰 인기를 얻고 있다.

세계적인 부자들은 런던과 뉴욕 등 글로벌 도시에 호화 부동산 소유를 원하고 있다. 이들은 업무나 쇼핑을 위해 방문할 때 머무는 주택에 수백억 원을 아낌없이 내던진다.

인수합병을 통해 세계 철강왕으로 등극한 인도 출신의 락시미 미탈과 석유 거물인 레오나드 블라바트닉은 2004년에 런던 켄싱턴 팰리스 가든스의 값비싼 고급저택을 사들였다. 프리미어리그 첼시의

부자들이 선호하는 글로벌 도시 뉴욕

구단주이자 러시아 석유 재벌인 로만 아브라모비치도 마찬가지다

　최근 브렉시트 우려로 영국 경제가 다소 침체를 겪는데도 런던의 고급주택 시장으로 세계적인 부자들의 관심이 다시 쏠리고 있다. 영국의 글로벌 부동산컨설팅업체 나이트 프랭크가 최근 발표한 보고서에 따르면 2018 런던 주택 시장은 2,000만 파운드(2,500만 달러) 이상 초럭셔리 주택 거래에서 4년 만에 최대치를 기록했다. 나이트 프랭크의 〈초고가주택 시장 보고서Knight Frank's Super-Prime Market Insight〉에 따르면 2018년 런던 내에서 38개 주거용 부동산이 2,000만 파운드 이상에 팔렸다. 이는 2014년 이후 가장 많은 거래다.

　세계적인 부자들에겐 글로벌 도시로서 런던의 매력이 높아지고 있다. 금융 시장의 불안감마저 겹쳐 실물 자산에 투자하려는 경향은 점점 커지고 있다. 슈퍼부자들의 도심 속 아파트 수요는 늘고 있지만 런던 도심에는 아파트를 지을 공간이 많지 않다.

　2019년 3월 발표된 나이트 프랭크의 〈2019 개인 재산 보고서〉에 따르면 런던이 최소 3,000만 달러 이상 순자산을 보유한 '슈퍼부자' 4,944명을 보유해 도쿄, 싱가포르, 뉴욕 등을 제치고 1위에 올라섰다.

교외보다는 도심으로 이동 중

매체 인터뷰나 칼럼을 쓸 때마다 선진국의 사례를 들어 외곽보다 도심 투자를 재차 강조했다. 실제로 서울 도심 지역은 금융위기에도 불구하고 하락 폭이 적었을 뿐 아니라 한강을 접하고 있는 일부 강남권에 위치한 도심 부동산 가격은 위기가 끝나자 큰 폭의 상승세를 탔다. 《글로벌 부동산 트렌드를 알면 미래가 보인다》(차학봉 지음, 김&정, 2008)를 보면 슈퍼부자들이 교외보다 도심으로 몰리는 이유가 잘 설명돼 있다.

은퇴 계층의 주거 형태 변화

도심 주거지가 인기를 끈 이유는 은퇴 계층의 주거 형태 변화다. 교외주택에 살던 은퇴 계층들이 외곽에 위치한 단독주택을 관리하기 어려워진데다 도심의 문화시설에 대한 욕구가 커지면서 도심으로 이주하고 있는 것이다.

도심지 오피스 위주의 산업 구조의 변화

산업 구조의 중심이 제조업에서 IT, 금융, 법률 등 사무실 수요가 많은 사업으로 바뀌고 있다. 창의성이 중시되는 지식산업 사회에서는 출퇴근 시간을 줄여 자기계발에 쓰고 싶어 한다. 도심 주거지 수요가 점점 늘어나는 이유다. 주거지와 직장이 엄격하게 분리된 것은 제조업 중심의 산업 사회 도시 형태다. 시간 절약을 중요시하는 맞벌이 부부의 선호도 증가도 또 다른 이유다. 제조업 중심 시대에는 공장이 산업 인프라였다면 이제는 사무실이 산업 인프라인 시대다.

오피스 등의 상업용 부동산은 주택에 비해 금리에 덜 민감하다. 상업용 부동산의 최종 소유자는 개인이 아니라 자기자본이 풍부한 연기금 등 장기투자자들이다. 선진국은 고령화가 되면서 연기금의 규모가 기하급수적으로 늘어나 부동산에 할당된 투자자금 규모도 증가하고 있다. 향후 저금리 상황이 끝나고 금리가 오르더라도 이는 경기회복의 신호탄이므로 오피스 수요 증가로 이어질 것이다. 물론 자산가들도 편리한 도심으로 몰려들 수 있는 유인책이 된다.

도심 재개발 사업 활기

일본 정부는 '도쿄의 경쟁력이 일본 경쟁력'이라는 구호를 내걸고 도심 재개발에 따른 용적율 인센티브, 금융지원 등 각종 지원책을 내놓고 있다. 그 결과 롯폰기 힐스, 미드타운 등 도심 곳곳에 초고층 오피스가 치솟았다. 버밍햄의 브랜들리 플레이스, 런던의 카나리 워

일본 롯폰기 힐스 복합단지(왼쪽), 런던의 카나리 워프(오른쪽)

프, 뉴욕의 맨해튼 허드슨강 주변의 랜드마크인 배슬로 유명한 허드
슨 야드가 슬럼화된 도심의 낙후 지역을 개발한 대표 사례다.

도심 주거지역의 인기 회복은 세계적인 도심 재개발 사업이 한몫
하고 있다. 우리나라의 경우 용산 역세권 개발 등이 해당된다. 이러
한 도심지 복합건물에는 쇼핑, 문화, 업무시설이 대거 입주하는 게
일반적이다. 랜드마크로서 부자뿐 아니라 관광객을 끌어들이면서
도심을 활력 있게 만드는 요소이기도 하다.

편리성과 희소성

러시아, 중동, 인도 등의 슈퍼 부유층들이 고급주택 수요자로 등
장하면서 교외의 대저택보다 편리성을 강조한 도심의 주택으로 몰리

고 있다. 전통적으로 부자들은 단독주택이나 교외의 타운하우스를 선호했지만 최근에 부자들은 편리한 도심 주거지를 선호하고 있다.

부자 중의 부자가 사는 곳

맨해튼, 베버리힐스, 롯폰기 등은 일반인도 아는 부촌이다. 마을 경제규모 약 17조 원인 중국 1위 부촌인 장쑤성의 '화시'는 진짜 부자들이 모여 산다. 마을은 1999년에 상장했다. 주민 대부분이 상장회사 주주로 매년 배당 형태의 수익을 분배받고 있다. '하늘 위의 마을'로 불리는 랜드마크 호텔과 전 세계 랜드마크를 그대로 옮겨놓은 세계 여행 축소판으로도 유명해 관광객을 불러 모으고 있다.

2014년 CNN머니가 미국 평균 연소득을 우편번호별로 조사한 결과, 피셔아일랜드가 107만 6,607달러(약 11억 원)로 1위를 했다. 이곳은 요트와 헬기로만 접근할 수 있다. 거대 별장과 요트로 넘쳐 '부자들의 천국 섬'으로 불린다. 미국에는 슈퍼카 오너만 모여 사는 타워도 있다. 마이애미 해변에 위치한 포르쉐디자인타워다. 이 타워의 차량용 엘리베이터 '데저베이터'는 로비에서 거실까지 차를 옮겨 집 안에서 마이애미 해변과 슈퍼카를 동시에 감상할 수 있다. 이외에도 평균 집값이 약 763억 원인 영국의 부촌 '빌리어네어 로우', 최소 1조 3,500억 원으로 추정되는 세계에서 가장 비싼 집이 있는 인도 뭄바이의 부촌 알타 마운드로드, 도쿄 시내 고급주택가보다 2~3배나 비싼 상업 지역에 위치한 저층 단독주택가 덴엔초후 등이 유명하다.

2015년 맥킨지가 발표한 전 세계에서 열 손가락 안에 드는 부자

도시에 우리나라의 화성과 아산, 여수가 순위에 올랐다. 맥킨지는 보고서를 통해 "화성은 전 세계적으로 잘 알려지지 않은 도시"라면서도 "화성시는 한국 산업계를 이끌고 있는 현대·기아차와 삼성전자의 글로벌 연구시설, 기아차와 LG전자의 주력 시설이 들어서 있는 서울 이남 지역에서 성장하는 도시"라고 강조했다. "주택단지를 형성하고 있는 동탄신도시에 대한 대규모 부동산투자는 화성시를 부자 도시로 성장시키는 큰 요인"이라고 했다.

아산시는 대규모 산업단지와 평택항을 강조했다. 맥킨지는 "인근 화성과 같이 아산시는 여러 곳의 대규모 산업단지를 품고 있는 산업의 메카"라며 "이와 함께 중국에서 가장 가까운 항구이자 세계적인 해운 중심지인 평택항을 가지고 있는 점이 아산시의 성장 가능성을 크게 높이고 있다"고 말했다.

맥킨지가 7대 부자 도시로 꼽은 다른 도시의 면면도 화려하다. 1위에는 카타르 도하가 올랐다. 맥킨지는 도하를 미래 부자 도시로 예견하면서 "뉴욕과 런던, 홍콩은 앞으로 잊어라"고 했다. 이는 전통적인 부자 도시가 아닌 새롭게 떠오른 부자 도시인 도하가 10년 뒤 세계에서 가장 부유한 도시가 될 것임을 예측했다. 그러면서 "도하는 1인당 GDP 관점에서 떠오르는 스타"라며 "카타르는 세계에서 가장 부유한 국가 가운데 하나이고 지속적으로 막대한 투자를 하고 있다"고 설명했다. 맥킨지가 예측한 부자 도시 2위와 3위에는 노르웨이의 베르겐과 트론헤임이 올랐다. "베르겐은 노르웨이에서 에너지·해운 산업을 비롯해 해양 연구의 중추 역할을 하고 있어 경제 선두주자이고 전 세계적으로 가장 부유한 도시 가운데 하나로 성장할 것"이라고 내다봤다. 트론헤임은 모바일 테크놀로지 탄생지로 1만 명

맥킨지가 뽑은 2025년 세계 7대 부자 도시   순위는 1인당 GDP 기준

순위	도시	국가
1	도하	카타르
2	베르겐	노르웨이
3	트론헤임	노르웨이
4	**화성**	**대한민국**
5	**아산**	**대한민국**
6	라인 루르	독일
7	마카오	중국

출처 : 맥킨지글로벌연구소

이 넘는 직원을 보유하고 있는 점에 주목했다. 맥킨지는 화성시와 아산시를 예측 부자 도시 4위와 5위로 꼽았다. 이어 2025년 세계 부자 도시 6위와 7위로 전망한 곳은 독일 라인 루르와 중국 마카오였다.

두산은 맥킨지의 조언대로 소비재 사업인 OB맥주와 코카콜라 등을 매각하고 중공업, 플랜트, 건설기계, 건설로 사업 포트폴리오를 조정하고 위기를 무난히 넘겼다. 반면 맥킨지는 2018년 6월 남아프리카공화국에서 부패 스캔들에 휘말렸다. 금융기관과의 거래도 끊겨 CEO가 바뀌고 철수하게 됐다. LG전자는 맥킨지로부터 컨설팅을 받고 스마트폰 부서를 대폭 축소해서 지금까지 고전하고 있다.

맥킨지의 컨설팅을 받고 스마트폰 시장 진출에 소홀했던 LG전자 실패 사례를 보자. 명성 있는 컨설팅회사라고 해서 반드시 100% 들어맞지는 않는다. 맥킨지는 도하를 미래 부자 도시 1위로 예견했지만 금융 투명성과 거주 편리성, 문화 지수를 놓고 볼 때 뉴욕, 런던, 파리 등 글로벌 도시와 비교가 안 된다. 중국이 아무리 노력해도 미국을 앞설 수 없는 이유 가운데 하나이기도 하다. 도하는 20년이 지

나도 맥킨지의 예측대로 부자 도시 1위가 되기는 힘들 듯하다.

맥킨지는 "뉴욕과 런던, 홍콩은 앞으로 잊으라"고 강조했지만 10년 후에도 이 도시들은 지금보다 더 강한 부자 도시가 될 것이다. 부자 도시가 반드시 부자들이 선호하는 도시는 아니다. 우리나라 도시가 10개 가운데 3개가 들어갔다는 점에서 도시 브랜드 홍보를 위해 특정 지방자치단체나 이익단체에서 맥킨지에 용역을 준 것 같은 합리적인 의심이 드는 대목이다.

10년 후 인기 있는 국내 도시

세계적인 도시의 부촌 대부분은 오션 라인에 위치한다. 현재 세계적인 부자들이 선호하는 뉴욕 맨해튼비치, 플로리다 마이애미비치, 런던 템스강 주변 도크랜드, 상하이 황푸강, 홍콩 리펄스베이 해안가, 오스트레일리아 골드코스트의 고급주택은 대부분 강에 접해 있다. 드라마 〈올인〉(2003), 〈상속자들〉(2013)의 촬영지로 잘 알려진 팔로스 버디스가 있다. 세계 최고의 부촌 가운데 하나가 LA 중심부에서 1시간 남짓 거리의 바다 앞에 있다. 이렇듯 조망권이 좋은 높은 곳일수록 집값이 비싸다. 10년 후 국내에서는 글로벌 도시로서 서울의 위상이 더 높아질 것이다. 미시적으로 본다면 개발 이후 한강과 접하고 업무시설이 밀집한 강남권(서초구 반포·잠원, 강남구 삼성·대치·개포·청담·압구정, 송파구 잠실), 용산구 한남동·이촌동, 여의도는 성북동, 구기동 등 전통 부촌이 10년 후에도 여전히 인기를 끌 것이다.

06
선진국 신도시의
흥망성쇠

직장에서 은퇴하기 전까지 일본인들은 신도시의 넓은 아파트에 살기보다 도심의 조그만 원룸이나 투룸 등 초소형아파트에 산다. 우리나라에서도 재테크에 성공하는 사람들은 외곽 지역의 넓은 신도시 아파트보다 도심의 좁고 불편하지만 소형아파트를 매입해 거주하고 있다. '캐슬, 팰리스' 등 브랜드가 붙어 있고 백화점 이용에 편리한 도심에 위치한 한국인 친구의 대단지 아파트를 방문하는 일본인들은 '엄청난 재벌 집 안'이라고 느낀다고 한다.

신도시 주민소득 감소 속도 빨라

2018년 〈니혼게이자이신문〉이 총무성이 작성한 '시정촌 과세 상황 등의 조사'를 분석한 결과를 보자. 2011년부터 2016년까지 수도권 외곽 지역의 주민소득이 빠른 속도로 감소하고 있다. 베이비붐 세대가 연금 생활에 들어서면서 도쿄 주변을 둘러싸고 있던 신도시 거주민의 소득이 급격히 낮아진 것이다. 도넛처럼 수도권 주변 지역 거주 인구의 고령화, 인구 감소, 소득 감소가 진행되고 있다. 반면 도쿄 미나토구 등 도심 지역은 같은 기간 과세대상 소득이 크게 증가했다.

성공하는 신도시, 압축도시론

양적 팽창 위주의 신도시 정책은 인구 성장기의 정책이다. 중심 시가지가 쇠퇴하고 도시 유지비용이 증가하게 된다. 고령화 사회가 진행되면서 일본도 교외형 신도시 개발전략을 포기하고 도심개발로 선회하고 있다. 주거단지와 업무시설을 함께 고밀도로 개발하는 게 오히려 환경적이라는 '압축도시론'이 대안으로 제시되고 있다.

도쿄와 나리타공항 사이에 위치한 마쿠하리는 다마 뉴타운과 다른 전략으로 비교적 성공했다는 평을 듣고 있다. 마쿠하리는 일본 내에서 도시형 집합주거의 대표 사례로 꼽힌다. 도시계획이나 건축을 전공한 사람들이 도쿄를 방문하면 들르는 코스다. 이곳은 주거 중심이 아닌 업무, 문화, 교육, 연구시설을 갖춘 복합 신도시로 개발했다. 일본 대기업뿐 아니라 다국적 기업이 입점하면서 젊은층의 인구가 증가하고 활력을 찾았다.

우리나라의 1기 신도시도 리모델링으로 방향을 잡으면서 업무시설과 쇼핑, 교육·문화시설 등을 집중 유치하는 압축도시 형태로 나

파리 도심 인근의 라 데 팡스

아간다면 마큐하리와 프랑스 파리의 현대식 상업지구인 라 데 팡스 못지않은 인기 주거지로 거듭날 것이다.

수직 개발을 시작한 미국

미국은 2차 세계대전 후 고속도로를 건설하면서 도로망이 확대 됐다. 그 결과 마이카 시대가 개막되고 신도시 건설이 시작됐다. 미국의 외곽 신도시도 출퇴근 교통난을 겪으면서 생산성 저하와 환경오염, 도심 공동화 현상 등을 불러일으켰다. 지방정부도 도로·상하수도·전기·가스 등의 생활 인프라 시설을 구축하는 데 막대한 비용을 투입했다.

그동안의 수평적·양적 공간 팽창을 탈피해 복합용도의 압축·고밀도 개발(수직적인 집약 개발clustered developments)로 바뀌었다. 2008년 금융위기 이후 미국인도 출퇴근 시간과 비용을 절약하기 위해 교외보다 직장이 있는 도심의 소형 임대아파트 등으로 이동했다. 미국의 도시개발은 대중교통 중심 도시개발TOD : Transit-Oriented Development로 바뀌고 있다. 도심 지역의 랜드마크가 글로벌 관광객까지 유입시켜 도시의 부를 키우고 있다.

기업체 없는 일본 신도시는 몰락 중

부동산 시장 연구 차 일본을 수차례 들락거렸다. 오사카 중심부로부터 전철로 30~40분 거리인 센리 뉴타운을 방문해봤다.

센리 중앙역 주변의 마트와 관공서, 금융기관 등으로 외지에서 출근하는 사람 외에는 센리 뉴타운에서 외지로 나가는 젊은 사람은 눈에 띄지 않았다. 역에서 10분 거리의 주택단지로 들어섰다. 도쿄나 오사카 시내에서는 보기 힘든 잔디가 깔린 중형아파트가 우리나라 아파트촌과 비슷했다. 출퇴근 시간에 방문했는데도 70세 정도의 노인 두어 분이 느린 걸음으로 산책하러 다닐 뿐 젊은 사람은 거의 눈에 띄지 않았다.

1961년 오사카 북부권에 조성된 센리 뉴타운은 일본 최초의 신도시다. 뒤를 이어 오사카 남부에 센보쿠, 서부에 호쿠세쓰 등 신도시가 개발됐다. 센리 신도시의 계획인구는 15만 명이었지만 최근 인구수는 계획인구의 절반을 약간 상회하고 있다. 도쿄에서 서쪽으로 약

일본 오사카 센리 뉴타운

30km 떨어진 꿈의 도시라는 다마 뉴타운도 한국처럼 베이비붐 세대인 '단카이 세대'가 대거 이동해 가구를 꾸렸다. 다마 신도시의 계획 인구는 34만여 명. 현재 인구는 절반을 약간 상회하고 있다.

신도시는 도심에 비해 의료, 쇼핑, 문화 등 편의시설 이용이 불편한 점도 젊은층의 탈脫 신도시 요인이다. 경기가 침체될수록 상대적으로 일자리와 놀거리가 풍부한 도심 지역에 사람들이 모이는 것은 세계적인 추세다.

07
우리나라 신도시의 미래

신도시의 고령화 속도가 빠르다

1950년대 말 일본은 고도성장기에 진입하면서 대규모 개발인 뉴타운(우리나라의 신도시)을 추진한다. 센리, 타마, 지바, 고호지 등의 개발이 본격화된다.

이 신도시는 꿈의 주택단지라는 선전문구와 달리 시간이 갈수록 인구 감소와 도심보다 빠른 고령화 현상 등의 문제가 속출했다. 점차 올드 타운으로 변모하는가 싶더니 근린상가가 점차 폐점하고 치안, 방범 등의 문제로 쇠퇴기를 맞았다. 인구 급성장기에는 지방에서 유입하는 인구가 교외에 정착했지만 인구 고령화 시기에는 지방으로부터 수도권 인구 유입은 거의 없었다. 수도권 안에서 도심으로 인구가 급속히 유입됐다.

저출산 고령화 문제는 경제발전 속도에 비례한다. 경제발전 속도가 빠른 나라일수록 고령화 속도가 빠르다. 미국이나 유럽에 비해 압축 성장한 일본의 고령화 속도도 빠를 수밖에 없었다. 일본보다 단기간에 압축 성장을 한 우리나라의 고령화가 초고속으로 진행되는 것은 당연하다. 주민의 연령층이 다양하게 뒤섞여 있는 기존 도시와 달리 신도시는 비슷한 연령층이 비슷한 시기에 대규모로 입주했기 때문에 고령화 문제가 단기간에 급속히 나타나고 있다.

신도시 상권도 붕괴

도쿄와 오사카 등 대도시 인근의 센리·타마·지바 신도시는 일산·분당·평촌 등 한국 신도시 분양 초기처럼 관심이 높았다. 당시 일본의 허리 세대라 할 수 있는 단카이 세대가 대거 몰려들었다. 그러나 젊은층이 신도시를 외면하면서 빈집뿐 아니라 빈 상가도 속속 늘고 있다. 일본 신도시 여러 곳을 방문해보니 근린상가뿐 아니라 단지 내 상가조차 제대로 운영되는 곳을 찾아보기 힘들었다.

일본의 신도시는 높은 교통비와 빠른 고령화 현상 등으로 '올드 타운'으로 변했다. 나이 든 사람만 사는 도시로 변모해 1층 근린상가가 사라지고 있다. 우리나라 신도시에서는 아직까지 지하철 인근 1층 근린상가가 운영되고 있지만 일본의 신도시는 근린상가가 거의 형성돼 있지 않았다. 지하철 역사만 우체국, 중형 슈퍼가 들어서 있어 충격을 받기도 했다.

일본은 빈집도 많고 고령화로 근린상가를 이용하는 사람의 발자

취가 드물다. 신도시 골목마다 있는 편의점마저 매출이 급감하고 있다. 직접 일주일에 한 번씩 찾아가는 편의점 트럭이 운영되고 있을 정도다. 우리나라도 신도시 주민들의 고령화가 급속히 진행되고 있다. 온라인몰의 활성화로 기존 상가뿐 아니라 비교적 안정적이라는 단지 내 상가의 미래도 그리 밝지 않다.

초고령화로 재건축보다 리모델링을 선호

신도시만 놓고 볼 때 인구의 고령화 현상은 기존 도시보다 심각하다. 1970년 센리 신도시의 고령화율(65세 이상 인구의 비율)은 2.8%로 오사카부의 5.2%에 비해 절반 수준이었다. 지금은 센리 신도시가 오사카부를 훨씬 앞섰다. 40년이나 지난 신도시 아파트들은 노후화가 심각해 일본 정부는 신규 주택단지 개발 위주의 신도시 정책보다 기존 주택단지 재건 지원 위주로 바뀌고 있다. 재건축되더라도 주거지로서 신도시의 인기가 떨어져 추가 입주자를 모집하기 어렵기 때문이다. 재건축비용을 주민인 노인들이 주로 부담해야 하는 문제와 정부규제로 재건축도 쉽지만은 않다.

"지금 살고 있는 곳이 공원도 많고 호수도 좋아 떠나기 싫습니다, 허허허.""내가 얼마나 더 산다고 재건축에 찬성하나요? 그냥 여기서 편히 살다가 죽지." 신도시에 거주하는 고령자들을 상담하다 보면 이런 얘기를 자주 들을 수 있다.

일산과 분당만 보더라도 과거보다 은퇴자들을 훨씬 많이 볼 수 있다. 우리나라는 근로수입이 끊긴 은퇴자들이 많이 거주하는 곳은 재건축 동의율이 극히 낮다. 일본은 재건축보다 아파트를 개보수하는 소규모 리모델링 방향으로 변하고 있다. 장기수선 공사 시 드는 장기수선충당금은 우리나라보다 높게 부과된다. 소유자 조합 총회에서 전체 소유자의 과반수 동의로 결정하고 있다. 우리나라 신도시도 규제가 대폭 완화된다면 대수선이나 리모델링으로 갈 가능성이 높다. 건설사도 10년 후에 살아남으려면 신도시에 거주하는 고령자들의 수요를 감안해야 한다. 역세권을 중심으로 한자리에서 모든 경험을 제공할 수 있는 상업시설, 문화시설 등이 완비된 대규모 신도시 복합상업단지와 신도시 아파트 리모델링으로 사업방향을 정해야 한다.

외곽으로 갈수록 교통비는 2배

파주시 운정, 양주시 옥정 등 교통 인프라가 부족한 2기 신도시의 소득 대비 교통비용 비중이 1기 신도시에 비해 크다는 분석이 나왔다. 국토연구원의 〈지역별 생활교통비용 추정 및 격차 해소 방안〉(2018) 연구 보고서에 따르면 경기도 560개 읍면동 소재 가구의 월 평균 생활교통비용은 33만 원으로 집계됐다. 생활교통비용이란 출발지에서 도착지까지 이동 시 드는 유류비나 대중교통 요금, 시간 가치 등 직·간접비용을 모두 더한 비용이다. 이동통신사 이용자들의 이동 정보, 포털사이트의 길찾기 정보 등 빅데이터를 분석하는 데 활용됐다.

경기도에 거주하는 가구들의 평균 월소득에서 생활교통비 비중은 약 9% 수준이었다. 그러나 시·군·구별로 편차가 컸다. 수도권 1기 신도시가 있는 성남시 분당구·군포시·안양시 동안구·용인시 수지구 등은 소득 대비 생활교통비 비율이 5%대인 반면 파주시, 양주시 등 최근 신규 택지 개발한 도시들은 10% 이상이었다.

시·군·구 단위로 나눠보자. 가평군이 20%로 가장 높았고 연천군 19%, 포천시 18%, 여주시 16%, 이천시 13%, 용인시 처인구 13%, 안성시 13%, 양주시 12%, 파주시 12%, 광주시 12%, 화성시 11%, 남양주시 10%, 평택시 10% 등이 10% 이상이었다.

반면 1기 신도시가 자리 잡은 성남시 분당구는 4.6%로 평균보다 낮았으며 군포시 4.9%, 안양시 동안구 4.9%, 용인 수지구 5.2%, 수원시 권선구·고양시 일산서구·일산동구 등은 6%로 생활교통비 부담이 상대적으로 적었다.

절대액 기준으로는 경기도 6개 권역 가운데 광주시, 남양주시, 양평군 등 수도권 동부의 생활교통비가 월 50만 원으로 가장 많았다. 경기 가평군, 동두천시, 양주시 등 수도권 북부가 44만 원, 수도권 남부2권역은 42만 원으로 뒤를 이었다. 고양시, 김포시, 의정부시 등 서울 북부와 행정 경계가 겹치는 서울 인접권1구역은 30만 원이고 군포시, 시흥시, 수원시, 안산 등 수도권 남부1권역이 30만 원이었다. 부천시, 성남시, 안양시 등 서울 인접권2구역은 수도권 동부의 절반 이하인 23만 원으로 나타났다.

우리나라는 신도시까지 이동하려면 지하철 요금은 비싸봐야 왕복 4,000원 이내에 해결된다. 일본은 지하철 노선마다 운영회사가 달라 정기 할인권을 쓰더라도 환승할 때마다 비용이 아주 비싸다. 도심에서 외곽 신도시까지 왕복 이동하는데 1만 원이 훨씬 넘게 든다. 비싼 교통비보다 더욱 중요한 것은 매일같이 길에다가 버리는 시간과 지치는 몸이다. 일부 몸이 약하고 시간에 쫓기는 우리나라 직장인들은 '택시'나 '타다' 등을 이용해 매일 출근하고 있다. 어찌 보면 급여의 상당 부분을 교통비에 지출하고 있는 것이다.

출퇴근 시간이 길어지면 건강에도 악영향을 끼칠 수밖에 없다. 크리스틴 호에너 워싱턴대학 의과대학 교수팀이 2000년부터 2007년까지 건강검진을 받은 텍사스 12개 도시 거주자 4,297명을 대상으로 조사한 논문 〈출퇴근과 건강의 상관관계〉(2012)를 보자. 출퇴근 거리가 길어질수록 신체활동과 심혈관 적합도가 떨어졌으며 체질량지수, 허리둘레, 대사위험 등 건강 지표가 부정적으로 나타나고 있다.

출근 거리가 15㎞ 이상 되는 출퇴근자들은 일반인보다 고혈압일 가능성이 높았다. 24㎞ 이상 출퇴근자들은 지방과다와 비만, 운동 부족일 확률이 높았다. 장거리 출퇴근은 잘못된 영양 섭취, 불면, 우울증, 분노, 사회적 고립 등의 증상도 클 것으로 연구자들은 추정했다. 장거리 출퇴근으로 운동 등 신체활동 부족과 이웃, 친구와 교제할 수 있는 시간이 적다. 늦은 저녁식사, 수면부족으로 체중이 증가하고 운동능력이 감소하는 등 복합적으로 안 좋은 면이 나타난 것이다.

자족 기능 신도시와 도심 압축 개발 필요

"연결의 시대다." 온 세상을 실시간으로 연결하는 유튜브나 아마존 같은 플랫폼 비즈니스기업의 가치가 천문학적으로 늘었듯이 부동산도 쇼핑몰, 문화시설, 명문학교 등 연결의 가치가 높을수록 값어치가 올라간다. 서울 집값이 정부규제에도 불구하고 중장기적으로 수요가 유지되는 이유이기도 하다. 2019년 7월 〈중앙 SUNDAY〉가 입소스코리아·PMI와 함께 전국 17개 시도의 만 15~64세 거주민 1만 명을 대상으로 진행한 온라인패널 조사 결과가 있다. 서울은 '편리한 대중교통', '좋은 일자리' 등 7개 지표에서 1위에 올랐다.

한국의 향후 신도시 모델은 싱가포르의 스마트시티플랜인 '20분 마을20-Minute Town'과 '45분 도시45-Minute City'를 참고할 필요가 있다. 20분 마을 프로젝트는 싱가포르 국민이 거주지에서 20분 안에 상점, 학교, 공원 등 생활편의시설을 손쉽게 이용할 수 있도록 대중교통 인프라를 정비하는 것이다. 45분 도시 프로젝트는 러시아워에도 최장 45분이면 출퇴근이 가능하도록 만들겠다는 구상이다. 싱가포르에서는 북쪽 지역에서 도심으로 출퇴근하려면 1시간 넘게 걸린다.

경제가 급성장하는 시기에는 서울 도심의 인구를 분산하는 목적으로 신도시가 필요하지만 저성장 고령화 시기에는 압축성장이 필수다. 도심 지역 재건축·재개발을 규제 일변에서 벗어나 용적율 대폭 추가 혜택으로 도심을 수직 개발하는 모델이 필요하다. 용적율 혜택에 따른 개발이익은 환수해 서민들 주택으로 쓰면 된다.

기업체 선호 지역만 살아남는다

서울 집값을 잡고자 정부에서 서울 외곽에 신도시를 여기저기 만들고 직주근접 차원에서 기업체를 유치하고 있다. 파격적인 인센티브를 신도시 입주기업에게 주더라도 현실적으로 서울에서 너무 멀어지면 중견기업 이상의 기업을 유치하기 힘들다. 하이닉스가 수도권총량 규제법과 다른 지방자치단체의 인센티브에도 불구하고 경기도 용인 시 원삼면을 고집하는 이유 가운데 하나는 우수 인재 확보에 있다.

예비타당성조사 면제로 사회간접자본soc 건설의 일환으로 도로 등을 신도시 여기저기에 깔아주더라도 기업체를 유치하지 못하면 일 본처럼 다람쥐만 오가는 도로로 바뀔 것이다. 지방의 신설공항도 유 령공항으로 변해 먼 훗날 정부나 지방자치단체의 부담으로 다가올 것이다. 글로벌 경제는 그동안의 수평적인 토지 및 인프라 중심의 굴 뚝 경제에서 AI, IT 기반의 4차 산업의 하이테크 경제로 변모하고 있다. 우리나라도 친환경 지식 기반 산업으로 변모하고 있다. 기업체 들이 신도시보다 도심을 선호하는 이유다.

요즘 젊은이들은 부모 세대와 달리 집은 작아도 직장에서 도보로 접근 가능하고 쇼핑·유흥이 가능한 '복합 용도 개발 건축물mixed-use developments' 거주를 선호한다. 은퇴 세대인 베이비부머도 나이 들수 록 고독한 전원주택보다 병원과 백화점 등 문화시설이 있는 도심에 살려고 한다. 그래서 나는 박근혜 정부가 추진한 서울 도심과 신도 시의 대규모 보금자리 개발도 국토교통부 자문단회의 때마다 적극 반대했다.

직접 방문한 일본의 마큐하리 신도심이나 파리의 라 데 팡스, 한 국의 판교처럼 직주근접되고 문화시설도 충분한 곳을 기업체들은 선호한다. 이런 지역은 10년 후에도 가치를 인정받는다. 기업체가 몰 리는 판교신도시와 가까운 분당신도시는 그나마 리모델링 등 호재 가 많아 미래 가치가 나쁘지 않다. 문제는 베드타운식으로 만들어진 신도시가 미래 가치가 없다는 데 있다. 정부는 이 점을 분명히 인식

해야 한다. 새로 만드는 신도시에도 교통뿐 아니라 기업체를 유치하기 위한 획기적인 당근책을 제시해야 한다.

대기업과 벤처기업이 외면하는 자족 기능 없는 한국의 신도시는 10년 후 일본의 전철을 밟고 있을 것이다. 대기업과 벤처기업에 파격적인 세제 유인책 등을 주고 기업하기 좋은 분위기를 조성해줄 필요가 있다.

나 역시 분당, 판교, 평촌, 광교, 위례 등을 빼고 신도시 아파트를 거의 추천하지 않는다. 물론 통화량이 증가할수록 신도시 아파트값이 오를 수 있지만 서울 도심 아파트 오름 폭에 비하면 상대적인 박탈감을 느낄 것이다. 실제로 건설사의 화려한 청사진에 현혹돼 수도권 외곽 아파트를 계약한 이들은 고통을 호소하고 있다.

사회 문제로까지 비화되고 있는 갭 투자 폐해는 수요가 많은 도심보다 베드타운 위주의 신도시, 수도권 외곽 택지개발지구, 일부 지방에서 문제되고 있다. 초고령화 사회가 다가와 젊은층마저 일자리가 없는 신도시를 외면한다면 빈집은 물론 빈 상가, 빈 오피스도 급증하게 된다.

자족 기능이 없는 신도시는 세수 감소, 고령자 급증으로 향후 지방자치단체 재정에도 큰 부담으로 다가올 것이다. 업무시설이 밀집한 도심과 기업들이 들어선 신도시는 임차 대기자들이 생길 정도로 활황세를 보이고 있다. 경제성장, 인구 증가기에 신도시는 서울로 출퇴근하는 직장인의 주거지로서 그 역할을 충분히 해왔다. 세계 경기와 우리나라 경기는 저성장기에 들어서고 있다. 10년 후에도 저성장 기조가 확실한 만큼 일자리가 풍부한 도심이나 자족 기능이 들어선 신도시 투자로 눈을 돌려야 한다.

국내 경기 성장률 하강 속도가 한일 무역 갈등과 국내 정치적 요인으로 인해 전문기관의 예측보다 더 빠르게 추락하고 있다. 획기적인 방향 전환이 없는 한 10년 후 한국 경제성장률은 마이너스가 될 것이다. 마이너스 경제가 지속되면 자족 기능 없는 신도시와 외곽 지역의 부동산부터 피해 입을 가능성이 크다.

신도시 정책은 경제가 고도성장기를 구가하고 그에 따라 소득이 증가일로에 있을 때 효과를 본다. 저성장기가 장기화될 때의 서울 도심 집값을 잡기 위한 외곽의 새로운 신도시 건설은 기존 신도시 쇠퇴와 유지비 증가로 기존 신도시 주민뿐 아니라 해당 지방자치단체도 재정 부담을 느낄 것이다. 개발이 예정된 3기 신도시는 GTX 이상의 획기적인 지원책이 나오지 않는 이상 일본의 신도시와 같은 길을 가게 될 것이다. 10년 후 한국 경제 마이너스 성장률을 가정해 신도시 투자를 다시 정립할 때다.

10년 후에도 살아남을
포켓부동산

자산가들과 외국인들 관심이 꾸준

포켓부동산은 희소가치가 있어 높은 가격을 유지하면서 불황에도 잘 흔들리지 않는다. 즉 포켓부동산은 주머니처럼 한 번 들어가면 매물이 잘 나오지 않는다. 성북·가회·한남·방배서래마을, 초고가 단독주택 및 펜트하우스 등이 대표적이다. 이 지역의 포켓부동산은 글로벌 금융위기 등 불황에도 가격이 흔들리지 않았다.

공시지가 급등에도 신흥 부자들까지 구애 중

포켓부동산은 공시지가 급등과 정부의 계속되는 부동산 규제책에도 불구하고 꾸준히 자산가들의 수요가 있다. 가격조차 흔들리지 않고 있다. 대기업 오너나 정치인 등 최상류층이 주로 거주한다. 집값은 수십억 원이 넘지만 매물이 없고 부르는 게 값일 정도로 정확한 시세 파악도 어렵다. 신흥 부자들까지 포켓부동산의 구매자로 대거 나서고 있다. 스포츠 스타나 한류 가수들의 소득수준이 높아지고, 성공하는 젊은 벤처기업가가 늘어나는 등 다양한 사회적 현상이 맞물려서 나타난 결과다.

자산가들이 선호하는 풍수 좋은 포켓부동산

자산가들을 상담하다 보면 일반인과 달리 풍수를 유난히 챙긴다. 자산가들 대부분이 사업체를 직접 경영하니 실제 거주지가 풍수에 직간접적으로 영향을 받는다고 믿기 때문일 것이다. 자산가들이 선호하는 한남동만 보더라도 남산을 뒤로하고 앞에 한강물이 흐르면서 땅을 감싸주는 남향의 명당 지역이다. 양택의 기본 요건인 배산임수, 전저후고다.

성북동 330번지 일대는 풍수적으로 자산가들이 좋아하는 지형이다. 성북동은 북한산을 배산으로 좌로는 정릉 쪽의 산이, 우로는 백호 낙산이 깊숙이 감싸주고 있다. 성북동의 안산이 돼 백호가 든든한 동네다. 백호는 재물을 주관하므로 부를 중시하는 부자들은 백호가 잘 갖춰진 곳을 선호한다. 또한 성북동 330번지 일대는 경사가 상대적으로 완만하다. 경사가 있어 주택과 주택 사이 시야를 가리지 않고 전망이 확보된다. 앞이 막히면 일도 막히거나 지연되는데 전망 확보가 가능하다. 뒤가 높고 앞이 낮은 전저후고형이다. 성북동에는 한국의 부호들만 아니라 주한외국대사들이 모여 산다.

가회동 일대 북촌한옥마을도 자산가들이 꾸준히 찾는 포켓부동산이다. 가회동 한옥은 3.3㎡당 4,000~5,000만 원에 시세가 형성돼있다. 이 지역은 한 번 구입하면 장기 거주하는 집주인이 대부분이어서 매물도 거의 없다. 어느 지역을 가더라도 생기가 모이는 명당 동네가 있다. 부자가 되고 싶거든 부자 동네로 가고 부자가 될 수 있는 명당 동네로 가면 생기가 모이게 된다.

한남동 한남더힐,
방탄소년단 멤버들도 테라스형에 거주 중

세계적으로 단독주택 형태의 고가아파트가 인기를 끌고 있다. 한남더힐은 서울 중심부에 위치한 입지, 풍부한 녹지의 단지 내 조경, 최고 수준의 보안시설 등으로 정계인사와 기업인이 찾는 포켓부동산이다. 용산구 한남동 한남더힐은 2009년 임대아파트로 공급됐다가 2016년부터 분양 전환했다.

2011년 입주한 한남더힐이 3.3㎡당 최고 8,150만 원에 분양 전환됐다. 지상 3~12층 규모로 지어진 한남더힐은 2016년 12월 전용면적 244㎡가 82억 원에 거래돼 대한민국 최고가아파트에 이름을 올렸다. 2016년 30억 원 이상 초고가주택 거래량의 절반 이상이 한남더힐이었다. 방탄소년단 멤버들과 자산가들이 선호하는 한남더힐의 인기는 쾌적하고 고즈넉한 주거문화 수요가 높아진 것과 연관성이 높다.

한남더힐

　한남더힐의 대지지분은 주택 크기의 90% 선이다. 다른 초고층아파트의 대지지분은 10~20%에 불과하다. 부지면적은 13만㎡에 달하지만 용적률은 120%로 낮아 서울 도심에서는 보기 드물게 단지 내 조경면적이 36%에 이른다. 동별로 주차장이 따로 조성된 것은 물론 예술조형물을 활용한 테마공원도 30개 동마다 다르다. 베르나르 브네, 린 채드윅, 쿠사마 야요이를 비롯해 국내외 현대 작가의 작품 30여 점이 곳곳에 설치돼 있다. 모두 입주민 공동 소유다. 여기에 경사지에 건축해 단지별로 고저가 다르지만 남산 줄기로 이어지는 산책로는 물론 한강조망이 가능한 곳도 있다.

　건물은 최고급 대리석으로 건립됐다. 단지 내 수영장, 휘트니스센터, 골프연습장, 사우나시설 등 입주민만을 위한 편의시설도 따로 갖춰져 있다.

한남동 유엔빌리지

고급 빌라단지인 유엔빌리지도 국내 주택 경기와 상관없이 인기가 꾸준하다. 자산가들뿐 아니라 대기업 총수와 임원, 외국 대사 공관 및 상사 주재원 등이 거주해 상시 수요가 넘친다. 한강조망이 가능한 198㎡는 시세가 30억 원대로 임대료는 월 600~800만 원에 달한다. 이 일대 역시 월세 물건만 간혹 나올 뿐 매매는 찾아보기 힘들 정도다. 현대자동차 총수 일가도 유엔빌리지에 가족타운을 형성해 모여 산다. 최상위 고가주택 중 라테라스, 제이하우스, 루시드하우스가 유엔빌리지 시세를 이끌고 있다. 최근엔 비슷한 가격대에 프라이버시가 뛰어난 나인원이나 더힐 쪽으로 수요가 서서히 분산되고 있다.

방배동 서래마을

서래마을은 금융위기에도 아랑곳하지 않고 가격 안정세를 나타내며 매물이 거의 나오지 않는 포켓부동산이다. 행정구역상 서초구 반포4동에서 방배본동에 이르는 서래마을은 고급 빌라들이 즐비한 부촌이다. 서래로 일대의 고급 식당, 베이커리, 와인바 등이 외식 트렌드를 이끌어가는 핫플레이스로 각광받고 있다.

1980년대 프랑스학교 이전으로 프랑스마을이 형성된 후 2000년대 들어서 연예인들의 고급 주거지로 주목받고 있다. 국내 거주 프랑스인의 상당수가 몰리면서 '프티 프랑스'로 불리는 서래마을에는 외국계 회사 임원들도 대거 거주하고 있다. 이들을 고객으로 하는 상점들도 상당히 이국적인 모습이다. 서래마을은 대중적인 프랜차이즈보다 유명 셰프들이 운영하는 고급 레스토랑과 카페 등이 대표 업종이다. 배후 입지가 고가 빌라와 아파트 등 고급주택인 만큼 소비력도 탄탄하다. 사평대로에서 방배중학교에 이르는 서래로가 중심상권인데 객단가 높은 상권으로 자리매김하고 있다.

희소성 높아 부르는 게 값인 펜트하우스

정부의 고강도 부동산 시장 규제와 내수경기침체가 맞물리면서 부동산 경기도 위축됐지만 펜트하우스 가격은 변함없이 꿋꿋하다.

민간아파트 분양가 상한제 발표 이후에도 신축 펜트하우스 가격은 흔들림이 없다. 최고급 주상복합이나 아파트 꼭대기층에 들어서는 펜트하우스는 부의 상징이다. 70~100억 원대 펜트하우스에는 최상류층이 산다. 부동산 경기 영향을 거의 받지 않고 가격도 잘 떨어지지 않는다. 펜트하우스 소유자는 주로 성공한 사업가나 금융인, 기업 오너와 일가, 유명 연예인 등이다. 부동산 개발 사업을 통해 부를 축적한 시행사 대표와 바이오벤처 창업가 등도 모여 산다.

한남더힐 펜트하우스 전용 244.75㎡(3층)은 2019년 1월 중순 84억 원에 거래돼 단지 신고가를 경신했다. 이 단지 거래 가운데 역대 최고가다. 2016년 12월 같은 주택형이 82억 원에 팔린 게 기존 최고가 기록이었다. 이번 거래가는 2018년 12월 기준 서울 아파트 가구당 평균가격(8억 4,135만 원)의 10배 수준이다.

이번에 손바뀜된 주택형은 이 단지에서 12가구만 있는 펜트하우스다. 방 6개, 거실, 주방·식당, 테라스, 발코니 등으로 구성됐다. 강남권에선 2018년 10월 삼성동 아이파크 펜트하우스가 경매에 나와 83억 7,508만 원에 낙찰됐다. 아이파크삼성 이스트윙동 41층 복층형이다. 전용면적은 269㎡다. 앞서 같은 아파트 30층의 복층형 펜트하우스는 2017년 8월 러시아인 사업가에게 105억 3,000만 원에 팔리기도 했다.

신흥 부촌으로 떠오르는 성동구 성수동에서는 갤러리아포레 44층 펜트하우스(272㎡)가 2016년 66억 원에 거래된 바 있다. 현재는 70~80억 원을 호가한다. 같은 동네의 트리마제 펜트하우스(216㎡) 호가는 80~90억 원이다. 펜트하우스값 상승의 주요 요인은 가구수가 적어서다. 한남더힐은 총 600가구지만 펜트하우스는 12가구에 불과하다. 삼성동 아이파크는 449가구 가운데 10가구가 복층형 펜트하우스다. 갤러리아포레 펜트하우스는 4가구에 그친다. 트리마제 펜트하우스도 4가구다. 이 밖에 반포 아크로리버파크 1차 2가구, 아크로리버파크 2차 6가구의 펜트하우스가 있다.

공시가 급등에 따른 종합부동산세 부담과 낮은 환금성은 단점

서울 공동주택 공시가격 상승률이 12년 만에 최고 수준을 기록하면서 자산가들의 선호도가 높은 포켓부동산도 보유세 부담 증가가 불가피해졌다. 어지간한 자산가가 아니면 접근하기 힘들다는 점은 체크해야 한다. 정부가 시세 12억 원(공시가격 9억 원 수준) 초과 고가주택 가운데 그간 공시가격과 시세 간 격차가 컸던 주택은 현실화율을 더욱 높인 결과, 고가부동산이 대거 포진한 포켓부동산의 세 부담이 큰 폭으로 늘어나고 있다.

　종합부동산세에 적용하는 공정시장가액비율이 2018년 80%에서 2019년 85%로 인상됐다. 2022년까지 매년 5%p씩 상향 조정된다. 2주택 이상을 보유한 다주택자의 경우 세부담상한이 1주택자(150%) 대비 훨씬 높아 세금 증가 폭은 커질 것이다. 수천만 원에 달하는 종합부동산세를 낼 정도의 현금 유동성을 충분히 확보한 상태에서 포켓부동산에 접근해야 한다.

미래 부자의 필수조건은 전문가와 네트워크

'부자가 되려면 부자에게 점심을 사라'는 말이 있다. 전문가와 친해지면 실전 정보를 하나라도 더 얻을 수 있다. 여러 경로를 통해 좋은 투자처에 대해 연구를 하더라도 전문가와 사전 상의를 거쳐야만 투자에 성공할 확률이 높다.

1년에 수차례 대학원 CEO 과정에 출강하고 있다. "수업은 참석하지 못하더라도 술자리는 꼭 가세요." 10여 년 전에는 부동산 실전지식을 설파하러 다녔지만 지금은 "좋은 분들과 네트워크를 잘 구축하는 게 더 빠른 길"이라고 강조하고 있다.

난 취미로 하는 몇 개의 운동클럽에서 잘하는 사람을 눈여겨봤다가 친해지려고 노력한다. 간혹 선물이나 식사 대접도 한다. 대부분은 클럽에서 인정받는 사람들이라서 운동을 즐겁게 할 수 있고 틀린 동작도 직접 배울 수 있어 실력이 덩달아 좋아진다.

'연결'이 4차 산업 시대 핵심

우리나라에서만 쓰인다는 '4차 산업혁명'의 키워드 가운데 하나는 '연결'이다. 네트워크 사이언스는 컴퓨터로 연결을 연구하는 학문이다. 머리가 좋다는 것은 뇌세포가 다른 사람보다 더 많은 게 아니라 상호 연결이 더 촘촘하다는 의미다. 사회에서 내가 맺는 관계가 '나'란 존재를 규정한다. 아무리 로봇산업이 잘 발달되고 인공지능이 사람의 역할을 대신하더라도 인간의 세밀한 내면의 감성과 정을 느낄 수 없다.

매일 얼굴을 맞대는 친구나 가족보다 사회에서 만난 지인이 고급 정보를 제공할 가능성이 크다. 한창 사회생활에 매진할 때는 가까운 친인척을 자주 찾는 것보다 사회 각계에서 롤 모델이 되는 전문가들과 연결되려는 노력을 해야 한다.

지식의 양보다 전문가와의 친밀함이 더 중요

오늘날의 전문가는 지식을 많이 가지고 있는 사람이 아니다. 지식이 필요하면 유튜브나 네이버 등에서 더 풍부한 정보를 얻을 수 있다. 네트워크가 잘돼 있어 항상 도움을 받을 수 있는 전문가가 주변에 많은 사람이 실제 전문가다.

물론 나도 완벽하지는 않다. 아무리 노력해도 부동산 전문 세무사와 변호사, 건축사처럼 실력을 쌓을 수 없다. 대신 전문지식을 갖춘 전문가와 24시간 연결될 수 있는 네트워크를 잘 구축해놓았다.

회사의 회원들도 세무사나 건축사, 변호사의 도움을 언제든 받을 수 있도록 인적 네트워크를 구축해놓고 있다. 이 전문가들과 상담을 받으려면 별도의 비용을 내야 하지만 회원은 항상 무료 이용이 가능하다.

10여 년 넘게 그물망처럼 관계를 돈독히 해놓은 시행, 시공, 중개업소들도 내게 좋은 부동산을 매일같이 소개한다. 내용을 보면 일반인이 전혀 모르는 돈 되는 저렴한 물건(소위 땡처리 물건)이 많다. 투자도 병행하는 내가 전부 소화를 시키지 못하므로 회원들에게 상당 부분 소개한다.

시중에 있는 부동산 관련 서적을 전부 싸들고 수년 동안 조용한 산사 또는 고시원에 들어가 '도 닦듯이 공부'해도 부동산 전문가가 될 수 없다. 부자는 더더욱 되기 힘들다. 차라리 현장을 다니면서 물건을 분석하고 현지 전문가들과 네트워크를 구축하는 게 전문가에 빠르게 도달할 수 있는 길이다. 필요할 때 평소에 구축해놓은 전문가 네트워크그룹을 잘 활용하는 사람이 진짜 전문가다.

진짜 부동산 전문가란

부동산 전문가라 하면 언론이나 방송 등 각종 미디어에 단골처럼 나오는 사람들을 일컫는다. 20년 동안 부동산 전문가로 활동하고 있는 내 입장에서 보면 전문가란 이론지식이 남보다 풍부하거나 언론·방송에 단골처럼 나오는 사람들이 결코 아니다.

변호사나 세무사, 건축사와 협력해 양심적으로 일을 잘 처리하는 게 진짜 유능한 부동산 전문가다. '전문가'란 그 분야에 전문지식뿐 아니라 실무능력을 가지고 돈을 실제 벌어봤고 주변에 인적 네트워크가 풍부해 직접 활용할 수 있는 사람으로 정의하고 싶다.

2004년 즈음 주먹구구식 지식과 돈도 없는 주제에 언론이 부여한 전문가 타이틀을 즐겼다. 지금은 이론과 실무의 균형감각을 갖춘 전문가라는 말을 들으려고 실전투자를 병행하면서 컨설팅 업무를 같이하고 있다.

이론뿐 아니라 계약서도 많이 써보고 돈도 벌어보고 세금도 많이 낸 사람이 부동산 전문가로 평가받아야 한다. 부동산 중개수수료를 아끼려고 인터넷이나 생활정보지를 이용한 직거래를 찾거나 직접 거래한 사람들은 큰돈을 벌지 못한다. 전문가 네트워크도 제대로 구축하지 못한다.

나는 부동산 거래를 마무리할 때 통상적인 부동산 수수료보다 훨씬 많은 수수료를 중개업자에게 감사비로 안긴다. 그래야 좋은 물건이 나오면 나에게 우선 연락이 오고 좋은 관계도 유지할 수 있다.

실제로 돈 번 사람을 멘토로 삼아라

투자해본 경험이 몇 차례 되지 않고 실무능력이 떨어지는 전문가의 지갑은 명성과 달리 비어 있거나 자산이 많지 않다. 실무능력과 명성이 반대로 가는 전문가들이 있는 셈이다. 주식 시장은 더하다고 보면 된다.

이슬람 수피족은 병이 났을 때 의사에게 가기보다 그 병을 앓다가 나은 사람을 찾아간다. 더 현실적인 처방을 얻을 수 있다는 생각에서다. 어느 지방에 여행을 간다면 지도나 안내책자를 보기보다 그곳을 다녀온 사람에게 직접 묻는 것이 더 좋다는 논리다.

은퇴 후 가보지 않은 길을 갈 때도 그렇다. 은퇴를 준비하며 남은 생을 어떻게 살아야 할지 의문이 생길 때면 나보다 먼저 살았던 사람에게 묻는 것이 정답을 얻는 방법일 수 있다. 부동산투자나 주식투자도 이론보다는 실전투자로 많은 돈을 번 사람들을 멘토로 삼고 조언을 얻는 게 좋다.

직거래보다 전문가를 활용, 네트워크에 투자하라

철강업을 해서 큰 부자가 된 카네기도 강철업의 전문가는 아니었다. 대신 카네기는 자기보다 뛰어난 사람들을 조직해 개개인의 능력이 발휘되도록 적재적소에 직원들을 배치했다. 그보다 더 철강에 대해 잘 아는 전문가를 다루는 방법을 알고 있었다. 카네기는 이런 말도 했다. "공장은 다 가져가라. 대신 내가 만든 조직은 그대로 남겨둬라. 이 조직만 있다면 4년 안에 회사를 완전히 원상태로 되돌리겠다." 생전에 '여기, 나보다 현명한 사람을 주위에 모으는 기술을 알고 있었던 한 인간이 잠들어 있다'라는 묘비명을 새겼다. 이토록 그는 주변 네트워크를 활용하는 데 자신이 있었다.

강의가 끝나면 명함을 받으려고 내 주위로 사람들이 몰려든다. 명함에는 휴대번호가 없고 회사번호만 있다. 아직까지 강의를 듣는 사람들과는 인간적인 관계가 없으니 굳이 사적인 휴대번호는 건네주고 싶지 않다. 약 1만 명에 달하는 회사 고객 가운데 내 휴대번호를 아는 사람은 극소수다. 해당 분야 전문가는 사생활 보호 겸 개인 연락처를 좀처럼 노출하지 않는다. 전문가들의 휴대번호를 알아내려면 인간적인 면모를 보이는 게 중요하다. '전문가 네트워크 구축'이 10년 후 본인이 원하는 목표를 구축하는 지름길로 안내할 수 있기 때문이다.

2장

어떤 부동산이
살아남을 것인가

01
초저성장 시대, 차별화된 투자법

1등 자산의 쏠림 현상 가속화된다

"1등 주식만 살아남습니다." 글로벌 금융위기가 한창일 때 주식 재야고수가 주식투자로 필패를 거듭하는 내게 한 조언이다. 이분은 주식으로 수백억대 자산을 모았으나 크게 실패한 후 가족과 헤어지고 각골난망 끝에 재기에 성공한 분이다. 부동산도 마찬가지다.

10년 후, 0%대 성장률 기정사실화

사망하는 사람보다 태어나는 사람이 적은 인구의 자연감소 현상은 2013년 전라남도를 시작으로 진행 중이다. 강원도(2014), 전라북도(2015), 경상북도(2016)는 2017년 전부터 자연감소가 시작됐다. 2017년부터는 한국 제2의 도시인 부산광역시에서도 자연감소가 나타났다. 전국 인구는 2017년 5,136만 명에서 2047년에는 4,891만 명으로 줄어들 것으로 예측됐다.

이런 추세라면 한국은 2040년부터 2045년 사이에는 GNI 3만 달러 이상, 인구 5,000만 명 이상인 나라를 의미하는 '30-50클럽'에서도 이탈하게 된다. 생산연령(15~64세)인구가 줄어들면 국가 경제는 물론 지역 경제에도 부정적 영향을 줄 것이다. 50~60대 베이비붐 세대가 대거 은퇴해 노인 인구에 편입되면 소득이 줄어 민간소비가 급격히 줄어들 수밖에 없다. 통계청은 전국 생산연령인구는 2017년 3,757만 명(총인구의 73.2%)에서 2047년 2,562만 명(52.4%)으로 30년 동안에만 1,195만 명(−20.8%p) 줄어들 것으로 전망했다. 2017년 대비 2047년 생산연령인구는 세종특별자치시를 제외한 16개 시·도 전체에서 감소할 것으로 관측됐다.

생산가능인구 감소와 고령화, 미중 무역·환율전쟁, 일본과의 갈등으로 인한 경기 충격까지 더해져 우리나라는 정부 발표와 달리 잠재성장률(자본·노동 등 생산요소를 최대한 활용했을 때 이룰 수 있는 성장률)이 1%대다. 실제로 한국은행과 국내외 연구기관에서 경제성장률을 낮춰 잡고 있다.

모건스탠리는 한국의 성장률을 종전 2.2%에서 1.9%로 수정했고 ING그룹은 1.5%, 노무라증권은 1.8%를 제시했지만 일본과의 관계 악화로 성장률 전망은 더 내려갈 것으로 보인다. 현대경제연구원은 한국의 잠재성장률은 추락을 거듭, 2020년대 전반(2021~2025)은 2.1%, 후반(2026~2030)은 1%대까지 떨어질 수 있다고 예상했다.

한국의 잠재성장률은 1990년대 전반 7.3%를 나타냈으나 외환위기를 겪으면서 후반에는 5.6%로 급락했다가 2000년대 후반 국제 금융위기를 거쳐 3%대까지 떨어졌다. 획기적인 정치경제의 방향전환 없이는 최악의 경우 10년 후 0% 성장률을 대비해야 한다. 초저성장기에 들어선 한국에서 10년 후를 내다보고 부동산에 투자할 때는 0%대 성장률을 감안해 긴 호흡으로 투자해야 한다.

10년 후, 0%대 예·적금 일반화될 듯

성장률 하락 속도에 맞춰 금리도 하방 압력을 받아 점진적으로 인하될 것이다. 채권금리는 0%대 시대가 눈앞에 다가왔다. 미국의 장단기 국채금리 역전 현상이 국내 채권금리를 끌어내린 것이다. 예·적금 등 수신금리 상품은 2%대가 사라지고 1%대인 시대가 왔다. 10년 후에는 일본처럼 0% 예·적금 시대가 올 것이다. 평균잔액이 일정 이하인 경우 예금 유지비용으로 매년 수수료를 은행에 내야 하는 시대도 멀지 않았다.

초저성장 지속하면 한국 정년 연장 힘들 듯

우리나라의 저출산이나 고령화 문제의 가장 큰 고민은 '일자리'다. 2017년 7월부터 2019년 6월까지 소셜네트워크서비스SNS에 올라온 게시물 31만여 건을 문화체육관광부가 분석한 결과다. '저출산' 관련 연관어로 '일자리'와 '교육'이 가장 자주 언급됐다.

일본의 현행 '고연령자 고용안정법'에 따르면 기업은 사원의 정년을 최소한 65세로 하든지, 아니면 정년을 앞둔 직원이 원하면 계약사원 등의 형식으로 적어도 65세까지 고용을 유지해야 한다. 일본 경기가 급속히 좋아져서 기업이 고연령자를 안고 갈 능력이 충분하기에 가능한 일이다.

10년 후 정치권에서는 70세 정년도 논의될 것이다. 은퇴자의 소득이 끊기는 시점과 연금을 받는 시점이 중요한데 우리나라는 소득 크레바스가 생기고 있다. 직장에서 60세를 채우고 나오면 소득이 끊겨 절벽이 되지만 자식 결혼자금 지원과 지역의료보험 등 지출이 추가되고 만다. 신체 나이만 볼 때 지금 나이 60세와 20여 년 전 60세의 비교 자체가 안 된다. 현재 70세가 경로당에 가더라도 막내 취급을 당하기 일쑤다.

아무리 능력 있고 더 일하고 싶어도 정년법에 걸려서 직장을 떠날 수밖에 없다. 연금은 당장 움직일 수 없기에 정년을 늘려 소득 크레바스를 줄여야 하지만 현실은 그리 녹록하지 않다. 일본처럼 급속하게 경기가 활황세를 보이지 않는다면 일자리 부족에 호소하는 젊은 이들의 반발만 키울 뿐이다.

중장기적으로 보면 경기는 호황과 불황을 반복하고 있지만 고도성장 시대는 끝났다. 과거처럼 아무 곳이나 부동산을 사면 오르는 시대도 끝났다. 10년 후 1등 입지 부동산에만 쏠림 현상이 나타나는 극심한 차별화 시대가 나타날 것이다.

02
침체기일수록
핵심 지역에 집중하라

"박 대표, 어려울수록 도심 땅에 투자해." 30년 이상 건설업계에서 부침을 경험한 분이 내게 불쑥 던진 말이다. 침체기라고 판단될 때 '달걀프라이, 즉 에그프라이egg fry'를 상기할 필요가 있다.

에그프라이 이론은 잘 달궈진 프라이팬 안에 놓여 있는 달걀프라이를 상상해보면 쉽게 이해할 수 있다. 열에 의해 데워진 흰자와 노른자가 프라이가 되는 것은 거의 동시지만 식을 때는 노른자가 아닌 흰자부터 식는 데서 착안한 것이다. 마찬가지로 경기침체기 투자는 철저하게 핵심 지역(노른자위)을 공략해야 한다.

침체기에도 대도시 중심부인 노른자 지역에 위치한 부동산은 시세차익에 따른 자본이득과 임대형 부동산으로서 가치가 훌륭하다. 경기침체기에 아파트를 분양받을 때도 당첨 프리미엄뿐 아니라 분양가 대비 매달 얼마의 임대료를 받을 수 있을지 가늠해보고 투자해야

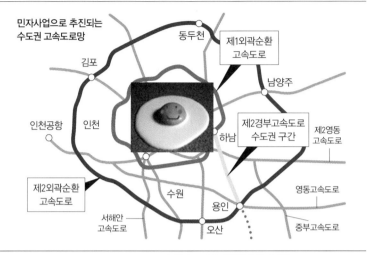

출처 : 《MB 시대, 新 부동산 투자 전략》(랜덤하우스코리아, 2008)

한다. 이런 조건을 갖춘 아파트는 항상 전월세를 충분히 지불하려는 사람이 넘쳐나기에 초저성장기에도 임대형 부동산으로 훌륭한 가치가 있다. 이런 특성이 있는 서울 도심권 부동산은 정부규제가 나오면 6개월가량 찔끔찔끔 떨어지지만 회복할 때는 큰 폭으로 뛰어 한두 달이면 고점을 회복한다.

통화량 증가로 도심 우량 부동산값은 우상향

경기침체를 극복하고자 정부에서는 추경과 금리인하 등의 방법으로 돈을 더 풀 수밖에 없다. 우리나라의 광의통화$_{M2}$는 2000년 1월 677조 원에서 2018년 3,000조 원 정도로 늘어 증가 폭이 400% 이상에 달한다. M2는 현금, 요구불예금 합계에 저축성예금, 양도성예금증서CD, 금융채 등을 더해서 구한 시중 통화량이다. 우리나라의 시중 통화량이 4배로 늘어났는데 부동산자산을 정부가 아무리 눌러도 다시 튀어 오르는 게 당연하다.

KB국민은행 자료에 따르면, 서울 아파트 매매 가격지수는 2000년 1월 31.7에서 2019년 1월 100으로 19년 동안 215% 늘어나 약 3.15배다. 기본적으로 도심에서 공급되는 땅은 유한하다. 양질의 일자리뿐 아니라 주거·교육환경까지 좋은 서울 도심 지역의 공급 증가는 더욱 제한적이다. 국내외적 큰 변수가 없는 한 10년 후 서울 도심 지역 아파트 가격 상승률이 전국 아파트 가운데 가장 높을 것이다.

정부규제대책이 나오면 서울 도심 우량아파트 가격은 소폭 우하향하다가 장기적으로 완만한 상승을 지속할 것이다. 아파트 공급은 통화량 증가 속도를 따라잡을 수 없다. 늘어난 통화량만큼 아파트 가격은 자연스레 오를 수밖에 없다. 오래전 서울 아파트를 동시분양할 당시 분양가가 평당 1,000만 원을 넘겼을 때 "거품이다. 아니다"고 논쟁이 심했다. 당시 거품이라고 결론내린 아파트에 투자하지 못한 사람은 현재 땅을 치고 후회하고 있다. 지금은 광주광역시에서도 분양가가 평당 2,700만 원이 넘는 아파트가 등장했다.

반포아크로리버파크도 동·호수 좋은 한강뷰는 1억 원을 넘겼다. 회원의 초청을 받아 조찬 겸 아파트 내부까지 살펴보는 기회가 있었다. 외국 리조트에 온 것 같은 전망 좋은 곳에서 저렴하고 질 좋은 식사와 카페, 한 달 몇 만 원만 내면 이용 가능한 고급 수영장, 헬스, 골프, GX까지 겸비한 커뮤니티센터를 둘러봤다. 인근 반포2단지와 비교해 같은 평형대가 10억 원가량 차이나지만 반포아크로리버파크의 고급 커뮤니티 시설, 매매가 대비 보증금, 월세 대비 수익률까지 따져보니 평당 1억 원의 값어치를 받을 만했다.

10년 후 리디노미네이션으로 도심 부동산 가치 UP

2009년 5만 원권이 발행되면서 심리적인 화폐가치 하락과 통화량 증가로 부동산 가격이 싸게 보이기 시작했다. 1920년대 하이퍼인플레이션이 한창일 때 독일에서 우표 1장 가격이 1마르크였는데 1923년에는 무려 500억 마르크였다. 당시 리어카에 돈이 가득 쌓여 있는데 도둑이 돈다발을 거리에 팽개치고 리어카만 가지고 줄행랑 쳤다는 우스갯소리도 회자됐다.

10년 후에도 국내외적 큰 악재만 없다면 통화량 증가와 인플레이션에 대한 기대심리, 리디노미네이션의 기대심리로 화폐자산보다 부동산을 보유하는 게 이익일 것이다. 화폐단위에서 0이 2개 빠지는 화폐개혁이 10년 이내 이뤄진다면 평당 1억 원 아파트도 심리적으로 싸게 보일 것이다.

여러 데이터를 분석해본 결과, 10년 이내 1,000원을 10원으로 바꾸는 '리디노미네이션(화폐개혁)'이 될 가능성이 크다. 화폐가치는 더 떨어지고 심리적으로 느끼는 부동산 가격은 더 싸 보일 것이다. 강남의 20억 원대 아파트가 2,000만 원으로 느껴지면 핵심 지역의 부동산을 소유하려는 욕구는 더 강해질 수 있다. 따라서 침체기로 접어들수록 핵심 지역인 도심 부동산에 집중해야 한다.

문재인 정권 들어 국제 원자재가격 상승에 이어 최저임금 인상으로 노동비용이 늘면서 비용이 증가했다. 따라서 정부의 부동산 규제 책에도 불구하고 입지 좋은 부동산 가격은 장기적으로 오를 것이다.

선진국도 도심부터 회복세

뉴욕 맨해튼이나 도쿄, 홍콩, 싱가포르 등 대도시 중심 지역에 위치한 부동산들은 불황에도 하락 폭이 적었다. 호황기가 다시 돌아오면 금방 회복했음은 물론이다.

일본은 아베 신조 총리 취임 이후 경기가 살아나자 도심이 가장 먼저 회복됐다. 도쿄 긴자의 주요 상업지 땅값은 1㎡에 4,032만 엔(약 4억 원)을 기록, 1992년(3,650만 엔) 버블 수준을 상회하며 사상 최고치를 기록했다. 일본 역시 저출산 여파로 대학 졸업생은 줄고 있지만 기업들이 아베 노믹스의 초호경기를 맞고 있다.

일본은 우리나라와 달리 대학 졸업도 하기 전에 골라서 가는 취업 시장이다. '오와하라'라는 즐거운 비명도 터져 나온다. '끝내라'라는 일본어 오와루와 '괴롭힌다'는 하라스harass의 조합어. 기업이 학생들에게 "우리 회사 붙었으니 제발 다른 회사 기웃거리지 말라"며 전화나 메일로 귀찮게 구는 걸 말한다. 한일 무역 갈등 발생 전까지 한국에까지 와서 일본에서 일할 사람을 대거 뽑았다.

경기가 좋지 않을수록 더 비싸더라도 수요가 충분한 도심권에 위치한 부동산에 집중해야 한다. 도심권은 수요가 풍부해 월세수익률과 환금성이 뛰어날뿐더러 회복력도 빠르다.

우리나라 경제가 어려웠던 1998년 외환위기, 2008년 금융위기,

호황기를 맞은 일본 시내

2012년 미국·유럽 발 금융위기를 되새겨보라. 당시 가격이 많이 하락하고 아직까지 회복하지 못하는 부동산은 수도권 외곽 지역의 아파트, 토지, 펜션, 골프회원권 등 당장 필요치 않은 투자용 자산이었다. 수요가 많고 개발 가능성이 있는 도심 지역의 부동산은 위기 이후 급상승세를 펼쳤다.

집값이 잘 하락하지 않는 이유

미국 부동산 경제학의 거물인 크리스토퍼 메이어 교수는 2001년 11월 〈손실 회피와 판매자의 행동〉이라는 논문을 발표했다. 그는 1991년부터 1997년까지 보스턴의 콘도미니엄(공동주택) 6,000채에 대한 자료를 분석, 집값이 비쌀 때 구매한 사람들은 그 아래 값으로 팔려 하지 않는 것을 관찰했다. 밑지고 집을 팔지 않겠다는 '손실 회피

loss aversion' 개념에 주목했다. 이익을 얻는 것보다 손해를 보지 않는 쪽으로 결정하는 성향이다.

대니얼 카너먼이 에이머스 트버스키와 공동으로 1979년 발표한 '프로스펙트 이론'의 주요 개념으로 이후 행동경제학으로 발전했다. 행동경제학은 주류경제학과 달리 인간은 '합리적·이성적'이기보다 '비합리적·감성적'이라는 전제에서 출발한다.(《욕망의 경제학》, 피터 우벨 지음, 김영사, 2009) 주류경제학이 1만 원을 주웠을 때와 1만 원을 잃어버렸을 때의 기쁨과 고통을 같은 크기로 봤다면, 행동경제학에서는 1만 원을 잃었을 때의 고통이 2~2.5배가 된다는 관점이다.

손실 회피 성향은 '보유 효과endowment effect'라는 행태로 이어진다. 자신의 소유물을 과대평가해 남에게 선뜻 팔려 하지 않는다. 우리 주변을 돌아봐도 본인이 구입한 부동산 시세 이하로는 주식 손절매하듯이 팔지 않고 장기보유해서 재상승장을 기대하는 분들이 적지 않다. 결론적으로 정부규제로 급등락이 있겠지만 중장기적으로 보면 부동산 가격이 우상향인 것은 확실하다.(《한국일보》, 2019년 3월)

초고령화 사회를 대비한 신투자법

특화되고 차별화된 상품만 살아남는다

'노인' 하면 '가난, 외로움, 부양'이라는 단어가 한국인의 머릿속에서 먼저 떠오르는 게 인지상정이다. 흔히 전체 인구 중 노인인구 비중이 7%를 넘으면 고령화 사회라고 한다. 우리나라는 2000년, 일본은 1970년에 고령화 사회가 찾아왔다. 고령 사회(노인인구 비중 14%)는 1994년, 초고령 사회(20%)는 2006년 진입했다. 일본은 세계에서 가장 먼저 총 인구 가운데 65세 이상 인구가 차지하는 비율이 20%가 넘은 '초고령 사회'에 진입했다. 한국의 초고령 사회 진입 예상을 통계청은 2026년께로 예상하고 있지만 좀 더 앞당겨질 수 있다.

통계청 자료를 보면 인구는 2018년 4,934만 명을 정점으로 감소하기 시작했다. 2022년부터는 여자 인구가 남자를 앞지를 것으로 예상된다. 2005년을 기준으로 하면 65세 이상 인구비율은 9.1% 수준이었는데, 2018년에는 14.3%에 달해 고령 사회로 접어들었다. 2026년에는 그 비율이 20.8%에 달해 초고령 사회로 진입할 것이다.

2050년에는 65세 이상 인구비율이 38.2%에 달해 선진국 평균인 25.9%보다 훨씬 높아 한국은 세계에서 '가장 늙은 나라'가 될 전망이다. 한국의 기대수명도 늘어나 2005년 78.6세에서 2030년 83.1세, 2050년 86세로 늘어날 것으로 추산됐다. 여성은 2050년 기대수명이 88.9세에 달할 것으로 추정됐다.

소득이 높은 강남권 등 특정 지역을 제외하고는 고령화가 진행될수록 주택 전반에 대한 수요는 감소하면서 대형 평형의 주택 수요는 계속 떨어지고 소형 평형 수요는 늘어날 것이다. 또한 독신율, 이혼율 증가와 함께 단독가구가 꾸준히 늘어 소형아파트와 원투룸주택 수요도 급증할 것이다.

잘 걷히지 않는 세수와 늘어나는 부채

일본은 1990년대 초반부터 '잃어버린 20년'으로 불리는 유례없는 초저성장기를 겪었다. 프라자합의 후유증과 버블경제 붕괴로 인한 장기불황이 고령화와 맞물리면서부터였다. 동시에 고령화로 경기가 침체되면서 세수는 제대로 걷히지 않는데 고령화로 인한 비용은 늘어 국가부채가 쌓여갔다. 1980년대까지만 해도 GDP의 절반 수준이던 국가부채는 폭발적으로 증가했다. 1990년대를 거치며 부채 규모가 GDP의 100%를 넘어섰고, 2010년에는 200%를 돌파했다.

OECD 기준 일본 국가부채는 2014년 기준 GDP의 247% 수준까지 올라섰다. 마치 세수는 잘 걷히지 않고 국가부채만 늘어가는 오늘날 대한민국을 보는 듯하다. 미국, 중국과 더불어 세계 3대 경제대국인 일본은 경제위기마다 오히려 엔화로 돈이 몰린다. 우리나라와 달리 국가부채는 일본 경기에 별다른 영향을 끼치지 못한다.

기대수명도 상위권

한국인의 기대수명은 82.7년으로 OECD 국가 가운데 상위권에 속한다. 보건복지부가 발표한 'OECD 보건통계 2019년' 자료를 보자. 2017년 기준 한국인의 기대수명은 82.7년으로 OECD 국가 평균 기대수명인 80.7년보다 2년 길었다. 2009년과 비교해 3.5년 증가한 수치다. 남성 평균수명은 79.7년, 여성 평균수명은 85.7년으로 6년 차이가 났다. 기대수명이 가장 긴 나라는 일본(84.2년)이고 두 번째는 한국, 프랑스(82.6년), 독일(81.1년), 미국(78.6년) 순이다.

늘어나는 고령 1인 가구로 가구수 증가

장래가구추계를 보면 흥미로운 점을 발견할 수 있다. 생산가능 인구가 감소할 것으로 전망되는 가운데 가구수는 가파르게 늘어나고 있다. 통계의 기준 시점이 된 2015년 총가구는 1,901만 3,000가구였다. 2000년에 전망한 추계(1,870만 5,000가구)보다 실제로 30만

8,000가구 더 늘어났다.

총가구는 앞으로도 매년 증가해 2043년엔 2,234만 가구로 정점을 찍고 내리막을 탈 것으로 예상됐다. 인구 정점 시기가 2031년으로 예상되는 것과 비교하면 가구수 증가는 12년 더 지속되는 것이다. 인구 감소에도 불구하고 가구 분화로 1인 가구와 자녀와 함께 살지 않는 가구가 증가하기 때문이다.

1인 가구는 2015년 518만 가구(전체의 27.2%)에서 2045년 810만 가구(36.3%)로 늘어 가구 형태의 대세로 자리 잡는다. 자녀와 동거하지 않는 가구도 같은 기간 295만 가구(15.5%)에서 474만 가구(21.2%)로 늘어난다. 두 유형 가구의 합은 42.7%에서 57.5%로 증가해 과반이 된다. 반면 이 기간 자녀와 함께 사는 가구는 613만 가구(32.3%)에서 354만 가구(15.9%)로 42.3% 감소한다.

고령화와 저출산이 가구 유형 변화의 주요인으로 꼽힌다. 65세 이상 1인 가구는 2015년 120만 3,000가구에서 2045년 371만 9,000가구로 3.1배 늘어날 것으로 통계청은 내다봤다. 10년 후에는 젊은층보다 고령 부부가 함께 살다가 사별해 1인 가구가 되는 사례가 크게 늘어날 것이다.

고령화에도 주택 시장 급락 쉽지 않을 듯

"고령화가 심해지더라도 집값이 일본처럼 급격하게 떨어지지 않을 것이다." 2017년 7월 한국은행이 발표한 내용이다. 한국은행 금융안정국이 펴낸 〈인구 고령화가 주택 시장에 미치는 영향〉 보고서에 따르면 일본에선 1991~1992년 부동산 버블이 꺼진 뒤 생산가능인구 (15~64세) 비중이 줄고 단카이 세대(1948년 전후 출생자, 일본의 베이비붐 세대)가 은퇴하면서 집값이 장기 하락세를 나타냈다. 1992년부터 2016년까지 일본 주택가격의 누적 하락률은 53%에 달했다.

한국도 2017년부터 생산가능인구 비중이 줄어들지만 한국은행은 실증 분석을 통해 한국과 일본의 상황이 다르다고 판단했다. 한국 부동산 시장 상승률이 일본만큼 가파르지 않다는 게 한국은행의 진단이다. 일본에선 버블 붕괴 직전인 1986년부터 1990년까지 6대 대도시 연평균 주택지가 상승률이 22.1%에 이르렀다. 또 당시 일본은 대출규제가 약해 주택담보대출의 담보인정비율$_{LTV}$이 100%를 넘었다. 하지만 한국에서는 정부의 부동산 규제로 LTV에다 총부채상환비율$_{DTI}$까지 더해 엄격하게 관리되고 있다.

한국은행은 한국의 주택공급량이 1990년대 일본처럼 높은 수준도 아니라고 봤다. 일본은 1990년대 초 버블 붕괴로 땅값이 떨어지자 경기 진작을 위해 주택 건설을 늘려 주택 시장 침체를 가속화했다. 재건축·재개발은 민간아파트 분양가 상한제에다가 기존 조합원 분을 더해 분양주택만 추가 공급하는 방식이어서 대규모 택지개발 방식에 비해 순공급량이 많지 않다.

주택 유형도 뚜렷하게 차이가 난다. 일본은 단독주택 비중이 높다. 매매 거래도 부진하다. 일본의 주택매매회전율(연간 매매건수/재고 주택량)은 0%대 초반에 그치고 있다. 반면 한국은 표준화·규격화된 아파트 비중이 높고 거래도 활발하다.

부동산 상품도 변화 중

초고령화로 인한 주택 시장의 구조 변화는 불가피하다. 1~2인 가구 증가, 고령화 등의 영향으로 중소형 평형 수요는 더 늘어날 것이다. 지방이나 노후주택 수요가 줄어 빈집이 증가할 가능성도 높다. 현재 도심 지역의 월세 중심 임대차 시장이 고령화 심화에 따른 주요 변화다.

1인 가구의 가파른 증가세는 부동산 시장에 직접적인 영향을 끼칠 것이다. 기존에도 1인 가구 증가세는 지속돼왔지만 이번 조사에서 그 진행이 선진국보다 가파를 것이라고 나왔다. 2015년 한국의 1인 가구 비율(27.2%)은 오스트레일리아(24.7%), 뉴질랜드(23.8%)보다 높지만 일본(33.3%), 영국(30.3%), 캐나다(27.9%)보다는 낮았다. 2035년에 한국이 34.6%로 영국(30.7%), 캐나다(30.4%)를 앞서고 일본(37.2%)을 넘본다.

3~4인 가구의 대형마트 소비층이 감소하고 1~2인 가구의 편의점 소비층이 진화를 거듭하는 이유이기도 하다. 1~2인 가구 대상 상품도 지역별로 과잉된 상태니 꼼꼼히 따져야 한다. 건설업계에서 1~2인 가구 증가를 대비해 과하게 공급했기 때문이다. 공급 과잉 논란에도 불구하고 10년 후에는 차별화되고 특화된 오피스텔, 빌라 등 1~2인 가구 대상 주택만 살아남는다. 아파트도 편의시설이 충분한 도심 속의 실속형 추세가 가속화될 것이다.

경제위기 가정하에 투자전략 세워야

문재인 대통령 취임 이후 현재 우리나라 경제 상황과 부동산 시장은 한국은행이 몇 년 전 예측한 상황과 상당히 달라졌다. 대한민국 경제가 국내외적 악재로 일촉즉발의 위기에 있다. 따라서 한국은행의 예측이 들어맞지 않을 가능성을 고려해야 한다.

여러 국내외 기관의 통계 자료를 면밀히 분석하고 10년 후를 예측해 투자전략을 점검해야 한다. 그래야 남들보다 한 발 앞서 10년 뒤를 대비할 수 있다. 단, 미중 무역·환율전쟁이나 일본과의 갈등, 홍콩 시위가 단기간에 해결된다는 전제하에 주택 시장을 지켜봐야 할 것이다. 고령화, 금리, 수급, 정부정책, 국내외 정치경제 동향, 인구구조, 소득 증가 등 여러 요인을 참작해야 하는 것은 물론이다. 그중에서 주택 시장 상향 욕구를 일으키는 게 바로 소득 증가다. 로또에 당첨돼 당장 20억 원이 생기면 주거 상향 이동 욕구가 누구에게나 바닥에 깔려 있기 때문이다.

04

베이비부머의 은퇴 충격,
어떻게 생존할 것인가

베이비부머의 자산 변동 사항 파악 필수

인구 구조 측면에서 한국보다 미국은 10년, 일본은 25년가량 선행하고 있다. 미국의 베이비부머는 2차 세계대전이 끝난 1946년부터 1964년까지 20년 동안 태어난 7,800만 명의 인구를 가리킨다. 반면 한국의 베이비붐은 한국전쟁이 끝난 직후인 1955년부터 1963년까지 9년 동안 태어난 816만 명을 가리킨다.

일본의 단카이 세대는 1946년부터 1949년까지 태어난 세대다. 경제평론가인 사카이야 다이치가 소설 《단카이 세대》(1976)에서 만들어낸 말이다. 흙덩어리처럼 뭉쳐져 있는 세대로 사회 전반에 새로운 현상을 일으키고 영향력을 끼친다는 의미에서 이런 이름이 붙여졌다. 이들은 일본을 세계 2위의 경제대국으로 이끈 견인차가 됐다.

1980년대 미국과 벌인 무역전쟁에 앞장서고 밤늦게까지 회사에서 일하다 속출한 과로사의 주인공들이다. '이코노믹 애니멀(경제적 동물)'로 불리기도 한다.

좀 더 면밀히 따져보면 일본 제국주의의 전성기인 1930년부터 1939년까지 태어난 2,148만 명의 인구 집단이 '1차 베이비부머'라고 보면 된다. 단카이 세대는 '2차 베이비부머'에 해당한다. 단카이 세대라 불리는 일본의 베이비붐 세대는 미국이나 한국에 비해 출생 기간이 짧을 뿐 아니라 절대적인 인구수나 비중도 낮다. 1947년부터 1949년에 태어난 단카이 세대는 약 680만 명으로 전체 일본 인구의 5%를 차지하고 있다.

일본에서 1930년대에 태어난 베이비부머가 1991년 이후 은퇴하면서 15년 동안 부동산 가격이 80% 하락하는 극단적인 상황이 벌어졌다. 중일전쟁(1937) 이후 태어난 베이비부머가 60세가 넘어 은퇴 시기를 맞은 것이다. 미국에서는 2006년 이후 부동산 시장이 무너지면서 장기모기지 시장이 붕괴했다. 미국의 이러한 변화를 설명하는 강력한 도구 가운데 하나도 인구 구조 변화다. 미국의 베이비부머 은퇴 시기가 부동산 시장 붕괴 시기와 맞아떨어진 것이다.

2007년부터 시작된 단카이 세대의 대량 퇴직으로 일본의 노동력 인구는 급감해 부동산 시장에도 부정적으로 작용했다. 경제는 1990년 버블 붕괴 이후 성장이 중단됐다. 16년(1992~2008) 동안 연평균 1.1% 성장했다. 부동산 시장은 금융위기로 큰 어려움에 직면했다. 2008년부터 전통 디벨로퍼인 부동산회사가 대거 부도가 났고, 건설부동산업계는 전체적으로 인원 축소 및 비용 감축 등의 구조조정에 들어갔다. 가장 타격을 입은 업계는 공동주택을 짓는 맨션 개발업자들이다. 이는 경기침체로 수요가 감소하는 것과 더불어 금융기관의 대출이 엄격해졌기 때문이다.

그렇지만 파산의 근원은 인구 감소다. 일본의 총인구는 2005년을 정점으로 감소세로 돌아섰다. 다만 총세대수는 증가했다. 핵가족화, 아이를 적게 낳는 '소자화少子化'에 따라 1세대당 사람 수가 매년 감소해 인구 감소는 시작됐지만 세대수 증가는 당분간 계속 되고 있기 때문이다.

일본은 '인구 감소 선진국'이라 할 수 있다. 인구 감소는 국제 경제의 활력 저하, 시장 규모 축소를 초래하므로 국제 사회에서의 영향력 저하로 이어질 위험이 있다. 정부규제와 인구 감소, 고령화에 따른 주택 수요 감소로 어려움에 처한 우리나라 건설사들도 사업 다각화 등 발상의 전환 없이는 일본 건설사들처럼 몰락의 길을 걸을 것이다.

플라자합의와 화이트리스트 제외

일본은 1990년대 초 증시와 부동산이 버블 붕괴와 함께 시작됐다. 플라자합의와 이라크의 사우디아라비아 침공 등 해외 변수가 주요 요인이었지만 줄어드는 인구도 큰 변수로 작용했다. 플라자합의로 엔화가 강제로 평가절상되면서 수출 급감 → 불황 → 경기 진작을 위한 저금리정책 → 주식·부동산 버블 형성 → 거품 붕괴에 따른 자산 디플레이션으로 이어지며 20년 이상 혹독한 시련을 겪었다. 금리도 2.5%(1988)에서 6%(1990)까지 인상돼 자산 시장의 거품 붕괴를 촉진시켰다.

플라자합의는 '근린궁핍화정책'의 일환으로 '상대방 카드를 전부 빼앗아온다'는 의미다. 타국의 희생 위에 자국의 번영이나 경기회복을 도모하려는 국제 경제정책에 일본이 제대로 걸려든 것이다. 현재 한일 간에 과거사 문제로 촉발된 일본의 한국 수출규제로 주고받는 공방전이 미국의 중국 때리기를 따라 하는 근린궁핍화정책으로 해석될 수 있다.

베이비부머 여전히 도시에 거주할 듯

10년 후 생산가능인구(15~64세) 비율도 급속히 떨어질 것이다. 생산가능인구 감소로 일손이 부족해져 저성장이 지속될 것이다. 한편 복지에 투입되는 비용이 기하급수적으로 늘면서 국가 재정은 더 악화될 것이다. 농어촌 등 비도시지역 인구가 일자리 등의 이유로 도시지역으로 급격하게 이동하고 우리나라 전체 인구의 대부분이 도시지역에 거주할 것이다. 출생률 감소로 2011년 이후 대학입시 경쟁은 다소 완화됐지만 10년 후 절반 이상의 지방대학이 적정 학생수 모집과 실패, 재정 문제로 폐교될 것이다.

은퇴 시기를 앞둔 베이비붐 세대들의 상담을 하다 보면 월고정수입을 올릴 수 있는 수익형 부동산 문의가 주를 이룬다. 한국인의 평균 퇴직 연령은 57세 전후이나 통계청 자료 등을 통해 확인할 수 있는 실제 퇴직 연령은 이에 못 미치는 53세다. 주변을 둘러보면 50대 후반에 건강한 체력과 지혜까지 갖춰 현역에서 더 일해도 손색없는데 정년을 맞아 은퇴 후 집에서 쉬고 있는 모습을 보면 안타깝다.

이들을 옆에서 지켜보니 은퇴 전 꿈꿨던 그림 같은 전원주택 대신 원래 살던 곳에서 그대로 살거나 그 인근에서 주택을 줄여 살고 있다. 베이비부머의 대량 은퇴 시기에도 불구하고 10년 후에도 도심 부동산의 수요는 여전할 것이다. 단, 베이비부머가 이주하기 꺼려하는 일부 지방과 수도권 외곽 부동산은 큰 폭의 하락세를 보이면서 빈집으로 남을 수 있다.

노후에 얼마가 있어야 불안해하지 않겠습니까?

최근 WHO가 밝힌 한국인의 평균 기대수명은 82.7세다. 반면 각종 조사에서 발표된 우리나라의 평균 은퇴 연령은 50대 후반으로 나타났다. 경제 활동을 그만두고 소득 없이 20년 이상을 살아야 하는 것이다. 노후 준비가 돼 있다면 다행이지만, 대부분은 자식들 뒷바라지 등으로 준비 없이 노년을 맞는다. 노후에 필요한 한 달 생활비로 250만 원가량을 생각하지만 국민연금 등으로 매달 손에 쥐는 돈은 100만 원이 채 되지 않는다.

한편 초고령 국가 일본은 '노후자금 뇌관'에 떨고 있다. 금융청이 "65세(남)·60세(여) 부부의 노후자금이 2,000만 엔(약 2억 2,337만 원) 부족하다"는 보고서를 내놓자 모두가 충격에 빠진 것이다. 사회학자들은 "어려서부터 '돈이란 더러운 것'이라는 인식에 사로잡혀 재테크를 하지 않았던 고령 세대에 더욱 충격적인 소식"이라고 평가했다.

일본보다 노후 대비가 덜 돼 있는 우리에게는 얼마나 더 필요할까. 연금 전문가들은 "최소 3억 3,000만 원이 있어야 한다"고 입을 모은다. 한국 노년 부부의 월소득은 국민연금 45만 원과 기초연금 40만 원, 기타 소득 21만 원, 평균 저축액(5,371만 원)을 쪼갠 24만 원 등 130만 원이다. 이 금액으로는 월 적정 생활비(243만 원)에 턱없이 모자란다. 월 113만 원씩 빚을 져야 할 판이다.

베이비부머 타깃인 공포마케팅 주의

노후가 불안한 베이비부머들의 심리를 이용한 공포마케팅에 주의해야 한다. 여기저기서 얘기하는 노후 공포마케팅에 현혹돼 어렵게 모은 소중한 돈을 불리지 못하고 전부 날리기도 한다. 노후대비용이라고 과장 홍보한 후 과잉 수수료만 노리는 허접하고 불안전한 상품을 판매하는 것이 그들의 뻔한 수법이다. 노후를 위해 본인의 소중한 돈이 엉뚱한 곳에 쓰일 수 있으니 철저하게 공부한 후 본인에게 맞는 상품에 가입해야 한다.

05
역전세난이
가속화된다

수도권 외곽과 일부 지방의 구축 아파트 위주로 역전세난이 발생해 집주인에게 전세보증금을 온전히 돌려받지 못하는 건수가 증가할 것이다. 서울은 양도소득세 비과세요건인 2년 거주 요건 추가로 그나마 신축 아파트도 전세가 급락할 위험은 적다. 서울을 제외한 수도권 지역을 중심으로 아파트 신규 분양 등 주택 공급이 늘면서 전세 공급물량이 늘어난 탓에 세입자를 구하지 못하는 집주인들이 늘어 세입자가 '갑'인 시대가 동시에 올 것이다.

전셋값 하락으로 이전에 받았던 전세보증금보다 낮은 가격으로 세를 놔야 하는 집주인은 그 차액을 마련해 세입자에게 보증금을 돌려줘야 하지만 대출규제로 이를 마련하지 못한 집주인이 늘어날 것이다. 동시에 역전세난과 맞물려 전세보증금반환보증보험에 가입한 세입자들이 보상받는 경우는 지속적으로 증가할 것이다. 주택도시보증공사HUG의 2019년 상반기 전세보증금반환보증보험 대위변제금액은 1,084억 원에 달했다. 해가 갈수록 정부가 대신 돌려주는 금액은 폭발적으로 증가하고 있다. 10년 이내 HUG도 부실에 직면해 공적자금이 투입될 가능성이 있다.

임차권등기명령도 급증할 듯

계약 기간이 만료돼 임차인이 이사를 가야 하는데 임대인이 보증금을 돌려주지 않을 때, 임차인이 기존 주택에 대한 권리(대항력 및 우선변제권)를 유지할 수 있도록 등기부등본에 임차권등기를 하는 임차권등기명령제도도 급증할 것으로 예상된다. 임차권등기명령제도는 임대인에게 임차권등기명령을 신청하고 이사를 나가겠다는 의사를 통보해서 임대인이 보증금 반환에 협조하도록 압박하는 것이다.

역전세난 시대, 소중한 내 보증금 지키는 방법

입주하는 날 짐을 풀자마자 전입신고를 해야 한다. 곧바로 동사무소나 구청, 등기소를 찾아가 계약서에 확정일자를 받거나 전세권을 설정하는 게 가장 좋다. 확정일자제도에 따른 보호를 받으려면 주민등록전입신고만 해두고 실제거주는 다른 곳에서 한다거나 실제거주는 하면서 주민등록전입신고를 해두지 않으면 보호받지 못한다. 전세권설정등기는 주민등록전입신고나 실제거주는 해당 요건이 아니므로 안전하다. 전세 계약 기간이 만료됐는데 임대인이 보증금을 반환하지 않는 경우 확정일자를 받아둔 임차인은 임차보증금반환청구 소송을 제기할 수 있다. 이 소송으로 승소 판결을 받고 확정판결문에 기해서만 강제집행을 신청할 수 있다. 전세권설정등기를 경료한 전세권자는 이 같은 경우 민사소송법의 담보권실행 등을 위한 경매(임의경매) 규정에 근거해 판결 절차 없이 직접 경매 신청이 가능하다.

보험에 가입하는 방법을 고려해야

임차인이 거래가 활발할 때까지 재계약을 해준다면 좋겠지만 재계약을 하지 않고 나가야 하는 상황이라면 임대인 입장에서 큰 문제일 수밖에 없다. 보증보험에서 구상권을 행사하고 3개월이 지나도 임차인을 구하지 못해 보증보험 측으로부터 전세보증금 반환이 되지 못했다면 집이 경매로 넘어갈 수도 있다. 이런 경우를 대비해 집주인도 전세 만기가 다가올 경우 전세보증금반환을 위한 여유자금 융통 준비가 필요하다.

전세보증금보증보험 가입 대상은 수도권에서 전세보증금 5억 원 이하, 수도권 외 지역에서 4억 원 이하인 경우다. 기존에는 소득 제한이 없었지만 부부 합산 1억 원 이하만 가능하다. 집주인의 동의 없이 전세 기간이 6개월 이상 남아 있으면 누구나 신청할 수 있다. 보증료(개인 아파트 기준)는 '보증금액 × 보증료율(0.128%) × 기간'으로 계산한다. 전세보증금이 1억 원이라면 연간 보증료는 12만 8,000원, 3억 원이라면 38만 4,000원이다.

전세보증금 관련 상품은 HUG 외에도 서울보증보험SGI에서도 취급하고 있다. 전세보증금반환보증은 HUG 영업점과 홈페이지, 시중 은행과 위탁 공인중개사를 통해 가입할 수 있다. 카카오페이를 통해서도 가입 가능하다. 저소득층, 신혼부부, 다자녀, 한부모, 장애인 등 사회배려계층은 보증료를 40~60% 할인한다. HUG 상품은 수수료가 싸고 보증 신청 가능 기간이 더 길다. SGI의 전세보증금보장신용보험은 가입 한도액 제한이 없다.

다가구 전세 계약 시는 더 신경 써야

청년층이나 신혼부부를 중심으로 아파트 전세보증금보다 저렴한 다가구 전세에 살면서 유망 아파트를 노리는 사람이 상당하다. 일반적으로 주변 아파트 전세보증금 대비 60~70% 정도면 깨끗한 신축 다가구 전세를 얻을 수 있다. 다가구주택 전세를 얻을 때는 아파트에 비해 더 신경 써야 한다. 신축 다가구 공급이 계속 늘어나면서 분양이 되지 않고 임대가 잘 나가지 않으면 건축주의 자금 문제로 경매로 넘어가는 수가 있기 때문이다.

다가구주택 세입자도 전세보증금반환보증에 가입할 수 있는 길이 열렸지만 아직까지 실제 가입자는 많지 않다. 전세 시장이 안정기에 접어들면 다가구주택은 전세 계약이 끝나도 다음 세입자가 나타나지 않아 전세보증금을 제때 돌려받고 나가기 쉽지 않다. 역전세난(집주인이 세입자를 구하지 못하는 현상)과 깡통전세(집값이 주택담보대출금과 전세보증금을 합한 금액 이하로 떨어지는 것)가 현실화된다면 상황은 더욱 심각해진다.

집주인에게 대출해준 금융기관 혹은 계약 만기에도 전세보증금을 돌려받지 못한 세입자가 다가구주택을 경매에 넘길 수 있다. 안타깝게도 다가구주택은 경매 시장에서도 외면받고 있다. 세입자가 많아 명도가 쉽지 않기 때문이다. 경매에서 낙찰된다고 해도 전세 계약을 맺은 순서대로 배당을 하므로 보증금을 날릴 여지가 있다. 더구나 다가구주택은 경매에서 유찰되는 일이 잦다. 감정가에 비해 낮은 가격에 낙찰되는 사례도 부지기수라서 세입자에게 돌아가는 몫은 크지 않다.

다가구주택 전세를 얻는 게 위험한 이유는 무엇인가. 먼저 전입한 다른 세입자의 전세보증금을 확인하지 못하므로 세입자가 전세보증금을 받지 못해 경매를 신청하는 경우가 있다. 물론 낙찰된다고 해도 세입자가 많아서 전세보증금을 받지 못할 수도 있다. 다가구주택을 중개하는 공인중개사는 임대차보증금, 임대차 시기와 종기 등을 임대인에게 의뢰, 임차인에게 확인시켜줘야 하는 의무가 있다는 게 대법원 판례다.

다가구는 집주인 동의 필수

세입자들의 전세보증금 보호를 강화하려고 정부가 전세보증금반환보험을 받을 때 집주인 동의 절차를 없앴지만, 다가구주택 거주자는 여전히 혜택에서 제외돼 있다. 다가구주택만 집주인에게 선순위 보증금을 세입자가 직접 확인받도록 하고 있다.

전세보증금반환보험을 운영하는 HUG와 SGI 등에 따르면, 다가구주택 거주자가 전세보증금반환보험에 가입하려면 해당 세입자보다 먼저 들어온 임차인들의 보증금의 합이 실거래가의 150% 이하여야 한다. 문제는 세입자가 선순위보증금을 확인할 수 있는 길이 현실적으로 집주인을 거치는 방법뿐이라는 점이다. 집주인의 협조 없이는 보험 가입이 불가능하다. 다가구주택 임차인들의 전셋값 합계가 시세의 70~80%가 넘으면 계약하지 않거나 반전세로 계약하는 게 좋다. 전세 계약을 하기 전 등기부등본을 꼼꼼히 살펴보고 가압류·가등기·가처분등기가 설정된 집은 가급적 피한다.

침체기일수록 신탁등기 부동산도 늘어날 듯

"맘에 드는 집이 있는데 등기부등본을 보니 신탁등기가 돼 있네요. 계약해도 안전한가요?" 전세 계약을 하기 전 이런 질문을 간혹 받는다. 피해자 대부분은 대학생이나 사회 초년생이다. 신탁 계약을 몰라서 피 같은 전세보증금을 날리는 일이 종종 발생하고 있다.

이런 경우 신탁 종류상 담보신탁으로 파악된다. 담보신탁이란 집주인이 형식적인 부동산 소유권을 신탁회사에 넘긴 후 대출받는 것을 말한다. 이렇게 하면 집주인이 임의로 집을 처분할 수 없다. 금융기관 입장에서는 담보 안정성이 높아져 집주인이 더 많은 금액을 대출받을 수 있게 된다. 집주인이 신탁계약이 체결된 집을 임대하려면 일종의 계약서인 '신탁원부'에 설정된 '우선수익자'의 동의가 필요하다. 우선수익자는 집주인에게 대출해준 금융기관이다. 우선수익자 동의 없이 임대차계약을 맺으면 집이 경·공매로 넘어가도 세입자 보증금이 후순위로 밀리게 된다. 임대차계약을 맺을 경우 반드시 신탁사의 동의가 필수다. 신탁등기를 하는 이유 가운데 하나는 부족한 자금으로 집을 매입하고자 함이다.

주택이나 아파트를 매입하는데 자금이 부족하다면 주택(부동산)을 담보로 대출을 받게 된다. 일반적으로 대출(근저당)은 방을 공제(지역별 최우선변제금)해 받는다. 실질적으로 매수자가 준비한 돈이 부족해서 대출을 더 많이 받아야 한다면 방을 공제하지 않는 신탁등기를 이용한다. 소유자가 신탁사란 단점이 있으나 일반대출과 똑같이 연체 없이 대출 원리금을 잘 갚으면 신탁회사(은행)에서는 별도로 권리를 주장할 수 없으므로 걱정하지 않아도 된다. 부동산 신탁등기를 내 명의로 등기이전하고 싶은가. 일반담보대출보다 추가대출 받은(방 공제한) 만큼의 금액 혹은 그 이상을 갚게 되면 신탁등기를 내 명의로 일반등기이전도 가능하다.

문제 발생 시, 우선수익자인 금융기관 제치고
전세보증금 돌려받기 어려워

정부의 부동산 시장 규제로 분양이 잘 되지 않자 업체들이 대출을 많이 받으려고 신탁을 이용하는 경우가 수두룩하다. 따라서 오피스텔, 미분양아파트 등 임대차 시에도 부동산 신탁등기가 돼 있는지 살펴봐야 한다. 신탁등기가 돼 있음에도 불구하고 개인 소유자나 분양대행사, 시행사로 계약금 또는 전세보증금이 입금된 경우 신탁법에 따라 승인받은 신탁계좌가 아니기 때문에 사고가 날 수 있다. 계약 시 신탁회사 명의의 통장으로 입금해야 대항력을 가질 수 있다.

등기에 신탁 표기 있으면 신탁원부 발급은 필수

부동산 계약서를 작성하기 전에 등기부등본을 발급해본다. '갑구'에 가압류, 가처분, 예고등기, 가등기 여부를 확인한다. 부동산 신탁등기 여부도 확인한다. 신탁등기의 경우 등기 시 반드시 신탁계약 내용을 기재한 신탁원부를 첨부하도록 하고 있다.

'주식회사○○○신탁'이 명의상 소유자로 돼 있음을 알 수 있다. 부동산신탁계약서 마지막에는 신탁계약이 종료되는 때를 대비해 종료시점의 수익을 나누기 위해 1순위 수익자, 2순위 수익자를 지정해둔다. 금전을 빌리는 대가로 신탁을 하는 담보신탁이라면 1순위 수익자는 금융기관 같은 대여회사 등인 경우가 대부분이다. 재산 정리 절차를 위해 미리 정리된 재산을 가져가는 자를 정해놓은 것이다. 이 같은 담보신탁은 해당 부동산에 근저당권 등이 설정된 것과 거의 유사하다. 실례에서는 1순위 수익자에게 신탁 종료 시의 수익이 귀속되면 대부분 나머지가 없다. 집주인이 채무불이행을 하게 되면 신탁사는 세입자가 사는 집을 공매에 부치게 된다. 만약 이자가 연체돼 공매로 나온 집이 몇 차례만 유찰돼도 세입자에게 돌아가는 돈이 없게 될 가능성이 크다.

이 같은 피해를 막으려면 등기부등본과 함께 신탁원부를 발급받아 계약 내용을 꼭 확인해야 한다. 주택이 신탁회사에 맡겨지면 등기부등본에 위탁 사실과 함께 '신탁원부번호'가 공개된다. 등기소를 방문해 신탁원부를 발급받을 수 있다. 신탁회사 소유 건물이라면 신탁원부에 임대차계약 권한이 누구에게 있는지 확인한다. 만약 등기부등본상 소유권이 신탁회사가 아닌 건물주에게 있더라도 신탁등기가 돼 있다면 신탁회사에 확인서를 받아둬야 한다.

공인중개사도 임대차계약 체결을 중개하면서 해당 부동산이 담보신탁 대상인 것 등을 충분히 설명해야 한다. 문제가 생길 경우 중개 행위상의 과실로 인해 일부 손해를 배상하는 것이 판례로 나와 있다. 중개업자는 담보신탁된 부동산에 관한 임대차계약을 중개할 때는 임차 의뢰인에게 신탁원부를 제시하면서 법적 효과를 설명해야 한다. 세입자도 임대차계약서를 소유주인 신탁사에 보내고 확인해야 한다. 입주물량 증가로 역전세 증가와 함께 전세 시장이 안정세를 보일 것으로 예상되는 만큼 손품, 발품만 팔면 전세를 찾기가 그다지 어렵지 않다. 따라서 신탁등기가 된 부동산에는 임차인으로 임대차계약을 굳이 체결하지 않는 게 좋다.

자기계발테크로 10년 후를 대비하라

슈퍼부자는 본인 업무에 성공해 자산 축적

'자기계발이 가장 중요한 투자'.

오래전 방한한 세계적인 투자자 워런 버핏은 의외로 '자기계발'이 가장 중요한 투자라는 점을 재차 강조했다.

말콤 클래드웰이 《아웃라이어》(김영사, 2009)에서 소개한 1만 시간의 법칙은 신경과학자 대니얼 레비틴이 주장하는 이론에서 시작한다. 대니얼 레비틴은 어느 분야에서든 세계 수준의 전문가, 마스터가 되려면 1만 시간의 연습이 필요하다는 연구 결과를 내놓았다. 하물며 업무시간 중임에도 불구하고 본업이 아닌 재테크에 열중하는 사람 가운데 직장에서도 인정받고 투자에서도 성공하는 경우는 거의 들어본 적이 없다.

슈퍼부자는 자기 분야에서 성공한 경우가 대다수

은행들이 슈퍼부자Super Rich로 구분해 내부적으로 따로 관리하는 금융자산 30억 원 이상(총 자산 150억 원 이상) 부자들은 자기 분야에서 성공해 부를 축적한 경우가 대부분이다. 기업체 CEO들은 말할 것도 없이 1년에 월급만으로 10억, 20억 원을 벌어들이는 대기업 임원도 주식과 부동산에 투자해 부를 이루기보다 자기 분야에서 성공해 부를 이룬 사람이다.

샐러던트saladent란 말이 있다. 낮에는 직장에서 일하고 밤에는 대학에서 공부하는 사람들을 가리키는 말이다. 평생직장의 개념이 사라지고 능력에 따라 급여가 달라지는 성과보수제도가 일반화되면서 시대에 뒤떨어지지 않으면서 자신의 몸값을 올리기 위한 수단이다. 가끔 자기계발에 대해 직장인들에게 물어보면 외부학원 다니고 어학 실력 키우고 석박사 학위 따는 것으로 여기는 경우가 많다. 물론 틀린 말은 아니다. 기본적으로 본인이 맡고 있는 일 자체를 자기계발로 생각해 완벽을 추구하면서 부동산 투자를 병행하는 게 최선이다.

불경기에 일본 사람들은 책을 보지만 한국 사람들은 소주를 마신다는 말이 있다. 일본 사람들은 어려울 때일수록 과거를 잊고 미래를 준비하지만 한국 사람들은 오히려 당했던 과거에 갇혀 술로 울화병을 다스리면서 미래를 준비하지 못한다는 얘기다. 지금 당장 눈앞에 보이는 돈을 절약하고자 자기계발을 소홀히 하면 훗날 재테크도 성공하지 못한다. 재테크에 성공할지라도 돈만이 전부인 무의미한 인생을 살게 된다.

가장 활발하게 사회생활을 하는 30~40대는 미래를 대비해 몸값을 업그레이드할 수 있는 자기계발 재테크에 온 힘을 기울여야 한다. 지금이야 반도체와 생명공학, 빅데이터, AI, 로봇 분야 종사자가 인기가 좋지만 10년 후에는 새로운 산업 물결이 일어날 수 있다. 준비하지 않으면 안된다. 적어도 받은 급여의 10% 이상은 자기계발에 투자해야 한다.

현재 운영하는 회사도 매일 연구하지 않으면 전국에서 몰려든 고객들과 상담하다가 바닥이 드러나고 만다. 공부하지 않으면 업계에서 자동으로 물러나는 구조여서 쉴 때도 항상 경제 흐름과 부동산에 신경이 가 있다.

내가 강의 시 말미에 간혹 강조하는 말은 이런 것이다. "오래전 젊었을 때 못 다 한 꿈들, 조금씩이라도 이루기 바랍니다. 대신 일생 동안 부동산 거래는 특별한 경우를 제외하고 개인에게 10회 이상 일어나는 경우는 드뭅니다. 그때마다 차라리 혼자 고민하지 말고 전문가와 상의하는 게 인생을 오히려 유복하게 사는 길입니다." 복잡한 부동산 문제는 전문가에게 맡겨두고 여러분은 차라리 본인이 하고 있는 일에서 인정받고 성공하는 게 인생 말미에서 돌아봤을 때 가장 성공한 재테크인지 모른다.

3장

바뀌는 트렌드, 틈새부동산에 투자하라

01
10년 후에도
신축 아파트 인기는 계속된다

"대표님, 새 아파트에 한번 살다가 죽는 게 꿈이에요." 이렇게 얘기하는 고객이 의외로 많다. 10년 후에도 입지 좋고 커뮤니티가 훌륭한 새 아파트에 대한 수요는 계속될 것이다. 과거에는 무작정 내 집마련이 목표였지만 요즘은 내가 원하는 지역의 멋진 집을 가지려는 욕구가 강해졌다. 물론 도심의 신축 아파트는 전월세 놓기도 쉬워서 국내외 경기침체에 따라 부침이 있겠지만 중장기적으로 확실한 연금형 부동산으로 안전판 역할을 할 것이다.

민간택지 내 분양가 상한제로 전매제한 기간이 최고 10년까지, 최장 5년의 거주의무기간도 부여됐지만 수억 원 이상의 '로또 대박'을 노리는 행렬은 강남권일수록 경쟁률이 치열할 것이다. 그에 따라 청약통장 가입도 급증할 것이다. 분양가 상한제가 본격 시행되면서 택지비 및 분양가 산정 등이 까다로워져 공급 위축은 불가피하다. 따라서 기반시설이 좋은 도심 지역 신축 아파트 희소성은 부각될 수밖에 없다.

부동산 규제 지속되면
2025년 신축 아파트 비율 0.65%까지 떨어져

지금처럼 부동산 규제가 지속된다면 2025년 서울은 새 아파트 비중이 급감할 것이라는 분석이 나왔다. 부동산 정보업체 직방이 서울 주택정책자문회의에 제출한 자료를 들여다보자. 지금과 같은 정부의 부동산 규제가 지속된다면 5년 이하의 신축 아파트 비중은 2025년에는 0.65%까지 대폭 줄어들 것으로 전망돼 입주가 가까운 새 아파트의 몸값이 더 오를 것이다.

실제 입주 5년 이하 새 아파트와 10년 초과 아파트의 몸값 차이가 벌어지고 있다. 부동산114 자료에 따르면, 2018년 6월부터 2019년 6월까지 전국 아파트 매매가 상승률은 입주 5년 이하 새 아파트가 8.62%(3.3㎡당 1,416만 원 → 1,538만 원)로 가장 높았다. 입주 6~10년 이하 아파트가 3.54%, 입주 10년 초과 아파트가 4.13% 상승한 것과는 약 2배 이상 차이가 났다.

서울시 입주 5년 이내 새 아파트와 10년 초과 아파트의 가구당 평균 가격 차를 비교했을 때 2016년 6월 약 3억 1,058만 원에서 2019년 6월 약 5억 2,697만 원까지 벌어졌다.

조식이 제공되는 아파트의 입주민 커뮤니티 카페

주택 시장이 실수요 위주로 재편되면서 주택 수요자들이 신축 아파트에서 얻는 편익을 중점적으로 살펴보고 있다. 한 번 신축 아파트에 살아본 사람은 주차 편리성이나 커뮤니티의 만족감이 커서 노후 아파트에서 살기 어렵다. 주차가 불편했고 커뮤니티가 없는 노후 아파트에 살아봤던 나도 헌 아파트에 다시 거주하라고 하면 고개를 저을 것이다.

커뮤니티가 탁월한 신축 아파트에 대한 수요는 민간아파트 분양가상한제 등 규제 이후 더 폭발적으로 증가하고 있다. 그러니 입주가 빠른 도심권에 위치한 분양권에 관심을 갖고 차근차근 매입하는 요령을 익혀야 한다. 실제 재건축 규제의 반사로 신축 아파트에 대한 수요가 증가한 가운데 유주택자들의 아파트 분양권 거래 상담이 대폭 증가했다. 청약제도가 9·13대책에 이어 무주택자 위주로 개편됐기 때문이다. 무순위 접수방법도 있지만 당첨 여부가 불투명하고 전매제한기간도 있어 유주택자들이 분양권 매입에 관심을 보이고 있는 것이다.

시세차익을 노려 적은 자금으로 10년 후를 내다보고 투자하고 싶은가. 도심 지역에서 비싼 분양가에 분양되는 단지 주변 분양권을 노려보라. 초기 분양률이 50~60%만 달성한다고 봐도 인근 분양권 프리미엄이 뛰어오를 가능성이 있다.

신축 아파트도 신축 아파트 나름

아침에 창문을 열면 새가 지저귀고 가끔 청솔모와 논밭이 주변에 보이는 지역의 새 아파트를 얘기하는 것은 아니다. 외곽, 기반시설이 없는 신도시 새 아파트가 아닌 도심 속 커뮤니티가 훌륭한 새 아파트가 10년 후에 지금보다 몇 배 더 각광받을 것이다. 입주 후 10년까지는 새 아파트로 여겨지니 입주가 임박한 분양권을 노려보라.

분양권을 통한 신축 아파트 입주 비법

분양권과 입주권의 개념부터 제대로 짚어보자. 분양권은 관리처분계획확인가 이후 조합원에게 돌아가고 남은 물량을 분양받은 사람의 권리다. 입주권은 재개발·재건축조합원 자격을 얻어야 하지만, 분양권은 조합원이 아닌 사람이 청약통장을 사용해 당첨됐을 때 받을 수 있고 평형과 동·호수가 확정돼 있다. 분양권은 계약금과 중도금만 납부된 상태이므로 주택이 완공돼 잔금을 내고 등기를 해야 주택으로 바뀐다. 분양권은 초기 분양가의 10%에 해당하는 계약금과 프리미엄(웃돈)만 있으면 거래가 가능하다. 입주권은 '재건축 전 주택의 권리가액(집값)'과 프리미엄을 합한 금액을 전부 내야 한다.

❶ 취득 당시부터 공동명의로 하라

분양권 계약을 하거나 새로 주택을 매수할 때 처음부터 공동명의로 하는 것이 절세 방안이 될 수 있다. 분양권 계약 후 중도금을 납부하기 전 증여하면 계약금에 대해서만 증여세를 납부하면 되므로 증여세 부담이 크게 줄어든다. 각자 잔금을 낼 수 있을 만큼 자금 여력이 있고 자금 출처 소명이 가능하면 분양권을 공동명의로 하는 것이 낫다.

서울 지역 14억 원짜리 전용면적 $84m^2$ 아파트에 당첨된 수분양자가 있다. 단독명의 상태에서 2년 거주 후 매도하면 취득세 등을 빼고 1억 원가량 양도소득세를 납부해야 한다. 반면 부부간 증여로 공동명의 아파트를 매도하면 양도소득세를 2,000만 원가량 아낄 수 있다. 종합부동산세뿐 아니라 양도소득세 측면에서도 공동명의가 이득이다. 최근 몇 년 동안 서울 강남권 재건축아파트에 당첨된 청약자 가운데 상당수가 분양권을 공동명의로 바꾸려고 배우자에게 증여하는 건수가 급증했다.

❷ 강화된 대출 규정을 파악하라

8·2대책 이후 기존 분양권도 LTV와 DTI가 강화되고, 잔금대출도 DTI 강화 기준을 적용하고 있다. 8·2대책에서 투기 지역 내에서는 세대당 1건의 주택담보대출만 받을 수 있다. 다주택자는 전국에서 주택담보대출을 받을 때 LTV와 DTI를 기존보다 10%p씩 낮춰 40%

를 적용하기로 했다. 8·2대책 이전에 분양권을 구입한 1주택 이상을 보유한 다주택자들도 투기 지역 내 주택담보대출 건수가 차주당 1건에서 세대당 1건으로 강화됐다. 따라서 은행에서 차주 명의변경 시 이런 요건이 문제가 돼서 대출 승계가 되지 않는 경우도 있다.

계약 후 갑자기 바뀐 대출규제를 현장 공인중개사가 간과해서 잔금을 치를 때 은행에서 대출승계가 되지 않아 난감해하는 사람도 여럿 있다.

❸ 분양권·입주권 양도 시 5년 기간 체크하라

배우자에게 증여받은 부동산 양도 시 양도소득세 이월과세를 적용받는 대상에 분양권이나 조합원입주권 등 부동산을 취득할 수 있는 권리까지 포함된다는 점을 체크해야 한다.

이월과세는 최초 배우자에게 증여한 경우만 적용됐으나 직계존비속 간 증여까지로 확대됐다. 시행령 개정 전에는 아파트 분양을 받아 프리미엄이 형성된 경우 배우자에게 증여하고 즉시 양도해도 분양권의 가액이 6억 원 이하라면 세금 없이 양도할 수 있었다. 분양권은 등기되는 자산이 아니므로 명의변경 시 취득세도 부과되지 않고, 6억 원 이하라면 증여세도 부과되지 않는다. 게다가 이월과세 대상도 아니므로 즉시 양도해도 증여재산가액과 양도가액이 같아져 양도소득세마저 부과되지 않았다.

이제 분양권도 이월과세를 적용받게 됐다. 분양권을 증여받아 분양권인 채로 5년 이내 양도할 경우 또는 분양권을 증여받고 아파트가 준공된 후 양도하더라도 증여일로부터 5년 이내 양도한다면 증여한 배우자 등의 취득가액과 양도가액의 차액에 대해 양도소득세를 과세하므로 세금을 피할 길이 없다.

시행령 시행일 이후 '양도'하는 분부터 적용한다는 사실에 주의해야 한다. 시행일 이후 증여하는 분부터 적용되는 것이 아니라 시행일 이전에 증여하더라도 시행일 이후 양도할 경우 증여일과 양도일이 5년 이내인지 여부를 따져서 이월과세를 적용하므로 주의한다.

❹ 세금을 꼼꼼하게 계산해보고 투자하라

분양권은 취득세 부과 방식, 즉 아파트 청약 후 당첨되고 나서 최초 계약금을 낼 때 취득세를 내지 않지 않는다. 입주 시점에 잔금을 내고 등기할 때 아파트 가격과 면적에 따라 1.1~3.5%의 취득세를 납부하게 된다. 단, 당초 아파트 분양가에 프리미엄을 주고 분양권을 샀다면 과세표준은 분양가가 아니라 분양가에 프리미엄을 더한 금액이다. 반대로 분양가보다 싸게(마이너스 프리미엄) 분양권을 매입했다면 취득세 과세시가표준액은 과거엔 분양가였지만 분양권 구입가로 바뀌었다. 미분양아파트를 할인해서 투자한 경우 취득세 절감 효과가 기대되는 대목이다.

주택이나 분양권도 원칙적으로 기본세율인 6~42%를 적용하지만 단기 보유한 주택이나 분양권을 양도할 경우 더 높은 단일세율을 적용하고 있다. 단, 그 기간에 대한 세부 규정이 일반주택과 분양권이 다르다. 일반주택은 보유 기간 1년 미만만 44%(지방세 포함), 분양권은 1년 미만이면 55%, 2년 미만이면 44% 세율을 적용한다. 만약 분양 대상이 조정대상지역 내 소재한 경우라면 보유 기간에 관계없이 55% 세율을 적용받는다.

❺ 중개수수료를 파악하라

분양권 거래 시 '중개수수료를 얼마나 내야 하는지' 잘 알지 못할 수도 있다. 거래할 때 워낙 큰돈이 오가다 보니 수수료쯤은 대수롭지 않게 여기기 일쑤다. 중개수수료를 정확히 알지 못하면 거래 시 피해를 보는 일이 다반사다. 사례를 보자. 계약금 4,200만 원, 웃돈(프리미엄) 3,000만 원이 포함된 분양가 4억 2,000만 원짜리 전용면적 84㎡ 아파트 분양권을 7,200만 원에 매입했다.

분양권을 살 때 총분양가가 아니라 실제 주고받은 금액, 즉 초기 계약금과 이미 낸 중도금, 웃돈을 더한 금액이 수수료 산정 기준이 된다.

> 분양권 거래 중개수수료 : 거래금액(계약금 + 중도금 + 웃돈) × 수수료율

일반주택 거래와 방식이 다른 셈이다. 분양가보다 가격이 떨어진 마이너스 프리미엄은 거래금액에서 빼준다. 이처럼 미리 중개수수료 계산법을 숙지하지 않고 거래하면 큰 손해를 볼 수 있다. 중개업체와 건설사까지 함께 명의변경을 해야 되는 번거로움이 따르지만 일반주택 거래보다 중개수수료가 훨씬 낮다.

실무에서는 건당 300만 원이나 500만 원에 분양권을 거래한다. 분양권 거래 전부터 법에서 정한 수수료를 운운하면 좋은 물건을 잡지 못할 수 있다. 때에 따라선 법에서 정한 중개수수료 이상을 지급하더라도 좋은 위치의 분양권을 프리미엄을 조금이라도 깎아서 매입하는 게 현명할 수 있다.

❻ 보류지를 노려라

보류지란 재건축·재개발 조합이 향후 조합원수 변화에 대비해 분양을 하지 않고 유보해놓은 물건이다. 조합은 전체 가구 가운데 1% 범위 안에서 보류지로 정할 수 있다. 청약통장이 필요 없는데다 시세대비 1억 원 안팎으로 저렴하게 낙찰될 수 있어 알짜 투자처로 부상하고 있다. 서울 강동구 고덕주공2단지 재건축조합(고덕 그라시움)의 보류지 입찰이 8.2 대 1의 경쟁률을 기록했다. 13가구 공급에 107명이 몰렸다. 1~2층 저층이 나오는 일반 보류지 매각과 달리 7층 또는 33층 등 '로열층'이 포함돼 있어서다.

주변시세보다 저렴하게 나온 강동구 고덕 그라시움엔 투자자가 몰렸지만 주변시세와 비슷했던 래미안 개포 루체하임은 유찰 사태를 겪었다. 고덕 그라시움 전용면적 114㎡의 낙찰가는 10억 5,762만 원을 기록했다. 2016년 분양가인 10억 1,100~10억 9,400만 원과 비슷하다. 인근 아파트 단지 시세와 비교해 5,000만 원가량 저렴했다. 전용면적 82㎡엔 낙찰자가 대거 몰렸다. 낙찰금액은 8억 5,500만 원이었다. 입찰 최저가 7억 6,800만 원에 비해 약 1억 1,300만 원 높았지만 주변 신축 아파트 시세보다 1억 5,000~2억 원 저렴했다. 흑석 8구역 롯데캐슬에듀포레 보류지 입찰에서 전용면적 59㎡는 9억 4,150만 원에 낙찰됐다. 전용면적 84㎡는 11억 5,221만 원에 팔렸다. 모두 현재 시세보다 1억 원 정도 싸게 낙찰됐다.

보류지는 입주 6개월 정도를 앞두고 나오므로 정확한 입찰 시점을 알 수 없다. 조합이 정하기 나름이라 사업장마다 각각 다르다. 서울시가 운영하는 재건축·재개발 '클린업시스템' 홈페이지 들어가 공지를 일일이 찾거나 관심 있는 단지의 조합사무실을 통해 알아보면 된다. 신문에 나오는 매각 공고를 확인하는 것도 방법이다. 단, 후분양이다 보니 최소 6개월 안에 잔금까지 치러야 한다.

❼ 분양권 매입 시 주의점

투기 지역으로 지정되면 양도소득세를 기준시가 대신 실거래가액으로 신고해야 한다. 분양권 역시 일반아파트 매매처럼 실거래가로 신고해야 한다. 일부 중개 현장에서 프리미엄이 억대로 형성된 경우 매도자의 양도소득세 부담이 커서 다운계약서로 거래하는 게 관례다. 이런 거래는 나중에 뒤탈이 생기기 마련이다.

다운계약서를 쓰게 되면 나중에 분양권 매입자가 세금을 더 내야할 수도 있다. 추후에 과태료를 추징당할 수도 있다. 거래가격이 사실과 다르다는 것이 적발되면 매수자에게 취득세의 1~3배(주택거래 신고지역은 최대 5배)에 해당하는 과태료가 부과된다.

차후 부동산을 되팔 때 양도차익을 줄이는 하나의 방법으로 활용되는 업계약서 또한 불법이다. 매수자는 취득세의 3배에 해당하는 과태료를 물어야 한다. 매도자는 양도소득세추징은 물론 국세청세무조사 대상자로 오르므로 주의해야 한다.

02
공동명의
대폭 늘어난다

부동산 관련 세부담 증가로 공동명의 필수될 듯

신축 아파트를 중심으로 공동명의 장단점을 문의하는 사람이 대폭 증가했다. 부동산 관련 세부담 증가로 10년 후 공동명의는 지금보다 2배 이상 증가할 것이다. 공동명의를 하지 않는 경우 오히려 세상물정 모르거나 배우자를 무시하는 남편 혹은 아내라고 비난받는 시대가 올 것이다.

서울 강남구 개포동의 디에이치자이개포아파트는 일반분양분 1,690채 가운데 1,088채가 공동명의로 바뀌었다. 아파트를 한 사람 명의로 청약하고 당첨 후 보유세와 양도소득세 등 절세를 위해 부부 공동명의로 바꾼 사람이 늘어난 이유다.

공시가격 현실화로 주택 보유세 부담이 커지고, 다주택자 양도소득세 중과 기조가 맞물리면서 증여 행태로 주택 명의 분산에 나선 부부가 증가하고 있다. 2018년 신고된 부부간 증여 건수는 3,164건으로 2017년의 2,177건보다 45.3% 증가했다. 부부간 증여 건수는 2010년 관련 통계 작성 이후 해마다 꾸준히 증가하고 있다. 부부간 증여 재산가액은 2조 6,301억 원으로 2018년 1조 8,556억 원보다 41.7% 늘었다. 증여한 재산 규모는 5~10억 원이 2,625건(83%)으로 가장 많았다.

자산가들 대부분 공동명의

자산가들과 상담을 하다 보면 보유하고 있는 부동산이 일반인보다 공동명의로 돼 있는 경우가 꽤 된다. 공동명의는 남편 4.5, 아내 5.5 등 자유롭게 설정할 수 있다. 본인 주택 외 1채만 소유해도 임대사업이 가능하므로 공동명의를 하면 부동산 임대소득 절세도 가능하다. 나도 보유한 부동산을 공동명의로 해놓아 매도 시 상당한 절세 혜택을 누리고 있다.

문재인 정부 들어 세법이 개정돼 세금이 증가하면서 공동명의를 이용한 세금 상담이 줄을 잇고 있다. 과세표준 5억 원 초과 구간 세율이 40%에서 42%로 2%p 인상됐다. 3~5억 원 초과 구간은 40%의 세율을 적용받고 있다. 소득세는 6~42%로 부과되며 소득이 커질수록 부담이 커지는 누진세 구조다.

주택을 단독등기하는 것과 공동명의로 등기하는 것에는 양도소득세 차가 있다. 현행 우리나라 양도소득세는 양도차익에 대해 누진세율을 적용해 소유자별로 과세한다. 보유 주택을 공동명의로 한다면 한 사람에게 귀속될 양도차익이 두 사람에게 분산돼 단독명의일 때보다 세율이 낮다. 내야 할 세금도 당연히 줄어든다.

양도차익이 1억 원 발생했을 때 단독명의라면 1,900만 원, 공동명의라면 1,200만 원의 양도소득세 차이가 발생한다. 1년 단위로 적용되는 기본공제 250만 원도 공동명의라면 각각 250만 원(합계 500만 원)을 받을 수 있다. 단독명의 부동산이 향후 매도 시 양도차익이 거의 발생하지 않을 경우는 어떤가. 공동명의로 변경하면 오히려 취득세, 기타 부대비용, 증여세 등이 들어 불리할 수 있다.

소득이 없는 배우자 명의로 부동산 등기 시 증여재산공제액 6억 원(10년 이내 배우자로부터 증여받은 재산 포함) 범위 이내는 증여세가 없다. 9억 원 이하 주택, 1세대 1주택 2년 보유 요건[조정지역인 서울 전 지역 25개구, 경기 7개시(과천시, 성남시, 하남시, 고양시, 광명시, 남양주시, 동탄2), 부산광역시 일부 구, 세종특별자치시는 2년 거주 요건 추가]은 양도소득세가 비과세되므로 절세 효과는 없다. 따라서 공동등기를 하지 않아도 된다.

부동산을 취득했다면 재산을 보유하는 동안 지방세인 재산세를 내야 한다. 이는 공동명의더라도 특별 혜택이 없다. 매년 6월 1일 현재 토지와 건물을 보유한 자에 대해 건물분은 7월, 토지분은 9월에 재산세가 부과된다. 이때 주택과 건물분 재산세는 한 개 물건별로 개별과세하고, 토지분 재산세는 시·군·구청의 지방자치단체별 관내 토지를 인별로 합산해 과세한다.

수익형 부동산도 공동명의로

수익형 부동산을 임대하면 임대소득이 발생한다. 부동산을 공동 명의로 했다면 부동산을 임대해서 들어오는 임대소득도 분산된다. 임대소득으로 1억 5,000만 원을 벌었다면 단독명의는 38%의 소득 세율을 적용한다. 부부 공동명의로 등기를 했다면 각각 7,500만 원 으로 소득이 분산되고 소득세율도 24%로 감소한다. 세금으로 비 교해보자. 단독명의는 1억 5,000만 원에 38%의 소득세를 적용해 3,760만 원의 세금을 부담한다. 공동명의는 각각 7,500만 원의 수 입에 대해 24%의 소득세율을 적용해 각각 1,278만 원의 소득세를 납부하면 된다. 결국 임대사업으로 1억 5,000만 원이라는 같은 돈 을 벌었지만 명의만 공동명의로 했을 뿐인데 세금은 3,760만 원에서 2,556만 원으로 1,210만 원이나 줄어드는 절세 효과를 봤다.

종합소득세, 상속세 측면에서도 유리하다

상가나 오피스텔 관련 절세 상담도 꾸준하다. 상가를 부부 공동 소유로 한다면 상가임대로 얻는 임대소득은 소유자별로 나뉘어 귀 속돼 종합소득세도 줄일 수 있다. 상속세 절세 효과도 크다. 부부 중한 사람이 소유한 채로 사망하는 경우보다 부부간에 재산을 분산해 놓으면 세율이 낮아지고 상속자가 부담할 상속세도 줄어든다. 소득이 없는 아내가 부동산 등을 취득하는 경우 자금 출처를 입증할 수 있다는 장점이 있다. 상가임대소득으로 취득자금 원천을 쉽게 밝힐 수도 있다. 보유 후 매각 시 양도대금이 발생하므로 또 다른 자산의 취득자금원으로 인정받기에도 충분하다.

공동명의 시 종합부동산세 절세

종합부동산세도 절세된다. 종합부동산세는 1인 1주택의 경우 공시가격 9억 원 초과, 1주택 이상은 6억 원을 초과하면 종합부동산세를 내야 한다.

12억 원의 주택을 단독명의로 한 경우를 살펴보자. 초과 6억 원에 대해 종합부동산세를 부담해야 하지만 6억 원씩 공동명의로 하면 종합부동산세를 내지 않아도 된다. 단, 1주택을 단독명의로 보유했다면 9억 원 초과분에 대해 종합부동산세를 부과하는데다 장기보유와 고령자에 따른 추가공제 혜택까지 있어 2주택 이상 보유했을 때만 부부 공동명의로 취득하는 게 유리할 수 있다. 공시가격 기준으로 9억 원이 넘는 고가주택은 종합부동산세 과세 대상이다. 부부끼리 6억 원씩 재산을 분할하면 최대 12억 원까지는 대상이 아니다.

상가, 사무실, 빌딩 등 수익형 부동산은 종합부동산세를 과세하지 않는다. 주택과 종합합산토지, 별도합산토지만 종합부동산세 과세 대상이다. 토지도 마찬가지다. 부부 공동명의로 할 경우 보유토지의 공시가액 최대 10억 원(공시가액)까지는 종합부동산세를 피할 수 있다. 재산세도 절세 가능하다. 부부 공동명의 시 지분별로 과세돼 단독명의보다 재산세율이 낮다.

공동명의를 이용한 종합부동산세 절감은 기존 주택보다 신규 취득 시 효과가 크다. 신규주택 취득이어도 매수자가 만 70세 이상 고령자라면 단독명의가 더 유리할 수 있다. 나이와 보유 기간에 따라 70%까지 세액이 공제되기 때문이다.

자금 출처 소명에도 유리

부부 공동명의는 무소득 배우자의 자금 출처 증빙에도 쓰인다. 20억 원대의 부동산 구매 시 단독명의가 아닌 배우자와 공동 취득한다면 등기비용을 포함해 배우자의 자금 출처가 문제될 수 있다. 2008년 1월 1일 이후 배우자의 증여재산공제액이 6억 원이므로 소득이 있었거나 증여한 사실이 없다면 별문제가 없을 것이다.

고분양가 논란이 있는 아파트 또는 소득이 없는 부녀자가 부동산을 취득해 자금 출처 조사가 우려되는 경우는 어떨까. 그 출처를 준비한 상태에서 취득해야 생각지도 못한 증여세 고지를 면할 수 있다. 이때 기존 부동산을 미리 공동명의로 하고 그 매각대금으로 자금 출처를 입증할 수 있다.

1세대 1주택 비과세요건을 충족하는 기존의 집을 공동명의로 바꿔 매도한다면 증여세 및 양도소득세 없이 자금 출처를 마련할 수 있어 유용하다. 현금으로 증여할 수도 있지만, 현금으로 6억 원을 주는 것보다 6억 원짜리 부동산을 증여해 향후 12억 원에 팔 수 있다면 소명할 수 있는 자금 원천도 훨씬 커지는 셈이다.

기본 세법 상담은 국세청으로

고객과 상담하다가 잘 모르는 세금 부분은 반드시 세무 전문가와 상담하는 과정을 거친다. 국세 등 기본 세금은 국세청 콜센터 126번으로 문의하면 된다. 국세청의 전문상담원도 잘 모르는 부분이 있을 수 있다. 그런 경우 차후 피드백해준다. 나도 자주 이용하는 서비스다. 세무사가 모든 세금에 통달한 것은 아니다. 반드시 해당 분야 전문 세무사와 부동산 전문가에게 부동산 미래 가치까지 크로스체크하면서 상담해야 한다.

10년 후,
건물주가 10배 늘어난다

간접투자로 여러 명이 건물 공동 소유

금융권 초청으로 특강을 하게 되면 불안한 펀드보다 도심권 수익형 부동산처럼 안정적인 대체 금융상품을 주로 추천한다. 10년 뒤에는 리츠나 펀드 형태로 건물을 소유하는 개인투자자들이 지금보다 10배 이상 증가할 것이다. 글로벌 경기 둔화에 대한 우려는 10년 후에도 여전할 것이다. 중장기적으로 볼 때 트럼프 같은 각국의 수장이 대거 나타나 자국보호무역주의로 갈 가능성이 크기 때문이다.

위험자산운용보다 상대적으로 변동성이 낮은 대체투자 상품으로 부동산펀드와 리츠에 지금부터라도 관심을 쏟을 필요가 있다. 미국 등 주요국의 기준금리 인하가 기대되는 가운데 자산의 차별화가 본격화될 것이다. 완만한 경기 둔화와 시장 금리 하락 추세의 수혜를 볼 수 있는 상업용 부동산이나 채권 수요가 늘어날 것이다.

리츠의 장단점을 파악하라

리츠는 투자금을 모아 빌딩, 호텔, 상업용 시설 등에 투자하는 일종의 '부동산 공동구매' 상품이다. 리츠는 주식회사 형태로 투자자들에게 자금을 모아 자산의 70% 이상을 부동산에 투자·운용하고 배당 가능 이익의 90% 이상을 배당하는 부동산 간접투자다. 공모형과 사모형으로 나뉜다.

투자자는 임대수익이나 개발이익을 배당 형식으로 돌려받는다. 리츠의 가장 큰 매력은 높은 배당수익률이다. 리츠는 임대수익의 90% 이상을 배당한다. 국내 주식 시장에 상장된 절반 이상의 공모 리츠의 주가는 주식 시장 하락기에도 공모가 대비 크게 올랐다. 장기적으로 가격 상승이 기대되는 도심권 부동산에 투자하는 공모형 리츠는 꾸준한 수익을 내고 있다. 임대관리회사에 맡겨서 부동산을 관리하듯 소유자가 부동산을 직접 관리해야 하는 부담이 없다는 점이 리츠의 큰 매력이다.

기초자산을 파악해 수익률을 분석하는 것도 중요하지만 장기간 안정적으로 임대료를 내는 우량 임차인인지 확인한다. 몇 년 후 실물 부동산을 엑시트하는데 별문제가 없는지도 살펴봐야 한다. 리츠 역시 원금 손실 가능성이 있다. 부동산 시장이 침체되면 공실이 발생되고 매각수익이 줄어들 수 있다. 꼼꼼하게 물건을 선택해야 한다.

선진국은 부동산 대체투자로 노후 준비 중

유럽을 비롯한 선진국의 노년층은 상대적으로 편안한 노후를 보낸다. 잘 갖춰진 사회보장 시스템뿐 아니라 스스로 은퇴 시점까지의 기간을 고려해 간접투자를 한 덕분이다. 그들은 사모펀드, 인프라펀드, 부동산펀드를 통한 실물자산투자를 통해 안정적인 배당수익을 받고 매각 후 시세차익까지 얻고 있다.

일본은 부동산 간접투자 방식 대중화

일본은 임대 문화가 주를 이룬다. 경기 상승으로 부동산 활황기인 현재까지도 집을 투자 개념으로 생각하지 않는다. 일본 국민은 부동산을 직접 구입하기보다 부동산펀드 등을 통해 간접투자하는 방식을 선호하고 있다. 부동산에 가계자산 대부분이 집중돼 있는 우리나라와 달리 은행 예적금에 여윳돈을 넣어두거나 주식과 국채에 투자한다. 부동산은 직접투자 대신 리츠 상품에 투자한다. 부동산펀드뿐 아니라 부동산의 소유권을 표준화한 소액 단위로 분할하고 그 지분을 자본 시장에 유통시키는 증권화 상품도 연 3~5%의 고수익을 창출하고 있어 인기가 높다. 일본에서 부동산 간접투자 상품 시장의 확대는 부동산이 회복하는 데도 기여했다. J-리츠나 부동산 사모펀드에 의한 물건 취득이 활발해져 부동산 가격이 상승했다.

일본 부동산의 상황을 들여다보자. 일본 상업지가격지수는 1991년 199.5, 주택지가격지수는 126.1까지 상승해 정점에 도달한

후 하락세가 지속되면서 2012년에는 상업지가격지수와 주택가격지수 등을 합한 평균 시가지가격지수가 54.2까지 하락, 1970년대 초반 수준으로 하락했다. 그러다가 2000년 이후 임대주택과 오피스빌딩을 중심으로 수요가 살아나기 시작했다.

2000년 후반 들어서는 도쿄, 요코하마, 와카 등 대형빌딩의 공급을 중심으로 1만 평이 넘는 오피스 공간이 공급됐다. 임대료 역시 상승세를 지속했다. 구도심 재개발(도쿄 미드타운), 복합 쇼핑몰 개발(미쓰이부동산) 등이 대표적이다. 미쓰이부동산의 오피스 임대수익률은 3% 이상으로 매우 매력적인 수준이다.

국내에서도 일본과 같은 형태의 부동산투자 흐름이 나타나고 있다. 고액 자산가들이 실물자산을 운용하는 리츠에 자금을 분산하고 있다. 저성장 저금리 시대에 예금보다 수익률이 높은 게 리츠 등 간접투자 상품이다. 글로벌 리츠 시장은 현재 미국이 규모가 가장 크다. 일본, 싱가포르, 홍콩, 한국 순으로 선진국일수록 리츠가 활성화돼 있다고 보면 된다. 주식 시장 불안감 탓인지 며칠 만에 완판되는 리츠 등이 나타나고 있다.

개인적으로 연 5% 이상 되는 해외 부동산 리츠나 부동산 실물을 운용하는 인프라펀드 등 안정적인 부동산 상품에 관심이 간다. 그 결과 국내뿐 아니라 일본, 벨기에 등에 분산투자하고 있다. 기본 임대수익에 빌딩 매각 시 향후 시세차익까지 고려하기 때문이다. 투자 시 해외 오피스빌딩은 정부기관이나 글로벌 기업체 등 장기 임차인이 확보된 상품이 1순위다.

배당률보다 기초자산과 산업 동향을 꼼꼼히 점검하라

"사장님, 안정적인 배당이 나오니 이 상품 해보세요." 2013년 부동산 전문가로 활동하는 걸 안 담당 증권사 직원의 말에 휘둘려 일을 저지르고 말았다. 훗날 상장은 됐으나 거래량은 거의 없었다. 환금성에 문제가 생겨 지금도 보유하고 있다. 매달 배당은 받지만 공모가 대비 40%가량 주가가 하락하면서 여전히 마음고생을 하고 있다.

2억 원으로 해외 공모형 부동산리츠 상품을 할까, 상장된 맥쿼리 인프라 주식에 투자할까 고민하다가 공모형 선박펀드에 돈을 넣는 큰 실수를 했다. 해외 공모형 부동산리츠나 상장된 맥쿼리 인프라 주식에 투자했으면 배당은 배당대로 받고 50% 이상 원금도 불어났을 것이다. 도심권 수익형 부동산에 투자했더라도 최소한 건물가격은 유지하고 있을 것이다. 실패 경험을 바탕으로 산업과 기초자산에 대한 동향을 지금도 여러 경로를 통해 면밀히 분석하고 있다.

선진국처럼 리츠 시장 폭발 증가할 듯

리츠는 소액으로도 임대형 부동산에 투자할 수 있고 유동성이 높아 10년 후에도 인기를 끌 것이다. 지금은 연 4~6%대 배당수익률을 기록 중이지만 저금리가 장기화되고 리츠 시장 성장으로 공급이 풍성해지면 10년 뒤 배당수익률은 2~3%대로 떨어질 것이다. 저성장 국면이 고착화되면 마이너스 금리를 예상해볼 수 있다. 10년 뒤 연 2~3% 수익률도 높게 느껴질 것이다.

법인명의 주택 매입이
크게 유행한다

"대표님, 임대사업을 법인으로 하려는데 어떻게 생각하세요? 법인으로 하면 매각 시 개인보다 유리하지 않나요?" "그때그때 달라요. 법인명의로 한다고 유리한 건 아닙니다." 소액으로 부동산을 투자할 때도 개인으로 할지, 법인을 만들어 법인명의로 할지 문의하는 고객이 증가하고 있다.

중소벤처기업부에 따르면 2019년 1분기 국내 부동산업 법인 설립 건수는 3,151건으로 2018년 1분기 2,458건에 비해 693건(28.2%) 증가했다. 부동산 법인이 급증한 시기는 2018년 9·13대책 이후부터다. 2018년 3분기 2,359개였던 신설 법인은 4분기에 2,813개로 늘었다. 한국감정원의 2019년 6월 거래 주체별 부동산 거래 현황을 보더라도 법인이 개인에게 매입한 서울 아파트 수는 140가구로 5월의 60가구에서 급증했다. 2006년 집계 이래 월간 최대치다. 2019년 1월의

21건과 비교해도 7배 가까이 치솟았다. 빌라·주거형 오피스텔도 법인 매입이 증가하고 있다.

법인 매입이 증가하는 가장 큰 이유는 매각 시 절약되는 세금 때문이다. 투자자들은 법인명의로 부동산을 구매해 임대 또는 매각하면 법인세가 저렴해진다고 믿는다. 상속이나 증여도 같다고 생각한다. 개인명의 부동산을 법인 전환하는 데 관심이 많지만 법인에 대한 절세 효과가 개인에 비해 무조건 좋은 것은 아니니 신중해야 한다.

법인을 설립하면 감정평가 수수료 등 부대비용이 들어간다. 최소 25~30억 원 이상을 보유한 부동산 자산가가 아니라면 큰 혜택을 기대하기 어려울 수도 있다. 사전에 반드시 따져봐야 한다. 10년 후에도 법인 설립이나 증여로 절세하는 사람들이 늘어나면 도심 핵심권 주택 물량이 늘지 않아 집값 상승의 도화선이 될 수 있다. 세법 관점에서 개인이 유리한지 법인이 유리한지 판단하기는 어렵지만 취득과 보유, 처분 단계별 유불리는 구분할 수 있다.

주택 구매 시 법인이 다소 불리

부동산을 구매하는 단계에서 부담하는 세금은 취득세다. 취득세는 개인이 유리하다. 법인(비영리법인 제외) 명의로 부동산 구매 시 취득세 부담은 최소한 개인과 동일하거나 개인보다 많다. 부동산 취득세는 개인과 법인 구분 없이 동일하다.

주택 구매 시 법인이 불리하다. 개인은 구입하는 주택가격에 따라 1.1~3.5%의 세율로 취득세를 부담한다. 설립한 지 5년이 경과하지 않은 법인이 수도권 과밀억제권역에서 주택 구매 시 5.3~8.1%의 세율로 취득세가 중과세된다. 수도권과밀억제권역은 서울시 전역, 인천광역시(강화군 등 일부 제외), 의정부시, 구리시, 남양주시(호평동 등 일부만 해당), 하남시, 고양시, 수원시, 성남시, 안양시, 부천시, 광명시, 과천시, 의왕시, 군포시, 시흥시(반월특수지역 제외) 등이다. 설립한 지 5년이 경과된 법인을 인수해 부동산을 구입하는 것도 한 방법이다. 단, 인수한 법인이 사업 실적이 없거나 휴면법인이라면 취득세 중과세를 피할 수 없으니 주의한다.

임대주택 등록 시 개인과 법인 재산세 = 종합부동산세

임대주택 등록 시 재산세와 종합부동산세 혜택도 개인과 법인이 같다. 개인이나 법인이 보유한 주택의 공시가격 합계가 6억 원을 초과하면 종합부동산세가 과세된다.

임대주택으로 등록하면 소득세와 법인세를 불문하고 동일하게 감면받는다. 국민주택 규모 이하 주택을 임대주택으로 등록하면 임대소득에 대한 소득세와 법인세는 30% 감면된다. '민간임대주택에 관한 특별법'에 의한 기업형 임대주택이나 준공공임대주택으로 등록하고 임대해도 개인과 법인을 불문하고 75%까지 감면된다. 단, 75%의 소득세와 법인세 감면을 받으려면 8년 이상 의무 임대해야 한다.

임대소득에 대한 법인세 세율은 소득세보다 낮다. 10~25%의 세율로 법인세가 과세되는 것을 고려하면 법인이 유리한 것처럼 보인다. 법인의 잉여금(임대소득 순이익의 누적액)을 주주들에게 배당할 때 소득세가 과세되므로 단순히 세율이 낮다는 이유로 법인이 유리하다고 판단할 수는 없다.

주택 매각 시 개인과 법인 차이점

법인은 주택임대 또는 매각 시 법인세가 동일하다. 개인이 주택임대소득에 대해 종합소득세, 매각 시 양도소득세를 구분해 내는 것과 비교된다. 법인은 임대사업에 필요한 인건비 등 필요경비를 세무상 경비처리하는 일이 개인보다 쉽다. 법인은 주택을 매각해 차익이 발생하면 다른 소득과 합산해 10~25%의 법인세율을 적용하고 법인세를 계산한다. 주택 매매차익에 대해 10%의 법인세도 추가 납부한다. 법인은 주택 매각 시 조정대상지역 여부와 상관없이 해당 주택 매매차익의 10%를 가산해 법인세를 계산하는 것이다. 이것 역시 임대주택으로 등록하면 10%를 가산하는 법인세 대상에서 제외된다. 임대주택으로 등록하면 개인과 법인을 불문하고 세무 불이익은 사라지고 세제 혜택을 볼 수 있다. 반면 임대주택으로 등록하지 않으면 유리한 점과 불리한 점이 달라질 수 있다.

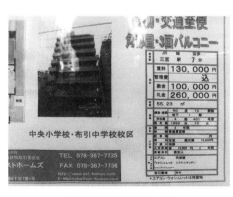

05

10년 후 월세 시장, 임대관리는 필수

한 발 앞선 일본 주택임대관리 시장 현황 및 노하우

일본은 시세차익을 노리는 매매 시장보다 월세를 선호하는 임대 시장이 주류를 이룬다. 대다수 대형 부동산중개업소에서도 매매 보다 임대를 알리는 간판을 주로 내건다. 우리나라처럼 매매 광고 물을 내건 부동산중 개업소는 거의 찾아볼 수 없다. 한국에선 가 격이 얼마나 오를지에 초점을 두는 데 비해

일본의 월세 위주 임대 매물

미국, 일본 등 선진국에서는 임대료가 얼마나 안정적으로 나오느냐
가 우선이다.

일본의 주택임대관리업체

일본에서 임대주택관리업체가 처음 등장한 시기는 1965년경이다.
일본은 건축비의 대부분을 차입금으로 충당한다. 대출상환을 하려
면 안정적인 임대수입이 필요한데 임대주택 시장이 대형화되고 고급
화되면서 위탁관리하는 과정을 거치게 된다. 일본의 임대관리는 임
대인의 의뢰를 받아 모집부터 임대인을 대신한 입주자 민원해결과
퇴거까지 한다.

20년 이상 이어진 경기침체로 주택담보대출 변제가 불안해지면서
주택을 소유하려는 움직임이 둔해진 것이다. 일본에서는 우리나라
처럼 대형 부동산에서도 주택임대관리를 일정 부분 맡아서 해오고
있다. 정식으로 주택임대관리업을 영위하려면 임대주택관리업자로
등록해야 한다.

일본 주택임대관리업체는 단순하게 세입자를 맞추는 임대관리 수
준을 넘어 개발, 리츠, 중개업, 인테리어 리모델링 등 다양한 범위에
서 수익성을 제고하고 있다. 소비자는 공개된 등록사업자를 선택하
고 위탁할 수 있다. 모든 관리 업무와 물건 선택을 판단하는 데 정보
를 얻을 수도 있다. 예탁금보증제도를 함께 시행함으로써 관리회사
의 경영상 안정장치를 마련해놓았다.

일본은 임대주택법 시행 후 임대주택 선호 현상 뚜렷

2000년 3월 임대주택법이 시행되기 전까지 정당한 이유가 없는 한 임대주가 계약 갱신을 거절하거나 해약할 수 없었다. 임대주택법이 시행되면서 임대 기간을 확정해 임대차계약을 맺을 수 있다. 일본에서는 큰 규모에 최신 설비를 갖춘 가족 대상 임대주택이 보급되고, 고령자가 자신이 살던 넓은 주택을 임대로 내놓는 경우가 늘고 있다.

소비자의 욕구가 대도시권을 중심으로 변하면서 임대주택이라도 신경 쓰지 않는 사람이 늘고 있다. 이런 분위기는 임대사업에서도 감지된다. 1990년대 후반 들어 일본의 임대관리 형태는 위탁관리에서 일괄임대sublease로 변하고 있다.

위탁관리방식은 소유주가 관리인을 두고 일정 수준의 수수료를 지급하는 것이다. 이 방식은 소유주와 임차인 간의 계약하에 관리인은 입주자 관리, 임대료 징수, 청소 등을 단순 위탁받는 것으로 사업적 관점에서 수익성이 떨어진다.

버블 경기가 붕괴된 후 임대료가 급락하면서 소유주와 임차인 간의 분쟁이 심화되고 공실도 급증하자 위탁관리로는 대처가 어렵게됐다. 그래서 일정 임대료를 확약하고 재임대를 통해 수익을 창출하는 일괄임대로 급속히 확산됐다.

내가 그동안 회원들에게 컨설팅했던 부분도 일괄임대방식이다. 물론 나도 일괄임대방식으로 임대형 건물을 운영하고 있다. 일괄임대는 임대료의 80~90%를 임대관리회사가 보증하는 형태다. 건물 소유주와 계약하고 임대관리회사는 그 차익을 이익으로 얻는다. 그렇다고 임대관리회사가 무조건 이익을 보는 구조는 아니다. 공실 리스크와 중개수수료, 일반수선료 부담까지 떠안으므로 상황 판단을 잘못해 계약했을 경우 임대관리회사가 손실을 볼 수도 있다. 임대관리회사 입장에서 관리 물건을 선정하는 데 신중할 수밖에 없다. 이 말은 임대관리회사가 맡을 정도면 괜찮은 부동산이라는 뜻이다.

06

한국의 임대관리회사 미래와
활용법

임대관리업체 이용으로 공실과 스트레스 동시 해결

선진국처럼 공적·사적 연금과 공적 사회보장이 잘 발달되지 않은 우리나라에서는 아직까지 불안한 금융자산보다 부동산을 통한 안정적인 노후 대비 월세 수입을 바라는 사람이 꽤 된다. 한국은 여전히 조그마한 건물이라도 투자하려고 5~20억 원의 노후자금을 모으는 축적 방식을 선호한다. 해당 자금을 모은 다음 임대건물을 사서 월세를 받으려니 세입자와 건물 관리로 인해 임대료 받기가 이론처럼 녹록한 게 아니다.

1~2억 원의 자금이라도 오피스텔이나 원룸에 우선 투자해 월세를 받으면서 노후를 즐기고 싶은 사람도 적지 않다. 막상 월세 받는 사람을 상담해보면 세입자와의 잦은 갈등으로 스트레스가 심하다.

자산가들과 속 깊은 얘기를 하다 보면 눈앞의 수익률보다 세입자 관리를 대행해주는 회사와 임대관리 계약을 더 선호한다. 같은 이유로 깔세 형태로 한꺼번에 월세를 받는 외국인 임대사업을 선호하는 이유도 세입자를 신경 덜 쓰고 본인 일에 몰두하면서 인생을 즐길 수 있기 때문이다.

10년 뒤 전세 시장 사라질까

일본에서 월세로 집을 얻게 되면 시키킹(보증금, 집세의 1~2개월 분), 레이킹(사례금, 집세의 1개월 분), 야칭(집세, 1개월 분 선불), 부동산소개료(집세의 1개월 분), 보증인(없을 경우 보증회사 위탁가능)이 필요하다. 한국에 비해 월세를 얻는 과정이 굉장히 복잡하고 비용이 꽤 든다. 이 틈새를 비집고 들어간 게 주택임대관리회사다.

일본뿐 아니라 선진국도 비슷하다. 한국에서 전세를 얻어서 살아본 경험이 있는 외국인들은 집을 뺄 때 집주인에게 고마워한다. 재산세도 집주인이 내주는데 전세보증금을 전액 되돌려주니 말이다.

국내 부동산 시장 구조도 도심권을 필두로 전세에서 월세 위주의 임대 시장으로 재편되고 있다. 1~2인 가구가 급증하면서 오피스텔이나 원룸 등 월세 수요도 꾸준히 증가하고 있다. 임대관리회사 또한 증가하고 있는 추세다. 그렇다고 10년 뒤 전세 시장이 사라지지는 않을 것이다. 외곽 지역일수록 월세 임차인을 찾기 힘들기 때문이다.

5년째 강남권에 위치한 조그마한 주거용 건물을 몇 채 사서 월세를 받고 있는 김필성(중소기업 근무, 54세, 가명) 씨는 세입자와 직접 통화한 적이 없다. 심지어 세입자 성별도 모른다. 매월 같은 날짜에 월세가 정확히 들어오니 세입자와 통화할 일이 없다.

김 씨는 초창기에 우후죽순으로 생긴 도시형 생활주택을 멋모르고 노후 대비로 몇 채 분양받았다가 여러모로 힘들었다. 처음 등장했을 때만 해도 역세권에 있어 임대료도 높게 받을 수 있고 향후 매매차익도 얻을 수 있다는 기대가 컸다. 기대와 달리 협소한 주차장과 부족한 편의시설, 공급 과잉, 시설 관리의 허술함 등의 문제점이 나타나고 공실이 늘면서 마음고생을 심하게 했다.

김 씨는 컨설팅업체를 통해 주택임대관리업체에 관리를 맡긴 후 공실과 세입자 민원 문제로 스트레스 받을 일이 없게 됐다. 비용은 좀 들더라도 임대관리회사와 계약하고 나서 공실 걱정 없이 안정적으로 유지 관리와 월세를 받고 있기 때문이다.

자산 가치도 임대관리업체에 맡긴 후 상승했다. 덕분에 분양가 대비 수천만 원 상당의 매매차익도 기대해볼 수 있게 됐다. 공실이 나면 임대관리회사가 부담해주는 조건으로 계약했다. 공실 예측을 하지 못하면 임대관리회사도 손실을 볼 수 있으므로 계약과 관리에 신중을 기할 수밖에 없다.

도심은 풀옵션 단기월세가 대세

강남권, 광화문 등을 비롯한 시내 중심지 주택임대 시장은 수년 전부터 단기월세 시장으로 바뀌고 있다. 1년 또는 2년 등 중장기 임차인이 아닌 관광객이나 비즈니스, 해외나 지방에서 심화 집중 공부를 하려고 한국에 잠깐 들어온 사람이 주요 세입자다. 이들은 외국처럼 보증금은 1~2개월 치로 낮추고 대신 월세를 올린 2~6개월 단기월세를 선호한다.

최소한 1년 이상 계약을 요구하는 우리나라 임대 관행상 몇 개월만 거주하는 사람들에겐 맞지 않는 것이다. 단기월세를 구하려고 회사에 찾아오는 사람은 호텔보다 저렴하고 2~6개월만 머물 수 있는 풀옵션 원투룸을 대개 원한다. 다세대와 오피스텔을 신축하는 경우 일부 지역의 공급 과잉 문제로 세입자를 구하지 못해 설계 단계부터 단기월세를 맞추는 임대관리업체와 제휴를 맺기도 한다. 단기월세에 적합한 풀옵션식 대형 위성TV, 가구, 침구 등을 배치하려고 한 호당 600~700만 원을 추가 투자한다. 퀸 사이즈 침대, 소파, 소파테이블, 화장대는 기본이다.

단기월세 수요자가 몸만 들어가서 살 수 있도록 호텔처럼 풀옵션으로 꾸며야 한다. 초기 풀옵션 비용이 부담되는가. 일정 비용만 내면 임대관리회사에서 렌털도 가능하다. 풀옵션이라고 광고하는 빌라나 오피스텔 대부분은 외국인 시각에서 보면 하프옵션이다.

우리나라 임대관리회사의 주요 업무

"시설 관리까지 가능한가요, 대표님." 잘 아는 주택임대관리업체에 일감을 줄 경우 듣게 되는 질문이다. 단순 주택임대관리업체로서는 수익을 내기가 힘들기 때문이다.

한국의 주택임대관리업이 임대를 목적으로 하는 주택의 시설물 유지와 보수, 임차인 관리 등 종합 서비스로 확대 중이다. 주택임대 관리사는 집주인을 대신해 입주, 퇴거, 관리비 징수뿐 아니라 시설 물 유지와 보수 같은 일을 도맡아서 처리한다. 한국의 상당수 영세 한 주택관리업체도 단순 인력파견업체에서 탈피해 일본의 주택관리 업체처럼 본사 고객센터를 중심으로 통합관리 시스템으로 운영되는 곳이 여러 곳 있다. 한국의 주택임대관리업체에서는 건물주가 해야 하는 세입자 관리, 공실 관리, 월세 연체 관리, 시설 관리 등 전반적 인 업무를 도맡아 하고 있다.

일부 노후 건물은 주택임대관리업체와 협의해 적은 비용으로 리 모델링을 하면 임대가 잘 나갈 수 있고 건물 가치도 투입된 비용 이 상 상승하게 된다. 내부 구조 변경, 가구 배치, 도배·장판·커튼의 컬러 조합 등 임대인이 직접 했을 때와 수십 수백 채의 임대형 부동 산을 관리하는 주택임대관리업체에서 했을 때 큰 차이가 날 수밖 에 없다. 저수조 청소, 소독, 계단 청소 등 위생 관리도 주기적으로 한다. 세입자들의 만족도는 높을 수밖에 없다.

세입자가 바뀌면서 내야 하는 중개수수료는 일반 중개업소와 달 리 임대관리회사에서 부담한다. 전등 교체 등 각종 소모품 민원도 임대관리회사에서 체계적으로 처리한다. 임대인이 임대관리회사에

내는 비용 중 상당 부분은 이런 비용으로 지출하고 있다. 정기 관리차 순환하는 임대관리회사 차량과 CCTV 등이 설치돼 있어 여성들의 선호도가 높다. 최근에는 세입자를 위한 택배나 심부름 세탁까지 서비스한다. 결국 세입자는 장기 거주하게 되고 이사하는 기간 발생하는 자연 공실 외 공실율은 극히 낮다.

대한민국 역대 정권의 목표는 서민 주거 안정의 대표 모델인 임대주택 대거 공급이다. 매년 임대주택이 쏟아지는 배경인데 안타깝게도 인구는 감소하고 있다. 문제는 숫자 채우기에 급급해 수요가 없는 지역의 임대주택이 대거 공급되고 있다는 점이다. 그 결과 빈집이 늘고 관리조차 잘 안 되고 있다. 숫자 채우기식 관리보다 민간임대사업자나 주택관리업까지 포함해 토지에 적합한 임대주택을 기획하고 제안하는 형태로 바뀌어야 한다.

한국의 임대주택도 임차인의 성향과 나이·성별에 따라 취미 공유형, 독신자용, 반려동물과의 공생이 가능한 타입 등 특화된 임대 서비스를 선보이는 임대관리회사만 살아남을 것이다. 10년 후에 우리나라 여건상 일본처럼 임대관리회사가 전체 임대 시장을 좌지우지하기는 쉽지 않다. 단, 도심권 신축 임대 물건과 분양 오피스텔 상품을 중심으로 확대돼 현재보다 시장은 2~3배 이상 성장할 것이다.

임대관리회사 활용법

규모 있게 운영하는 임대관리회사와 계약해 임대사업을 하면 관리가 편하다. 강남권이 아니라 지방 대도시 어느 지역이라도 주택임대관리업체는 인터넷을 통해 쉽게 찾을 수 있다. 다양한 임대관리업체 가운데 신뢰 가는 곳을 찾으려면 해당 물건 주변의 부동산중개업소나 컨설팅업체를 거치면 어느 정도 검증이 가능하다. 괜찮은 임대관리회사는 원룸이나 오피스텔을 직접 시행하는 곳의 소개를 받거나 전문자산관리업체를 통하면 된다. 대형 중개법인들은 추가 소득을 위해 주택임대관리를 직접 하기도 한다.

자기 관리로 임대를 맡기면 공실 부담은 주택임대관리회사가 책임진다. 주택임대관리회사가 맡을 정도의 수익형 부동산은 투자성이 있다는 의미다. 통으로 매입한 원룸과 오피스텔 임대가 잘 되지 않는다면 한두 호실만 전세로 돌리고, 나머지는 단기임대를 위한 풀옵션으로 꾸밀 필요가 있다.

임대관리회사의 인건비 및 유지비, 공실 리스크를 감수하는 대가로 매달 임대인이 받는 월세의 10~15%를 떼고 매월 같은 날 입금된다. 보증금은 낮추고 상대적으로 월세는 높은 풀옵션 단기월세이므로 주변 일반 월세보다 높게 책정할 수 있다. 덕분에 임대관리회사 수수료를 감안해도 손해는 아니다.

도심에서 멀리 떨어진 지역의 임대부동산은 전세 위주로 거래되므로 임대관리업체가 꺼린다. 19세대 건물에 임대관리를 원하는 호수가 5채가 안 된다든지, 신혼부부가 비품을 직접 가져오는 투룸이나 쓰리룸은 주택임대관리회사가 관리하기 애매하다. 따라서 매입 전에 임대 가능 여부를 미리 확인해야 한다.

분양을 위해 급조된 임대관리회사는 조심

일부 건설사가 분양 당시 미분양을 우려해 주택임대관리회사를 직접 시행사에서 급조해 수익형 부동산을 분양하고 임대관리회사나 보증회사에서 임대수익률을 확정 보장한다는 식으로 분양하는 현장도 있다. 물론 약속을 지키는 회사도 많다. 일부 회사가 내세우는 임대관리회사는 자체 홈페이지도 구축돼 있지 않고 분양을 위해 급조한 회사일 수 있다. 분양 이후 약속된 수익률을 받지 못할 가능성이 커서 차후 소송으로 이어질 수 있으므로 투자에 주의해야 한다.

문화가 부동산을
지배한다

음악·미술·디자인·책이 부동산을 살린다

상권이 뜨려면 젊은 사람들이 즐길 수 있는 음악과 미술 등 문화적 요소가 덧입혀져야 한다. 음악과 미술이라는 소프트 파워와 결합될 때 해당 부동산은 명소로 거듭난다. 디자인 요소까지 겸비하면 몰려드는 인파로 부동산 가격 상승에 상당한 영향력을 발휘한다.

런던의 쇼디치는 범죄율이 급증하며 슬럼화됐지만 젊은 예술가와 디자이너 등이 유입되면서 문화예술 지역으로 탈바꿈했다. 그 결과 쇼디치는 런던 문화와 유행의 대표 중심지로 부상해 런던 방문 시 관광 필수 코스가 됐다. 시티금융지구와도 가까워 금융 자본과 예술이 만나면서 곳곳에 작품을 전시하고 판매하는 갤러리가 대거 들어서 런던디자인시티를 만드는 데 일조했다.

런던 쇼디치 거리(왼쪽), 테이트모던미술관(오른쪽)

남북정상회담 메인프레스센터가 설치돼 세계적으로 유명세를 탄 불시착 우주선 모양의 DDP. 특이한 디자인 덕분에 외국인이 서울에 가면 꼭 방문할 명소로 꼽힌다. DDP는 자하 하디드가 설계했다. 그녀는 여성으로서 2004년 건축계의 아카데미상이라 불리는 프리츠커 건축상을 최초 수상한 후 더욱 유명해졌다. DDP 개장 후 하루 유동인구 40만 명, 연간 방문객 800만 명에 달하는 거대 시장으로 변모했다. 유동인구가 크게 늘면서 주변 상권도 활기를 되찾고 있다.

문화가 숨 쉬는 상권, SNS 타고 훨훨

요즘 가장 핫한 상권은 익선동이다. 익선동은 SNS를 통해 유명해진 상권이다. 인스타그램에 올릴 예쁜 무언가가 '#익선동'을 가득 채우고 있다. 나도 수차례 방문했지만 익선동만의 문화 콘텐츠가 한옥과 잘 어울려 새로웠다. 오래전 현대건설 홍보팀 직원하고 점심을 먹고 익선동 한옥에서 전통차를 마시면서 편안함을 느꼈다. 당시 재개발 구역이라서 가격이 그다지 비싸지 않았지만 몇 년 뒤 재개발이 해제되자 급등했다. 한옥마을 재개발계획이 무산된 익선동은 한옥의 아름다움을 살린 카페나 공방 등의 문화 요소가 젊은층에게 인기를 끌고 있다.

북캉스로 인기몰이 중

　복층 구조인 코엑스 별마당도서관은 누구나 자유롭게 이용할 수 있다. 단순히 책만 읽는 공간이 아닌 작가 토크쇼, 시 낭송회, 명사 초청, 연주회가 열린다. 외국인에게도 알려져 꼭 방문해야 할 명소로 자리 잡아가고 있다. 코엑스 상권의 1등 공신 역할을 하는 이곳을 나도 자주 들른다. 최근 유명 호텔에서 문화생활을 즐길 수 있는 '북_{Book}캉스 패키지'를 선보이기도 했다.

DDP(왼쪽), 한옥을 그대로 활용한 익선동 카페(오른쪽)

문화거리는 젊은이들이 모여들면서 자연발생적으로 나타나기도 하지만 지방자치단체나 기업의 지원과 홍보로 조성되는 곳도 적지 않다. 삼청동, 신사동 가로수길, 경리단길 등은 시간이 지날수록 임대료 폭탄에 전통 상권이 밀려나고 있다. 대기업 상권으로 변한 이곳들은 '젠트리피케이션' 부작용으로 상권이 쇠퇴하고 있다. 이태원 경리단길, 서울 망원동·합정동 망리단길이 한 번만 가는 상권으로 변한 이유는 무얼까. 급등한 임대료는 두 번째 이유다. 홍대 상권처럼 매번 즐길 수 있는 문화 콘텐츠가 없는 먹거리 상권이라서 쇠락의 길을 걷고 있는 것이다.

코엑스 스타필드 내 별마당도서관

관심 집중되는 적산가옥

여당의 유명 국회의원이 목포 부동산 매입으로 주목받기 전, 일제 강점기 문화재 격인 건물도 살펴볼 겸 목포를 수차례 방문한 적이 있다. 가베(커피의 옛 이름)라는 간판을 달고 커피를 파는 앤티크하게 리모델링된 적산가옥을 살펴보면서 적당한 가격에 매수하고픈 충동도 일었지만 실행에 옮기지는 않았다. 경기침체 속에 목포와 군산 지역 등의 아파트 가격은 하락세를 보이지만 유독 해당 지역의 적산가옥만 관광객이 몰리면서 투자자들의 관심을 받고 있다.

스타벅스 이펙트

문화를 파는 대표 글로벌 커피 체인 스타벅스. 미국인들의 문화 코드로 자리 잡은 스타벅스는 한국 시장에도 깊숙이 파고들었다. '스타벅스 효과'라는 신조어가 생길 정도로 부동산 시장에 끼치는 영향력이 크다. 스타벅스가 입점한 건물과 주변 지역의 가치가 스타벅스의 집객 효과 덕분에 뛴다. 건물주들이 앞다퉈 스타벅스 본사에 문의해 입점을 유치하려고 경쟁이 치열하다. 스타벅스가 일종의 키 테넌트Key Tenant : 핵심점포가 돼서 건물과 지역의 가치를 끌어올린다. 스타벅스는 입점 계약 시 고정임차료 대신 매출의 일정비율을 임차료로 지급하는 매출분배방식을 선호한다. 건물 가치가 임대수익에 비례하는 만큼 스타벅스의 높은 매출은 높은 임대료로 이어져 건물의 가치를 끌어올린다. 이처럼 엄청난 시세차익은 사람들의 뇌리에 스타

성수동 복합문화공간인 대림창고(왼쪽), 실험실 같은 블루보틀 내부(오른쪽)

벅스라는 브랜드를 다른 방식으로 각인시켰다.

스타벅스가 들어서면 주변 부동산도 활기를 찾는다는 스타벅스 이펙트. 미국의 빅데이터 조사기업 질로는 2013년 미국 뉴욕에 있는 주택을 조사한 결과, 스타벅스에서 가까운 주택(400m 이내)이 그렇지 않은 집보다 평균 7.1% 비싸다고 발표했다. 스타벅스 이펙트는 질로의 이 같은 조사에서 비롯됐다. 우리나라에서도 수년 동안 집값이 폭등한 강남권에선 대로변 곳곳에 스타벅스가 눈에 쉽게 띄지만 강북권에는 별로 눈에 보이지 않는다. 스스로 거의 돈을 벌어본 적 없고 커피맛에도 익숙지 않지만 스타벅스 문화를 좋아하는 요즘 젊은층은 하루에도 몇 번씩 '스벅'을 자랑스럽게 들락거리고 있다. 커피계의 아이폰이라 불리는 블루보틀의 상륙으로 생긴 '블세권'도 성수동의 개성 있는 카페들과 핫한 장소인 '대림창고'와 함께 주목받고 있다. 유동인구를 몰고 다니는 블루보틀 덕에 인근 성수동과 삼청동 등 부동산 가격과 인근 상가 권리금이 덩달아 영향을 받고 있다.

음악이 부동산을 들어올린다

케이블TV 인기 음악 경연 프로그램인 슈퍼스타K는 역대 예선전 참가인원이 100만 명을 뛰어넘었다. 물 좋은 클럽이 새로 문을 열면 밤새 놀기 위해 전국 각지뿐 아니라 해외에서까지 젊은 선남선녀들이 몰려든다. 버스킹을 비롯한 공연행사 등 길거리 음악인들도 상권에 생기가 돌게 해 부동산 가격 상승에 긍정적인 영향을 끼친다. 직설적으로 얘기하면 젊은 여성들이 많아야 남자들도 많이 모여 핫한 상권으로 변모한다.

'이제 다시~ 시작이다. 젊은 날~의 생이여.' 대구광역시 대표 관광지로 탈바꿈한 김광석거리는 주말이면 국내외 관광객이 찾는다. 방천시장은 김우중 전 대우그룹 회장이 한국전쟁 당시 굶주린 배를 움켜쥐고 신문을 팔았던 곳이다. 양준혁 선수가 가방 장사를 하던 아버지를 따라와 뛰어놀던 추억이 깃든 곳이기도 하다. 김광석도 서울로 이사 가기 전 5살 때까지 살았다.

대구광역시 중구청은 김우중길, 양준혁길, 김광석길 등을 놓고 고심하다 김광석이 예술과 문화를 통한 시장 활성화라는 명제에 걸맞는 테마라고 여겨 이같이 정했다. 이곳에선 김광석을 추모하는 각종 문화행사가 끊이지 않는다. 2011년 김광석 15주기 추모사진전과 추모콘서트를 시작으로 해마다 '김광석노래부르기대회'가 열리고 있다. 사랑의 자물쇠, 예술품 판매 등 각종 이벤트도 이어진다.

이런 분위기에 힘입어 낡은 건물이 하나둘 리모델링이나 신축을 통해 상가건물로 거듭나고 있다. 땅값 또한 폭등하고 있다. 수년 전까지만 해도 골목 서쪽 샛길 주변 땅은 3.3㎡에 300만 원이 채 안

됐는데 지금은 1,000만 원이 넘는다. 김광석다시그리기길 바로 옆은 2,000만 원을 주겠다고 해도 매물이 없다. 명소로 변한 김광석다시그리기길은 방천시장을 포함한 주변 대봉동 상권까지 되살렸다. 현재 김광석다시그리기길 주변엔 90여 개의 식당과 카페가 들어서 있다. 최근엔 유품전시관인 '김광석스토리하우스'까지 생겼다.

창동문화산업단지로 인근 아파트까지 들썩

건국대학교 근처에 조성된 '커먼그라운드'가 쇼핑몰과 전시회가 주로 열리는 반면 도봉구 창동역에 위치한 '플랫폼 창동 61'은 복합문화공간으로 유명하다. 2016년 4월 개장해 전시를 비롯해 공연 프로그램, 클래스 프로그램, 시민들을 위한 강연 및 교육 프로그램 등을 진행한다. 시나위의 기타리스트 신대철이 뮤직디렉터로 있는 창동 61의 대표 공간인 공연장 레드박스는 국내 최고의 음향 시설과 조명

커먼그라운드 스트릿 마켓(왼쪽), 플랫폼 창동 61(오른쪽)

시설을 갖추고 있어 뮤지션과 관객들에게 주목받고 있다. 주말 공연이 있을 때마다 주변 상권까지 들썩거리게 만든다.

창동역 일대 총 2만 7,423㎡ 규모에 복합단지를 조성하는 창동 도시개발구역은 중장기적으로 볼 때 인근 아파트가 유망하다. 1지구는 창업·문화산업단지(1만 746㎡), 2지구는 KTX복합환승센터 (8,370㎡)를 건립할 예정이다. 현재 1지구 개발부터 하고 있다.

동북권 최대 개발사업인 창동 역세권 개발사업도 눈여겨볼 만하다. 총 6,085억 원(토지비 포함)을 투입하는 창업·문화산업단지는 16층과 49층 건물 두 동을 연결하는 형태로 들어선다. 연면적은 14만 9,673㎡다. 창업창작레지던스 공간 700실, 문화 관련 오피스 300실, 2,500명을 수용할 수 있는 창업 준비 공간 등으로 구성한다. 플랫폼 창동61, 서울아레나와 함께 이 일대 일자리·문화 핵심 거점 역할을 하기 때문에 상권도 서서히 살아날 것이다.

투자에서 이기려면 복잡함을 떨쳐라

신혼 초 서로 기 싸움 하는 젊은 부부도 나이가 먹을수록 둥글둥글하게 살기 마련이다. 세월이 흘러 사는 요령이 늘수록 상대방의 기분을 알고 싸움도 피하고 나이가 들수록 싸우는 것도 귀찮고 그저 단순하고 행복하게 사는 것을 꿈꾼다. 나도 마찬가지다.

옥수금호재개발지역이 아주 저렴할 때 회원들에게 투자를 권유한 적이 있었다. 대지지분만 즉석에서 계산하고 바로 계약한 사람은 큰 시세차익을 얻었다. 반면 가족과 일일이 상의하고 부동산 여기저기 문의하며 너무 심사숙고한 사람은 투자하지 못했다.

일부 부동산중개업소는 좋은 물건을 권해도 본인 물건이 아니면 장점보다 단점을 부풀리는 경향이 강하다. 업계 용어로 고춧가루를 뿌려 투자를 못하게 만든다. 당시 투자 못한 돈이 예금통장 형태로 그대로 있는 것은 아니다. 목돈이 생기면 당장 소비할 게 생겨 돈을 잘 모으지 못한다. 친인척이나 친구들이 빌리거나 투자해달라고 해서 잘못되기 일쑤다. 일부는 급등락이 심한 주식에 투자해 원금의 상당 부분을 날린다.

영화 〈신과 함께 : 인과 연〉(2018)을 보더라도 성주신이 "펀드 말고 아파트 샀어야 됐다"고 후회를 한다. 전지전능할 것 같은 신도 어쩌지 못한 중국 펀드의 추락은 영화에서만의 얘기는 아니다. 목돈인 재개발보상금이 나오자 펀드에 잠깐 넣어놓는다는 게 반 토막을 넘어 수익률 –70%를 기록하자 성주신은 사채까지 끌어다 써야 하는 곤경에 빠진다.

IQ와 투자 성적은 상관없다

"저도 아이큐 100 조금 넘습니다. 여기 계신 분 중 아이큐 150 넘는 분은 별로 안 계실 듯한데요.^^" 나는 강의 중 가끔 뼈 있는 농담을 던진다.

같은 연령의 상위 1%에 해당하는 지적 능력을 보이는 학생을 영재라고 하고, 약간의 기준 차이는 있지만 IQ 160 이상인 영재를 '고도 영재'라고 한다. 1980년대에 들어서면서 'IQ 신화'가 깨지기 시작했는데 높은 IQ 점수가 사회에 나가서 바람직한 사회적 성취를 담보하지 못하고 있다.

군대에서 적응을 못하는 고문관 중에는 공부만 죽어라고 한 IQ 높은 명문대 출신들이 많다. IQ가 좀 낮더라도 EQ가 높은 직종의 아르바이트나 사회생활을 경험한 사람은 오히려 군대 생활에 적응을 잘한다. 군대 생활을 해본 사람은 내 말에 금방 수긍할 것이다.

주식투자의 대가 워런 버핏 곁에서 오랫동안 조언을 해준 변호사 찰리 멍거는 아무리 IQ가 높아도 투자에 실패한다고 얘기한다. 나도 금융권 출신이지만 금융투자해서 돈을 번 경우는 없다. 오히려 그동안 어렵게 모은 돈을 대부분 날렸다. 하지만 40대 중반부터는 자산이 기하급수적으로 늘었다. 30대 중반만 하더라도 앞뒤 따지다가 실제 투자를 못한 경우가 많았다. 나이가 들수록 머리도 단순해져 괜찮다 싶으면 그 자리에서 비교적 쉽게 내지른다.

부동산투자는 머리가 좋고 꼼꼼한 사람보다 약간 어수룩해 보이고 아이큐도 별로 높지 않지만 실행력이 강한 사람이 성공하기 쉽다. 100% 완벽한 물건은 시장에 나오지 않는다. 70% 정도 맘에 들면 바로 투자해야 한다. 100% 완벽한 물건을 기다리는 동안 해당 물건은 상승했거나 가격이 올라 남의 손에 가 있기 십상이다.

4장

이런 부동산은
결코 사라지지 않는다

차별화된 다가구와
다세대만 살아남는다

공급 과잉 지역은 피해야

은퇴 후 다가구나 다세대주택을 매입해 노후를 대비할 계획이 있는가. 신축해서 임대사업을 하거나 분양하는 방식이 최선이지만 땅값이 올라서 신축용 땅도 찾기 힘들다. 건축 경험 없이 건축하다가 잘못돼 노후를 망치기 십상이란 말이다. 차별성 있게 지어진 기존 다가구·다세대에 투자하는 방법을 추천한다.

해가 갈수록 건물에 대한 감가상각을 고려해 10년이나 20년 뒤 다시 짓는 것을 고려해야 한다. 따라서 대지가 반듯하고 일조권 영향을 덜 받는 대지지분이 많은 다가구·다세대를 고른다. 일부 지역은 공급이 많아서 중개업체 말만 듣거나 수익률만 보고 무작정 투자하면 노후가 더 힘들어질 수 있으니 주의해야 한다.

외관상 비슷한 다가구주택과 다세대주택을 잘 구별해 투자해야 한다. 다가구주택은 건물 전체가 1인 소유인 단독주택이고 다세대주택은 가구마다 주인이 다른 공동주택이다. 우리는 다가구와 다세대를 통합해 '빌라'라고 한다. 외국에서 빌라는 고급 빌라로 인식되지만 우리나라는 젊은이들과 서민들의 임시 주거지로 통용된다.

다가구주택에 집주인이 직접 거주하면서 남는 집을 임대해도 민간임대주택으로 등록해 세제 혜택을 받을 수 있게 법이 바뀌었다. 다가구주택을 실별로 임대해도 임대주택으로 등록할 수 있다. 임대주택으로 등록되면 일정 기간 임대 의무 기간이 설정되고, 임대료 증액이 연 5% 이내로 제한돼 세입자가 안정적으로 거주할 수 있다. 일정 기간 임대 시 임대사업자는 세금 혜택 등을 볼 수 있다.

단, 다가구주택 임대사업자는 8년 이상 장기 임대해야 하고, 모든 호수의 전용면적이 40㎡ 이하(소유자가 실제 거주하는 호수 제외)이면 100% 재산세 감면 혜택을 받을 수 있다. 다가구주택은 아파트나 오피스텔과 달리 재산세 감면 혜택이 없었지만 서민이 거주하는 시설이라는 이유로 혜택이 신설됐다. '모든 호수의 전용면적이 40㎡ 이하'여야 한다. 만약 단 1개라도 40㎡보다 크면 혜택을 받을 수 없다.

신혼부부와 아이가 있는 집은 대개 큰 방 1개, 작은 방 1개, 거실을 갖춘 형태를 원한다. 건축 시 전용면적 40㎡가 넘는 방 1~2개를 만드는 경우가 있는데 현실에 맞지 않는다.

소규모 다가구는 무허가 증축이나 옥탑방을 만들었을 경우 철거 후 양도해야 비과세 혜택을 받을 수 있다. 양도일 기준이니 비과세

기준을 맞춰서 원상복구하고 양도한다. 등기부보다 실제 현황을 보는 게 바로 세법이다.

다가구주택과 다세대주택 체크 포인트

❶ 일조권과 개방감을 따져라

다가구주택은 일조권과 개방감 등을 따져야 한다. 이는 다가구주택이라는 특성상 독립된 공간의 장점을 최대화할 수 있는 요소다. 아울러 네모반듯한 필지를 고른다. 재건축 시 주택을 건설하는 데 좋은 구조다. 위의 사항들은 매매 시 가격을 책정하는 데 큰 요인으로 작용한다.

❷ 용도 변경 여부를 눈여겨봐라

용도 변경이 가능해지면서 임대주택 사업자등록도 쉬워졌다. 벽 두께며 출입문 위치, 가구 규모 등 다세대주택으로 변경이 가능한지 살펴봐야 한다. 다가구주택을 다세대로 변경하면 여러 채의 집을 구분등기할 수 있다. 세입자 입장에서 집주인이 부도를 내도 전세보증금을 안전하게 확보할 수 있다.

다세대주택은 구분등기가 되나 다가구주택은 그렇지 않다. 다가구주택을 구분등기하려면 다세대주택으로 용도부터 변경해야 한다. 관할 시·군·구청에 용도 변경을 신청하고 건축물관리대장의 기재사항을 다세대주택으로 바꿔야 한다.

근린상가로 리모델링 시 집을 리모델링해 1~2층은 카페나 음식점으로 세를 주고 위층은 살림집으로 쓰거나 원룸으로 임대해 수익을 얻을 수 있다. 다가구주택을 근린생활시설로 리모델링하는 가장 큰 이유는 상대적으로 규제가 적기 때문이다.

주택은 시설면적 100~150㎡당 차 1대를 댈 수 있는 주차장을 확보해야 한다. 반면 제1종 근린생활시설은 시설면적 200㎡당 1대꼴이다. 리모델링 비용은 설계 등 조건에 따라 천차만별이지만 3.3㎡당 200~300만 원 안팎이다. 단, 석면 철거, 옹벽 보강, 소방 시설 등의 비용이 변수다.

❸ 임대사업자로 등록하라

다가구주택이 1채라면 사업자등록을 할 필요가 없다. 2주택 가운데 하나가 다가구(다세대가 아닌 주택)주택이라면 사업자등록 여부를 선택해야 된다. 양도소득세 중과세를 피하려면 종합소득세까지 따져 임대사업을 해야 할지 결정할 필요가 있다. 임대사업을 하려면 구분등기를 하고 주민등록등본과 임대건물의 등기부등본을 구비해 구청과 세무서에 임대사업등록을 해야 한다.

❹ 경매로 낙찰받는 것도 고려하라

기존 세입자와 재계약할 필요가 없고 빈집을 넘겨받을 수 있어 새로 꾸밀 수 있다. 전체 개조 시 개조비용을 크게 줄일 수 있으며 외관은 세입자에게 피해를 주지 않으면서 산뜻하게 변경할 수 있다. 다가구주택은 경매를 이용해 구입비용을 최대한 낮추는 방법을 추천한다. 추후 임대용으로 개조하면 고수익을 올릴 수 있다.

❺ 하자에 대비하라

아파트는 거주자 및 사용자의 보호와 주거 생활의 질서 유지를 목적으로 만들어진 공동주택관리규약(주택법 제44조 제2항 및 같은 법 시행령 제57조 제1항)의 강제 규정으로 보험에 가입하도록 하고 있다.

주택법으로 아파트를 건설하는 경우 부대·복리 시설의 설치를 의무화하는 등 건축법령이 정하는 제한 외에 주택건설 기준 등에 관한 규정 및 규칙이 적용된다. 주택 공급에 관한 규칙, 공동주택의 관리에 관한 조문 등 건설·공급·관리 단계마다 주택법령이 정하는 제한을 모두 적용받는다. 건축법과 달리 주택법은 입주자대표회의 구성, 공동주택관리규약, 관리비, 장기수선계획과 장기수선충당금, 안전관리계획, 안전점검 등에 관해 자세한 규정을 두고 있다. 그 밖에 공동주택을 신축·증축·개축·대수선 또는 리모델링을 하는 행위 등을 하고자 할 경우 시장·군수·구청장의 허가를 받거나 신고를 하게 하는 등 주택 관리와 관련된 조문을 두고 있다.

소규모 건설업체나 개인업자들이 공급하는 다세대나 연립주택은 아파트처럼 체계적인 관리가 힘든 실정이다. 신경 써야 할 것이 한두 가지가 아니다. 공동주택관리규약에 따라 철저하게 관리되는 아파트와 달리 다세대나 연립의 관리는 미비하다. 다세대에 투자 또는 임대사업 시 대표적인 민원 제기는 결로와 누수 부분에서 발생한다.

결로는 외기와 직접 면하는 부위(방 내부 외벽, 아파트 베란다 등)에서 자주 발생한다. 결로는 주택법 시행령이 정한 하자담보책임에 포함되는 하자다. 겨울철 날씨 탓에 실내에 곰팡이가 피고 이슬이 맺혀 세입자와 집주인, 집주인과 건축주 간 분쟁이 잦다. 새 집일수록 사람이 없더라도 보일러를 약하게 틀거나 살림살이 등을 벽에서 약간의 공간을 확보하면 어느 정도 결로 예방이 가능하다.

누수는 위층 베란다 부분에 비가 고여서 아랫집 천장에 떨어지는 경우가 흔하다. 신축 당시 방수비용을 아끼려고 베란다 방수 처리를 제대로 하지 않아서 빚어진 일이다. 이때 누수업체를 통해 정확한 진단을 받고 누수 부분만 재시공한다.

다세대 공동주택 하자보수(하자보증금)

다세대나 연립주택 등 속칭 빌라에서 하자가 발생했을 경우 하자보수업체에게 비싼 공사비용을 요구하지 않는 한 하자보증보험으로 해결이 가능하다. 공동주택(아파트, 다세대, 연립)은 건축업자가 하자보증금이란 명목으로 건축시공비의 3%를 예치한다. 하자보증금은 시공자가 시설별 하자보수 기간에 하자보수 의무를 다하면 시공자의 몫이다. 그렇지 않으면 입주자의 돈이므로 당연히 하자보수 권리를 주장해야 한다.

건축주는 SGI와 건설공제조합을 통해 보험증서를 끊어 하자보증금을 대신한다. SGI는 영세업자들이 건물을 짓고 하자보수 의무를 소홀히 하는 경우가 잦아 이를 현금으로 받아놓고 일정 기간 동안 하자 민원이 없으면 되돌려주고 있다. 건설공제조합과 HUG는 예치증서로 대체하고 있다. 아무튼 하자 발생 전 수시로 관리하면 항상 새 집처럼 사용할 수 있다는 점을 명심해야 한다.

도심역세권 지식산업센터만 살아남는다

지식산업센터 상가, 창고 등 지원시설도 투자할 만

아파트형 공장이 지식산업센터로 명칭이 변경됐다. 지식산업센터 가 세련된 환경과 저렴한 관리비, 각종 세제 혜택, 고부가가치산업 업종 입주 등 첨단 섹션 오피스로 변모하고 있다. 여타 다른 수익형 상품보다 고수익이 가능해 일반 직장인까지 지식산업센터 투자에 공을 들이고 있다. 경기침체에다 대출규제가 강화됐음에도 불구하 고 지식산업센터 문의는 꾸준하다.

지식산업센터도 오피스 대체상품이므로 직장인이 쉽게 출퇴근할 수 있는 도심역세권만 10년 뒤에 살아남을 것이다. 도심에서 비교적 거리가 있는 특화되지 않은 지식산업센터는 공급 문제까지 겹쳐 공 실로 방치될 가능성이 크다.

지식산업센터 등의 수익형 부동산은 분양권 전매 규제, 청약통장에서 자유롭다. 입지 등에 따라 수익률이 높아 투자자들의 관심이 높다. 지식산업센터 분양자에게 각종 금융·세제 혜택도 준다. 취득세는 75% 면제, 재산세는 5년 동안 50% 감면받을 수 있다. 단, 취득세는 실입주 시 일부 면제를 받을 수 있다. 재산세 감면은 다른 지방자치단체에서 해당 지방자치단체로 이전하는 경우에만 해당되는 지방자치단체들이 많으니 분양받기 전 체크한다. 분양금액의 70%까지 융자지원 및 3년 거치 5년 상환의 금융 혜택도 주어진다. 건설사들도 계약 조건으로 계약금 5~10%에 중도금무이자, 잔금 60% 등 아파트나 오피스에 비해 완화된 조건을 내세우고 있다.

정부의 대출규제로 일반 상가는 대출 규모가 대폭 줄어들었다. 그러나 지식산업센터는 대출규제에서 벗어나 매입비용의 70~80%까지 대출이 가능하다. 80%까지 해주는 곳도 적지 않다. 3.3㎡당 매입비용이 600~700만 원인 곳에서 대출을 80% 수준으로 받아 수익률이 연 10% 이상까지 나올 수 있다. 분양가도 상가에 비해 저렴하다. 1~2억 원으로 매입할 수 있다. 이를테면 1억 초반대에 분양받아서 보증금 1,000만 원에 월세 50~60만 원을 받을 수 있다. 임차인도 잘 나가지 않는다. 사업이 잘되면 옆 호실까지 빌리기도 한다. 어차피 기업은 월 임차료를 경비 처리할 수 있어 한 번 임대를 맞춰놓으면 월세가 밀리지 않고 잘 들어온다.

분양 시 잔금대출을 받을 때도 저리정책자금이 지원된다. 사무실이나 공장 용도이므로 관리비가 저렴하다. 강남권 오피스텔 관리비

수도권 지식산업센터

가 3.3㎡당 1만 원 내외인 데 비해 지식산업센터는 6,000~9,000원밖에 되지 않는다. 지식산업센터에서 임차로 있는 사업장은 정상 사업을 영위하는 업종들이 많아 회사 총무나 경리들이 임대료 입금 날짜에 정확하게 통장에 입금한다. 나도 매달 세금계산서 발행이 별도의 일이 되므로 임차인과 협의해 3달 치 임대료를 합산해 한 번에 받고 있다. 물론 세무사의 자문을 받고 세금 처리하고 있다.

지식산업센터 임차 사무실은 최소 5년 이상 장기임대한다. 공실과 매번 지불해야 되는 중개수수료에서 어느 정도 자유롭다. 임대료 상승에 대한 저항감이 상가에 비해 덜하는 점도 지식산업센터의 장점이다. 임대료 인상분도 대부분 비용으로 처리할 수 있는 회사들이다. 재계약 시점마다 임대료만 꾸준히 인상시킬 수 있다면 매각 시 시세차익을 누릴 수 있다. 단, 산업단지 내 지식산업센터는 임대가 엄격하게 제한돼 있다. 입주 가능한 업종에 종사하는 기업에게만 분양을 허용하고, 해당 업무시설은 5년이 지나야 임대할 수 있다.

오피스에서 지식산업센터로 이동 중

도심권(강남, 광화문, 여의도 일대)의 수많은 회사가 임대료를 줄이면서 기존보다 더 넓은 사무실을 쓰려고 오피스에서 탈피해 도심권 지식산업단지로 향하고 있다. IT기업이 본사를 옮긴다면 십중팔구 판교나 성수동, 가산동, 구로테크노벨리로 움직인다고 보면 된다. 성수, 판교, 구로동 지식산업단지는 교통이 편리하고 최신 건물에 근무환경이 좋아 직장인의 선호도가 강남권과 진배없다. 지금 문정법조단지나 하남미사지구까지 지식산업센터가 퍼져나가고 있다. 불과 수년 전만 해도 별 주목을 받지 못했던 성수동 상권은 서울숲 주변으로 고급 주거단지가 들어서고 지식산업센터 등 대형 업무시설이 자리를 잡으면서 젊은이들의 필수 탐방 코스로 살아나 주변 건국대 상권까지 빨아들이고 있다.

개인 모임이 있어 성수동에 들를 일이 종종 있다. 오래된 공장과 상가건물 외관을 그대로 살려 모던하게 인테리어한 레스토랑, 카페, 베이커리 등을 보면 영감을 받는다. 앤티크한 분위기를 즐기는 젊은이들도 곳곳에서 볼 수 있다. 수제맥줏집도 성업 중이다. 성수동 일대는 원빈, 이시영, 지코 등 연예인들의 상가건물 매입이 활발한 곳이기도 하다. 맛집 상권 외에 인근 뚝섬 고급 주상복합아파트와 호텔, 컨벤션센터 등이 하나둘 들어서 서울의 업무·상업의 한 축을 담당하고 있다.

송파구 문정동 법조단지를 둘러싸고 있는 지식산업센터도 인근 인구 유입이 증가하면서 유망하다. 대형 지식산업센터가 주를 이룬다. 내가 알고 있는 회사들도 문정동지식산업센터를 분양받아 이

주했다. 문정지구에는 중소·벤처기업 2,000여 곳이 입주할 15만 1,551㎡ 규모의 '미래형 업무단지'도 조성 중이다. 2만 135㎡ 규모의 문정컬처밸리도 예정돼 있다. 변호사·법무사 사무실 수요가 늘어나는 것은 물론 오피스·상가와 아파트 등 다른 부동산 수요 또한 급증해 문정동 위상이 달라졌다.

인근에 대형 예식장과 놀이시설을 갖춘 24시간 찜질방도 지식산업센터 내 젊은 인구가 증가해 새벽에도 성업 중이다. 나도 야간에 방문해 확인해보고 예식장과 찜질방 계약 기간이 만료돼 SH공사에서 매각 공고를 냈을 때 낙찰을 받아 운영을 해볼까 고민한 적이 있다. 장지동 가든파이브도 복합아울렛 '현대시티몰'로 개장하고 나서 위례신도시 주민까지 몰려 활성화돼가고 있다.

지식산업센터 선택 시 체크 포인트

지식산업센터 등을 고를 때는 주택을 고를 때처럼 남향을 고르는 것도 중요하지만 IT, 예술 등 창의적 업종의 경우 밤낮을 바꿔서 일하므로 가격 경쟁력이 있다면 남향을 꼭 고집하지 않아도 된다.

❶ 공실 가능성을 미리 파악하라

기존에 운영되는 지식산업센터를 구매하기 전에 해당 건물의 공실율부터 파악한다. 1층에 붙은 입주 현황판을 보면 회사이름까지 자세히 나와 있어 공실율을 혼자서도 파악할 수는 있다.

❷ 수도권 일부 지역의 공급 과잉을 고려하라

교통이 좋지 않은 수도권 일부 지역은 공급 과잉 등이 일어나고
있다. 오피스텔에 비해 덩치가 큰 지식산업센터는 초기 투자금액이
꽤 들어간다. 대출을 받더라도 자금을 넉넉히 준비해야 한다. 지식
산업센터를 대기업이 짓는다고 무조건 투자하기보다 공급 상황, 분
양가, 입지, 수요, 준공 이후 경기 상황까지 따져보고 투자 여부를
결정하는 게 좋다.

❸ 지원시설 내 상가도 선별투자하라

정부는 지식산업센터 내 지원시설에 주거용 오피스텔을 허용하고
있다. 청년층의 일자리 접근성을 높이기로 한 까닭이다. 오피스텔까
지 들어오면 지원시설의 몸값이 더 올라갈 수 있다. 지식산업센터에
근무하는 직장인의 평균 연령이 20~40대라서 소비도 활발하다.

지식산업단지는 제조업종뿐 아니라 지식산업, 연구개발 등 최첨단
업종이 입주한다. 제조업종은 유동인구가 많지만 소비 규모가 작을
수 있다. 지식산업이나 연구개발업종이 주로 분포하는 공장은 유동
인구는 작지만 소비 규모가 클 수 있다. 지식산업단지 내 상가의 고
객층은 화이트칼라와 골드칼라 직군의 소득수준이 받쳐주는 사무
직까지 고루 근무하고 있어 안정적인 영업을 할 수 있다. 따라서 지
원시설 내 1층 상가는 지식산업센터 공급 초기에 노려볼 만하다. 일
부 지식산업센터는 지식산업센터보다 지원시설 상가를 먼저 분양해
대박을 터트리기도 했다.

업무시설 외에 연면적의 30~50%를 휴게실과 구내식당, 상가 등
의 지원시설로 갖추지만 실질적인 상가 비율은 전체 면적의 10%

밖에 안 된다. 주택을 늘리려고 상가 비율을 줄인다는 계획이지만 대다수 서울 도심 주상복합상가는 주거와 상업시설 비율이 7 대 3이다. 지식산업단지는 9 대 1의 비율로 상가가 적어서 안정적인 임대수익이 가능하다.

지식산업단지는 벤처기업이 대부분이어서 하루 24시간 동안 직원들이 숙식을 해결하는 곳이 많다. 그만큼 고정고객 확보가 용이하다. 지식산업단지 내 상가는 커피 프랜차이즈, 편의점, 구내식당, 문구점, 안경점, 미용실 등 직장인이 자주 이용하는 독점 업종인 근린 업종을 노리는 것이 좋다. 목 좋은 상가는 분양을 앞두고 바닥권리금이 형성돼 선점 경쟁이 치열하다. 인터넷몰 출연 등 유통 환경이 급속히 바뀐 만큼 무조건 지식산업센터 내 상가가 대박 나는 것은 아니다. 업종을 잘 선별해 투자해야 한다.

지원시설 취득 전 체크 포인트

일부 지식산업센터의 지하나 2층 상가는 간판을 달지 못하거나 위치가 후미져서 사람들이 잘 찾지 않은 곳이 적지 않다. 투자에 앞서 이 부분을 꼼꼼히 따져야 한다. 분양률, 유사업종 분석, 상가 위치, 고분양가 등도 살펴야 한다. 상가는 대상이 일반 투자자다. 장사를 할라치면 주 5일과 주 52시간 근무제 적용 사업체가 많은 만큼 주말과 휴일은 건물 내 상주인원이 빠져나가 텅 비므로 주변 지역 수요층까지 흡수할 수 있는 업종을 선택한다.

금천구 가산동에 위치한 지식산업단지를 방문했을 당시 지식산업

가든파이브 창고 외관

센터 상권은 저녁 9시경이 되자 썰물처럼 직장인들이 회식 차 인근의 구로나 광명, 화곡동으로 이동하고 있었다. 1차는 저녁 겸 간단한 회식 장소로 가능해도 늦게까지 다른 중심상권처럼 새벽까지 머무르는 상권은 아닌 점을 감안한다.

온라인몰 영향으로 10년 뒤 창고 수요 더욱 커질 듯

10년 뒤 공유경제와 1인 쇼핑몰 창업이 더 유행할 것이다. 그 중심에 물건을 보관하는 창고업이 뜰 것이다. 미국뿐 아니라 영국, 프랑스, 스페인 등에서는 수년 전부터 창고업이 번성 중이다. 도심 공간에 필요한 기간만큼 물건을 맡길 수 있는 도심형 창고를 온라인몰 사업자들이 찾을 것으로 예상한다.

서울 도심 지역의 창고 가운데 서울 도심과 지방 진입이 가까운 지역의 창고를 주목해야 한다. 송파구 장지동 일대 창고가 대표적이다. 사업자들이 주로 일반사무실로 쓰는 장지동 가든파이브는 내 창고는 인근 지식산업센터에 둘러싸여 활성화됐다. 현재 시세는 층별 위치에 따라 다르지만 좋은 매물은 매매가가 9,500만 원이고, 보증금 300만 원에 월 35만 원이다. 수익률이 어지간한 오피스텔보다 훨씬 높다.

일부 지식산업센터는 엘리베이터가 육중하고 넓은 수화물을 적재하기 쉬운 곳을 알짜로 쳐주기도 한다. 물론 임대료도 다른 곳보다 높다.

도심권
나홀로아파트가 뜬다

수익환원법으로 보면 투자성 우수

서울 진입을 꿈꾸는 사람을 중심으로 도심권 나홀로아파트를 오래전부터 추천하고 있다. 입주한 지 얼마 안 된 나홀로아파트는 주변 대단지보다 대폭 저렴하다. 주거용으로 월세를 놓으면 높은 월세수익과 매매가 상승에 따른 시세차익까지 기대할 수 있다. 나홀로아파트가 역세권을 끼었다면 수익환원법으로 계산해보더라도 안정성과 수익률 측면에서 오피스텔보다 훨씬 우위에 있다. 도심권에 위치한 저평가된 나홀로아파트는 월세형 부동산으로 생각해도 비싼 대단지보다 수익성이 높아 연금형 부동산으로 훌륭하다.

2009년 즈음 도심권 나홀로아파트가 외면받던 때 강의나 칼럼, 저서를 통해 저평가된 도심권 나홀로아파트에 투자하라고 강조했다.

선진국 등을 방문해 도심권 나홀로아파트 인기를 살펴본 경험에서 비롯됐다. 인터넷을 검색하면 당시 칼럼을 확인할 수 있다. 회원 중 한 분은 당시 컨설팅을 받고 강남권 나홀로아파트 여러 채에 투자해 30억 원 이상을 벌었다. 당시 강남권 일대의 나홀로아파트가 주변 대단지 동일 평면 시세의 60%에 거래될 정도로 저평가돼 있었다. 지금이라도 10년 후를 내다본다면 저평가된 도심권 나홀로아파트를 주목할 필요가 있다.

나홀로아파트란 일반주택가 또는 여러 아파트 단지 사이의 좁은 땅을 활용해 지어진 소규모 아파트를 말한다. 100~150가구 미만의 1~2개동짜리 아파트를 가리킨다. 오랫동안 대단지 아파트에 비해 도로 등 기반시설이 열악하고 공동 커뮤니티 시설 등이 없어 투자자들의 외면을 받아왔다. 가격이 저렴한 장점은 있지만 환금성도 대단지에 비해 떨어지고 가격이 잘 오르지 않는다는 인식이 강했다.

저렴한 가격이 경쟁력이 되고 오피스텔 대비 편리성이 떠오르며 투자상품으로 재평가되고 있다. 기존 단지형 아파트에 비해 적은 자금으로 내 집 마련과 큰 집으로 갈아탈 수 있다는 점이 부각됐다. 1~2인 가구 등 젊은층으로부터 편리한 출퇴근 환경도 매력으로 작용해 인기를 끌고 있다. 관리비나 생활여건 면에서 대단지 아파트보다 떨어지지만 오피스텔과 빌라보다는 거주 환경이나 주거비용 측면에서 우위에 있다. 개포 시영아파트 단지 내 상가처럼 강남권 재건축 시장에서 기존 상가 자리에 상가조합원끼리 나홀로주상복합을 경쟁적으로 짓는 게 더 유행할 것이다. 경기침체와 온라인몰 영향으로 상가 가치가 예전만큼 높지 않아 아파트조합과 협상력이 약해졌고 재건축 후 상가분양과 임대도 장담할 수 없기 때문이다.

나홀로아파트는 불황에도 하락 폭 적어

정철수(대기업 근무, 45세, 가명) 씨는 2011년 100여 가구도 안 되는 직장 인근 강남의 20평형대 아파트를 1억 원의 대출을 안고 3억 5,000만 원에 투자했다. 당시 단지 규모도 작고 브랜드도 없는 아파트라고 주변에서 구입을 만류했으나 전문가 컨설팅을 받은 후 투자를 결심했다. 인근 대단지 아파트는 정부규제가 나올 때마다 큰 폭으로 하락했으나 정 씨가 투자한 나홀로아파트는 꾸준히 올라 현재 10억 원에 육박한다.

6개월에서 1년 정도 한국에 머무는 삼성과 LG 등 대기업 외국인 임원들은 1,000세대가 넘는 아파트가 아닌 100~200세대 정도의 도심권 주상복합아파트나 직장과 가까운 소규모 나홀로아파트를 원한다. 오사카, 뉴욕, 런던, 파리, 시드니, 프랑크푸르트, 타이베이 등 국제적인 대도시를 직접 가서 살펴보니 나홀로아파트 인기는 상상초월이다. 홍콩이나 대만, 싱가포르 등지를 가보면 저층에 백화점 같

타이베이의 인기 있는 나홀로 주상복합아파트(왼쪽), 인기 상종가인 일본 도심 나홀로아파트(오른쪽)

은 쇼핑몰이 들어서 있거나 시내와 가까운 한두 동짜리 오래된 나홀로주상복합아파트가 꽤 비싼 가격에도 불구하고 인기다. 이마저도 월세가 비싸서 대부분의 직장인은 시내에서 한두 시간 떨어진 허름한 아파트에 거주한다.

부동산 연구 차 수차례 가본 도쿄나 오사카는 도심에 우리나라처럼 대단지 아파트가 드물다. 대부분 방 한 칸 분리형 원룸이나 투룸이 대세고 인기다. 우리나라식의 대단지 아파트는 도심에서 멀리 떨어진 외곽 신도시에 산재해 있다. 외국인 관점에서 아파트를 투자한다고 봤을 때 통상 수익환원법으로 접근한다. 투자금액 대비 월세가 얼마나 나올 것인지를 판단하는 것이다.

재건축도 대단지 비해 유리

먼 훗날 재건축을 노린다면 노후화가 진행되고 있는 나홀로아파트를 추천한다. 대단지 아파트에 비해 동의율이 빨라 재건축 진행이 빠르다. 정부에서 소규모 단지 재건축은 지원해준다. 소규모 재건축은 조합원 수가 적어 의사 결정 속도가 빠르고 지방자치단체의 심의·인가 과정이 까다롭지 않다. 일정 가구 이상 재건축 시 일반분양도 분양가 상한제를 적용하는 것으로 정부가 강력하게 규제했지만 차츰 소규모 단지부터 완화될 것으로 보인다.

우리나라의 대중교통비는 아직은 저렴하지만 일본처럼 점차 올라 10년 후 지하철요금과 버스요금 등이 2~3배 오른다면 도심 집중화가 더 가속될 것이다. 대단지보다 훨씬 저렴한 도심권 나홀로아파트 인기가 덩달아 급상승할 게 뻔하다. 일본의 직장인들은 접근성과 대중교통비 부담이 있어 신도시보다 좁지만 도심의 원투룸 구조인 나홀로아파트에 거주하고 있다. 주변 유료주차장을 사용해야 하는데 월세는 수백만 원에 육박한다.

도심권 나홀로아파트의 주요 임차인은 신혼부부, 전문직 종사자다. 강남 일대 초소형 나홀로아파트의 임대 조건은 평수에 따라 다르지만 국민주택 규모 평수는 보증금 1~2억 원에 월 임대료 120~150만 원이다. 임차인의 신분과 소득수준이 보장돼 연체나 세입자 관리의 위험이 작다. 오피스텔이나 빌라 등과 차별된 점이다.

10년 후를 대비해 나홀로아파트를 고른다면 인근에 단독주택이나 빌라가 산재해 있는 곳보다 대단지 아파트를 끼고 있는 곳이 좋다. 부족한 기반시설은 대단지 아파트를 이용해 학군 등을 보완할 수 있다. 대단지 아파트에 비해 저렴한 가격으로 동일 학군을 이용해 교육 프리미엄을 노릴 수도 있다.

04

미래를 내다보는 오피스텔 투자법

지역별 상품별 양극화 심화될 듯

오피스텔은 그동안 아파트에 비해 상대적으로 규제가 덜하고 청약 통장이 없어도 소액투자가 가능해 입지가 좋은 대단지 브랜드 오피스텔 중심으로 인기를 끌었다. 최근에는 아파트만큼 오피스텔에도 주거 기능이 강화된 설계가 늘어나면서 젊은 1~2인 가구의 수요가 꾸준하다.

오피스텔은 주택법상 주택이 아니다. 다주택자 여부를 판단하는 주택 수에 합산되지 않으며 아파트에 비해 대출규제도 덜 까다롭다. 오피스텔을 보유하고 있어도 아파트 청약 시 무주택자 지위를 유지할 수 있어 실수요자의 관심이 높아지고 있다.

입지가 좋지 않고 분양가가 높은 지역의 청약 경쟁률은 뜨거웠지만 정작 실제 계약에선 몇 달이 지나도 미계약분이 남아 있는 단지가 흔하다. 지역에 따라 오피스텔의 입주 물량이 점차 늘면서 실수요뿐 아니라 투자수요도 중장기적으로 줄어들 것이므로 신중하게 접근해야 한다.

30년 지나도 재건축 어려워

오피스텔은 용적율이 높고 대지지분이 적어 준공 후 30년이 지나도 아파트나 빌라처럼 재건축이나 재개발이 힘들다. 입지여건이 좋은 오피스텔은 대수선과 소규모 리모델링 등으로 살아남을 수 있을 것이다. 그렇지 않은 오피스텔은 공급 과잉과 노후화로 공실이 대거 발생할 것이다. 한마디로 애물단지로 바뀔 가능성이 크다. 입지가 그다지 좋지 않더라도 아파트는 전세나 월세를 조금 낮추면 임차인이 들어오지만 수요가 없는 지역에서 공급되는 오피스텔은 임대료를 낮춰도 임차인을 찾기 힘들다.

오피스텔 투자 시에는 임대수익을 바라보고 적당한 시세차익을 생각해 입지 좋은 지역 위주로만 접근해야 한다. 입지는 좋지 않은데 청약율이 높으면 업체 측의 눈속임 마케팅일 가능성이 크다. 업체 측의 현란한 마케팅에 속지 말자.

사무실로 활용 가능한 입지인 도심 지역이나 수요가 많은 산업단지 인근으로 철저히 세밀화해서 투자해야 한다. 입지나 교통 환경이 좋은 지역은 소액투자자들과 은퇴자들을 중심으로 오피스텔 수요가 꾸준할 것이다.

경기침체와 공급 과잉이 오피스텔에 직격탄을 날리다

오피스텔 공급 과잉 우려가 산재해 있는 점은 주목해야 한다. 공급 과잉으로 인한 임대수익률 하락은 늘어나는 투자금 대비 월세 수입이 줄어드는 데 따른 것이다. 임대수익률은 매매가격과 월세보증금, 월세 등을 토대로 산정된다. 매매가격이 오르거나 월세가 떨어지면 수익률이 하락하는 구조다.

경기도 외곽이나 지방은 수도권에 비해 수익률이 상대적으로 높게 나타나지만 장기 공실 가능성에 환금성까지 떨어지는 지역이다. 오피스텔은 가급적 공급이 나오기 힘든 지역, 기업체 등 임대 수요가 꾸준한 지역을 선택해야 한다.

자산가들이 선호하는 도심권 초호화 고급오피스텔에 주목하라

10억 원이 넘는 도심권 초호화 오피스텔을 자산가들이 선호하면서 가격이 매년 상승하고 있다. 차별화된 고급오피스텔 인기는 10년 뒤에도 계속될 것이고, 입지여건이 좋지 않은 평범한 오피스텔은 인기가 사그라질 것이다. '최순실 오피스텔'로 불리는 서울 강남구 청담동 '피엔폴루스'는 전국 오피스텔·상업용 건물 기준시가에서 1~2위를 차지한다. 해당 오피스텔 133㎡형(전용면적 기준)의 현재 시세는 22~25억 원 선이다. 2005년 완공된 강남구 도곡동 SK리더스뷰 전용 163㎡형은 12억 선이다.

강남권 초호화 오피스텔은 최고급아파트 수준의 내부 설계에다 편리한 교통, 풍부한 생활 인프라를 갖추고 있다. 이러다 보니 외국인이나 고소득자의 월세용으로 인기를 끌고 있다. 이런 추세를 반영한 탓인지 대부분의 일반 오피스텔이 고전하는 것과 달리 강남구 청담동과 대치동에서 공급된 최고급오피스텔은 고분양가에도 불구하고 한 달 만에 바로 팔렸다.

10년 후에도 공급 과잉 우려가 없고 아파트와 대체가 가능한(아파텔) 오피스텔은 인기를 끌 것이다. 자산가가 선호하는 고급오피스텔 또는 입지여건이 좋은 복합단지 위주로 수요가 몰릴 것이다.

아파트의 보완재로서 오피스텔

20년 이상 투자 경험상 소형아파트나 오피스텔을 자녀에게 합법적인 방법으로 증여하는 게 자녀의 올바른 삶의 가치관 형성을 하는 데 도움이 될 수 있다. 전세나 대출을 이용하면 2,000~3,000만 원 이하로 투자 가능한 오피스텔이 많다. 아파트에 비해 상승률은 낮지만 월세 수입은 꾸준해서 아파트 하락기에는 오피스텔이 오히려 보완재이자 효자상품이 될 수 있다.

나도 금융위기가 한창일 때 보유한 아파트와 주식 등에서 큰 손실을 봤지만 여러 채의 오피스텔에서 꾸준한 월세 수입과 훗날 큰 폭의 시세 상승으로 아파트와 주식의 손실분을 만회할 수 있었다. 물론 당시에는 부동산 경기가 매우 어려웠다.

아파트 대신 오피스텔을 고객이 많이 찾아서 수도권 곳곳까지 유망 오피스텔과 대물로 나온 오피스텔을 급급매나 원가 이하로 고객에게 소개했다. 대표적으로 목동 지역의 저평가된 오피스텔과 안산에서 대물로 나온 오피스텔을 컨설팅하고 매입한 결과 2년 만에 2배가량 올랐다. 그 후 오피스텔을 되팔아 시세차익을 꽤 내자 고객들이 고마워했고 지인들을 회원으로 소개시켜줬다. 해당 오피스텔을 구입한 고객 중 한 명은 회사 직원으로 8년 이상 근무해 회사에도 큰 도움을 주고 본인 또한 급여 외 투자로 큰돈을 벌었다.

황금알로 변모할
오피스텔 찾는 법

몇 년 사이 오피스텔 경쟁상품인 도시형 주택, 다가구주택 등이 꽤 늘어났다. 이에 따른 부작용으로 공실률도 높아지고 있고 투자 대비 수익률도 떨어지고 있다. 아무리 공급이 많아도 역세권, 교통, 유동인구 등 상업 입지시설과 편의시설이 잘됐는지 주변 여건을 파악한다면 미래 가치가 높은 오피스텔을 발견할 수 있다.

오피스텔은 아파트와 달리 큰 시세차익을 기대하기 어려우니 임대 수익률을 꼼꼼히 따져 접근한다. 공실 위험과 임차인과의 월세 분쟁이 적고, 사무실과 주거 겸용으로 사용 가능하며, 때에 따라 임차료도 쉽게 올릴 수 있는 지역을 추천하고 싶다.

경험상 사업용으로 쓰는 역세권 소형 오피스텔은 재계약 시 월세 인상분에 대해 주거용에 비해 그다지 민감하지 않다. 세금계산서로 처리되는 임대료는 대부분의 사업자의 경우 임대료로 지출된 만큼 소득세를 절감할 수 있다. 사업자들이 대거 분포해 있는 도심이나 부도심에 위치한 역세권 오피스텔이 대상이다. 오피스텔 분양가가 저렴하다면 아파트처럼 꼭 남향을 계약하지 않아도 된다. 낮에 주로 집을 비우는 세입자들이 대다수이고 사무실로 쓰더라도 햇빛이 들어오는 걸 싫어하는 사람이 적지 않아서 북향이 오히려 인기가 좋을 수 있다.

주거, 업무, 상업은 물론 문화까지 즐길 수 있는 교통이 편리한 지역의 복합단지MXD : Mixed Use Development로 구성된 오피스텔(대규모 호텔 또는 아파트 일체형)은 편의시설 이용 등 주거 만족도가 뛰어나고 수요가 꾸준해 10년 후에도 가격 상승으로 이어질 수 있다.

2005년 서초동에 위치한 소형 오피스텔에서 첫 사업을 시작했다. 방송과 강의 등으로 참 바쁘게 시간을 보냈다. 월세를 매번 내기 귀찮아서 주인 직거래로 이 오피스텔을 매입했다. 수년 후 1억가량 치솟아서 공짜로 사무실을 쓰고 시세차익까지 남기게 됐다. 시세차익보다 중요한 건 언제든 사무실에서 엘리베이터만 타면 바로 연결되는 지하 스포츠센터에서 수영·헬스·골프 등을 즐길 수 있었다는 사실이다. 멀리 나가지 않더라도 잘 꾸며진 단지 내 맛집과 카페에서 고객들과 좋은 시간도 보냈다.

임대수익률은 보수적으로 생각하라

전월세전환율이 갈수록 떨어지고 있다. 전세전환율은 전세보증금을 반전세나 월세로 전환할 때 적용하는 연이자율을 말한다. 보증금 1억 원짜리 전세를 보증금이 없는 월세 50만 원(1년 600만 원)으로 전환한다면 전월세전환율은 6%(600만 원/1억 원×100)다. 전월세전환율이 떨어진다는 것은 월세가 하락한다는 것을 의미한다.

그래서 수도권 인근 소형 오피스텔을 보유 중인 한 투자자는 최근 처분하기로 했다. 연수익률 5%를 기대하고 매입했지만 오피스텔 보유 이후에 내야 하는 지역의료보험료가 큰 부담이 됐다. 게다가 2년에 1번씩 계약하는 주택에 비해 세입자들이 자주 들락거려 그때마다 내야 하는 중개수수료가 큰 부담이었다.

오피스텔은 아파트에 비해 전용율이 불리하다

전용율은 주거전용면적을 공급면적으로 나눈 것이다. 아파트는 일반적으로 80% 이상이지만 오피스텔은 45~70% 선이다. 오피스텔은 건축법의 적용을 받아 3.3㎡당 분양가를 산정할 때 계약면적으로 나누므로 공급면적(전용면적+주거공용면적)으로 나누는 아파트보다 분양가가 낮은 것처럼 착시 효과를 불러일으킬 수 있다.

오피스텔의 분양면적 산정 방식이 벽 중간부터 계산하는 '중심선 치수'가 아닌 실내 벽 안쪽부터 재는 '안목 치수'로 통일되면서 전용율이 더 낮아진다는 점을 체크한다. 오피스텔은 로비 등의 시설을 들여야 한다. 어쩔 수 없이 아파트보다 공용면적이 커서 전용율이 상대적으로 작다. 아파트 투자에 익숙한 투자자들이 오피스텔 투자에 앞서 꼭 체크해봐야 하는 부분이다.

오피스텔 등 수익형 부동산은 아파트보다 전용율(분양면적에 대한 전용면적의 비율)이 현저하게 낮다. 반드시 전용면적 대비 분양가와 향후 수익률 등을 잘 따져봐야 한다.

브랜드 집착 말고 세입자 입장에서 투자하라

시공사 브랜드네임이 좋을수록 공사 단가가 비싸다. 당연히 분양가는 높아서 세입자가 감당하기 힘든 경우가 있다. 오피스텔 같은 임대형 부동산은 전적으로 미래의 세입자가 낼 임대료를 예상하면서 투자를 해야 한다. 아파트와 달리 오피스텔 가격 변동율은 교육이나 조망 등 환경보다 적절한 분양가에 따른 월세 세입자의 유인성, 업무지구 접근성, 교통 여건에 더 영향을 받는다. 세입자들은 아파트와 달리 오래 거주하지 않는다. 여건이 된다면 더 좋은 주거상품으로 이동하는 점도 체크해야 한다.

저층부 오피스텔도 투자해볼 만하다

아파트의 로열층은 과연 몇 층일까. 23층 아파트라면 4분의 1 법칙상 저층 1~6층, 상층 20~23층을 제외한 7~19층이 로열층이다. 최근 들어 조망권이나 일조권 개념이 중요해지면서 4분의 1 법칙에 의한 7~19층보다 최상층을 제외한 20~22층을 로열층으로 쳐주는 분위기다.

로열층 아파트를 보유하고 있으면 좋다. 급할 때 팔 수 있는 환금성이 뛰어날 뿐 아니라 임대도 저층보다 잘돼 프리미엄이 높게 형성된다. 오피스텔을 분양받아 임대사업을 하는 경우라면 저층 분양가가 고층보다 저렴할뿐더러 경우에 따라 할인까지 가능하다. 적극적으로 노려볼 만하다.

오피스텔 임대는 로열층이나 저층이나 임대료가 비슷하게 형성된다. 초기에 고층과 저층의 임대료 차이가 나더라도 임대가 어느 정도 완료되면 임대물건의 희소성이 발생해 고층부와 저층부의 임차가격이 비슷해지는 동조 현상이 나타난다.

2002년 동대문구 장안동에 있는 S오피스텔 저층을 이런 방식으로 분양받아 성공적으로 매각했다. 당시 연봉의 절반 정도 수익을 얻은 경험이 있다.

레지던스형 오피스텔도 있다

레지던스는 높은 임대수익 외에도 장점이 수두룩하다. 1가구 2주택에 해당되지 않아 양도소득세가 일반세율로 과세되면서 종합부동산세 대상도 아니다. 재산세와 부가가치세 부과 기준이 오피스텔과 동일하다. 임대사업자로 등록하면 부가가치세 환급마저 가능하다. 중개수수료나 유지보수비용이 들지 않고 오피스텔처럼 1~2년마다 세입자를 찾거나 월세에 신경 쓸 필요가 없다. 중도금 50~60%를 무이자로 대출해주므로 비교적 적은 금액으로 투자할 수도 있다. 구분 등기를 하므로 매매가 자유롭다.

오피스텔 투자 시 주택으로 할지 사업용 건물로 할지 선뜻 결정을 내리지 못하는 사람들이 의외로 많다. 주거용이냐 사업용이냐에 따라 세금 차이가 있다.

분양 당시 오피스텔은 건물부분에 대해 부가가치세 면에서 다르다. 오피스텔을 업무용으로 쓰면 건물분 부가가치세를 면제받는다. 사용 도중 오피스텔을 주거용으로 변경하면 면제받았던 부가가치세를 다시 납부해야 한다. 면제받은 부가가치세의 소멸시효는 10년이다. 다만 세법은 취득부터 주거용으로 바꾸는 시점까지 기간에 따라 과세표준을 달리 계산한다. 오피스텔은 6개월이 지날 때마다 취득가액의 5%를 감액한 금액을 부동산의 과세표준으로 한다. 부가가치세 1,000만 원을 환급받고 3년 후 주거용으로 용도 변경을 신청했다면 30%는 감면해주고 700만 원을 반환해야 한다. 경우에 따라 초과 환급 가산세가 발생할 수 있다. 오피스텔을 업무용으로 10년 이상 사용하고 주거용으로 전환하면 추가 납부할 세액은 없다.

최근에는 임대인들이 주거용으로 임대하더라도 업무용으로 판정받으려고 세입자의 전입신고를 받지 않고 있다. 오피스텔을 주거용으로 사용하면 무조건 주택으로 간주된다. 지금도 오피스텔을 주거용으로 사용한다는 점이 밝혀지면 주택으로 보고 양도소득세 등 세금을 중과한다.

06
10년 뒤에도 성공하는
펜션 투자법 8가지

즐길거리 있고 스토리 있는 펜션만 인기 끌 듯

전원에 거주하면서 펜션 운영을 통해 수익을 창출하려는 수요는 10년 뒤에도 꾸준할 것이다. 과잉 공급된 지역이 많은 만큼 신중히 접근할 필요가 있다. 경험이 부족한 사람은 노후를 전원에서 보내며 주수입 외 부가수익을 올린다는 생각으로 우선 소규모로 운영하는 것을 추천하

제주도의 한 펜션 전경

고 싶다. 직접 땅을 매입해 펜션을 운영하거나 매물로 나온 펜션을 리모델링해서 운영하는 방법도 있다. 물론 업체 측에서 분양하는 펜션을 매입하는 방법도 있다.

형제 가족 20명 정도가 매년 한두 번 펜션에서 단합대회 겸 쉬고 온다. 큰 방 2개만 빌리면 모든 인원이 들어갈 수 있다. 족구나 배드민턴, 등산 등 야외 운동도 가능해 호텔에서 느끼지 못하는 매력이 있다. 직접 부지를 확보해 펜션을 짓는 게 어렵다면 콘도처럼 객실 분양을 하면서 연간 수익률을 투자자에게 배당하는 상품도 있다. 면밀히 사전 조사를 한 다음 투자해보는 것도 좋다. 계약자들은 연간 일정 횟수 동안 펜션을 무료로 이용할 수 있다.

농어촌정비법을 숙지하라

숙박업 등록을 의무화한 농어촌정비법 등 만만치 않은 정부규세로 옥석을 가리는 펜션투자가 필요한 시점이다. 난립된 개별 및 단지형 펜션 등 펜션투자를 하기 전 가장 신경 써야 할 규정은 정부가 2005년 4월 제정한 '농어촌 지역 숙박시설 설치 및 관리에 관한 통합지침'이다.

펜션의 경우 숙박업 등록을 의무화한 농어촌정비법으로 도시민들이 투자하기가 녹록치 않다. 강화된 농어촌정비법에 따르면 펜션은 '농어촌 민박업'과 '숙박업'으로 구분된다. 농어촌 민박은 연 일정 소득 한도 내에서 소득세 감면 혜택을 받을 수 있지만 숙박업소는 종합소득세와 부가가치세를 납부해야 한다.

일정 규모의 객실을 갖춘 펜션은 숙박업으로 등록해야 한다. 일정 규모 객실보다 적더라도 소유자가 외지인이라면 현지주민에게 위탁관리해야 농어촌 민박으로 인정받을 수 있다.

숙박업 등록 시 추가 비용이 있다. 환기·조명 등 시설 기준과 객실·욕실의 위생관리 기준, 소방법령에 따른 피난설비, 소화설비 등 안전 기준, 오폐수 시설 기준 등을 갖춰야 한다. 이 기준을 충족하지 못하면 숙박업 등록을 할 수 없다. 단지형 펜션은 객실 수에 상관없이 무조건 숙박업 등록을 해야 한다. 단지형이란 처음부터 투자수익을 목적으로 외지인에게 분양한 것을 말한다. 단, 관광지 주변에서 개별형 펜션이 자생적으로 생겨나 자연스럽게 단지를 이룬 것은 제외된다. 지방자치단체 상황에 맞춰 관련 조례가 약간씩 다를 수 있으니 투자 전에 반드시 체크한다.

입지 선택이 중요하다

펜션 사업의 성패를 가르는 요소는 입지 선택이다. 펜션을 직접 지어서 운영할 요량이라면 대도시에서 거주자들이 이용하기 쉽게 승용차 편으로 2시간 이내의 거리에 있는 것이 좋다. 폭 4m 이상의 도로를 끼고 있어야 하고 계곡, 호수, 스키장 등이 인접해야 일정 수요가 유지될 수 있다. 주변 경관이 좋고 산, 바다, 강과 근접해 수요자로 하여금 접근성이 좋아야 한다. 지금은 덜 알려져 있지만 앞으로 두각을 나타낼 곳을 선점하는 것이 가장 중요하다.

목적을 분명히 한다

퇴직 후 여유자금으로 전원생활을 즐기며 부수익을 올릴 것인지, 숙박시설 위주로 사업을 할 것인지 먼저 정한다. 전원의 여유를 중시하는 전원형 펜션은 한적한 곳에 있어 손님에게 알리기도 찾기도 쉽지 않다. 홍보 문제를 해결하려면 초기에 인터넷 프랜차이즈 회사를 이용하는 것도 한 방법이다. 분양받아 임대하는 콘도형 펜션사업은 위치가 중요하다. 사람들의 왕래가 잦은 관광지 주변과 대규모 단지를 이뤄 관리비와 부대비용을 아낄 수 있는 곳이 좋다.

경영 마인드를 가진다

펜션 사업도 비즈니스인 만큼 경영 마인드를 가져야 한다. 손님을 사로잡을 만한 노하우가 경영 미인드다. 이는 작은 데서 찾을 수 있다. 펜션 운영자 같은 경우 인스타그램, 페이스북을 이용한 마케팅은 필수이고 자신의 취미나 경험을 공유하면서 단골을 만드는 전략이 필요하다.

믿을 만한 전문가를 알아둔다

초보자들은 펜션을 짓기 위한 부지를 마련하는 단계부터 잘못 판단할 수 있다. 모르면 전문가에게 물어보는 것이 안전하다. 전원주택 전문업체나 단지형 펜션을 분양하는 업체를 방문해 체크해본다. 비용이 들더라도 전문가와 정확한 사업계획을 세우는 것이 낫다. 단, 펜션사업이 인기를 끌면서 신뢰하기 어려운 업체들이 우후죽순 생겨나고 있으므로 업체 선정에 신중을 기한다.

스토리와 테마를 만든다

경쟁에서 이기려면 다른 펜션보다 튀어야 한다. 부대시설이 좋거나 기억에 남을 만한 분위기가 있어야 한다. 테마는 입지여건과 연계시켜 자기 펜션만의 색깔을 내는 것이다. 테마는 외관이어도 좋고, 내부 시설이어도 괜찮다. 테마는 꾸준히 바꿔야 고객이 싫증을 내지 않는다. 음악이든 운동이든 꽃이든 상관없다. 독특하면 된다. 경쟁력을 갖추려면 개성을 살린 테마는 필요충분조건이다.

고수익률에 현혹되지 않는다

펜션을 분양받을 때 분양 업체가 내거는 수익률을 액면 그대로 믿어서는 안 된다. 개발 능력이 없는 업체들이 많으므로 옥석을 가려야 한다. 개발에 따른 기본 인허가도 받지 않은 상태에서 분양하는 업체가 간혹 있다. 잘 풀렸을 때만 생각하지 말고 위험 요인도 고려한다. 검증되지 않은 개발계획에 넘어가 덥석 투자하면 후회할 수 있다. 사업 부지에 대한 소유권 관계도 잊지 말고 짚어야 한다.

일부 지역의 공급 과잉에 유의하라

제주도를 비롯해 강원도 평창군과 홍천군, 충청남도 태안군, 경기도 가평군과 양평군 등의 지역에서 매물로 나오는 펜션이 급증하고 있다. 인건비와 관리비 등을 감당하지 못한 단지형 및 단독형 펜션이 급매물로 나오는 것이다. 몇 년 동안 공급 과잉과 경기 불황이 겹치면서 운영수익이 악화된 펜션이 속출한 탓이다. 국내 펜션 수는 2000년대 초반부터 매년 증가해 지금은 전국적으로 수천 곳이 넘는다. 펜션 시장의 하향세는 당분간 지속되겠지만 적정선에서 가격 조정을 거치고 적정 숙박요금 체계를 갖춘다면 수요자는 얼마든 늘어날 수 있다.

07
타운하우스 꿈꾸기 전
알아야 할 점 8가지

단독주택과 공동주택의 장점을 겸한 타운하우스는 1~2층의 단독주택이 10~100가구씩 모여 정원과 담을 공유하는 단독주택군群이다. 본래는 영국 귀족들이 사는 교외주택에 대한 도시 내 주택을 뜻했다. 그러던 것이 2차 세계대전 후 북아메리카를 중심으로 주택지의 개발·설계법과 목조·패널(틀) 벽공법의 개량·개발이 합쳐져 새로운 형식의 교외주택으로 정착됐다. 프라이버시를 보호하면서 방범·방재 등 관리의 효율성을 높인 주거 형태다.

아파트에 오랫동안 거주하던 사람들이 잘 가꿔진 저층의 타운하우스를 보게 되면 절로 탄성을 내지르게 된다. 자녀 교육이나 직장과의 거리, 편의시설 부족, 높은 분양가로 인해 쉽게 계약을 하지 않는 게 인지상정이다. 타운하우스 인기는 세계적 추세지만 아직까지 아파트 인기에 눌려 기를 못 펴고 있다.

현재 미분양이 쌓이고 분양가 이하로 가격이 떨어지는 곳은 수도권 외곽의 비싼 대형 타운하우스다. 실속형인 중소형 단지 내 타운하우스는 순식간에 계약이 끝나고 만다. 10년 후에도 이런 트렌드는 여전할 것이다.

타운하우스 투자 전 체크 포인트

❶ 타운하우스 투자 시 제때 매도하지 못할 수 있다. 수요가 풍부하면서 도심과 가까운 곳에 투자한다.

❷ 업체들이 타운하우스 붐에 편승해 분양가를 턱없이 높게 책정하거나 연립주택을 타운하우스란 용어를 붙여서 판매하기도 한다. 분양 초기 계약하는 것보다 분양이 안 돼 할인분양을 할 때 계약하는 게 유리할 수 있다.

❸ 일부 택지개발지구 내에서 공급되는 타운하우스는 별개로 치더라도 대부분 도심에서 한참 떨어진 지역인 만큼 생활편의시설의 부족으로 입주민들은 불편을 겪을 수 있다. 타운하스만 있는 곳보다 대단지 아파트와 어느 정도 붙어 있어 학교나 쇼핑시설을 같이 이용하는 지역을 고른다.

❹ 단독주택에 비하면 사생활 보호가 덜하다. 집 외부 변경도 단독과 달리 제한받을 수 있다. 입주민들의 사생활 보호에 철저한 고급 타운하우스도 있으므로 취사선택한다.

❺ 대부분 중대형으로 구성돼 있다. 실속형 타운하우스 투자를 고려하는 것도 바람직하다.

❻ 타운하우스는 일반아파트보다 담보가치가 떨어져 중도금 대출을 충분히 받지 못할 수 있다. 아파트보다 더 충분한 자금을 마련해 놓아야 한다.

❼ 타운하우스는 공사기간이 1년 안팎이다. 아파트보다 짧으니 중도금, 잔금 등 분양대금을 단기간 마련할 수 있어야 한다. 자금계획을 원활히 짜는 것이 바람직하다.

❽ 일부 업체에서는 다가구 형태의 타운하우스를 개별등기(구분등기)할 수 있다고 분양하기도 하니 주의한다.

성공하는 게스트하우스와 도시민박업

퇴직자들을 중심으로 게스트하우스를 운영하려는 상담이 줄을 잇는다. 물론 10년 뒤에도 외국인들의 끊임없는 방문으로 특색 있는 게스트하우스는 운영이 잘 되겠지만 차별성을 내세우지 못하면 운영비도 건지지 못한 채 유지되거나 폐업 처리될 것이다.

현재 홍대 상권은 게스트하우스 창업 열기로 서교동과 연남동 일대의 단독·다세대 건물이 큰 폭으로 상승했다. 신축 다세대 건축용으로는 메리트가 없어 방치돼 있거나 게스트하우스 용도로 팔리고 있는 것이다. 현재 호텔업계의 반발이 있지만 정부에서 외국인만 묵을 수 있는 민박업(게스트하우스)에 내국인 투숙을 허용하는 쪽으로 추진하고 있다. 국내외적 큰 변수만 없다면 중장기 전망은 그리 나쁘지 않다.

직접 짓는 것과 위탁하는 방법

직접 땅을 매입해 게스트하우스를 짓는 방법과 위탁으로 운영하는 방식이 있다. 홍대 주변인 마포구 연남동에 위치한 대지면적 70평 4층 규모(침실 30여 개)의 게스트하우스를 15억 원에 매입(대출 4억)한 다음 위탁관리로 운영한다고 치자. 전문업체가 단독주택에 2억 원을 투자해 주방과 휴게공간까지 갖춘 최신식 게스트하우스로 리모델링한 것이다. 이 정도 규모이면 월 2,000만 원가량(평균 객실율 75%) 수익을 얻을 수 있다.

한 층당 방 3개에 1~6인용까지 다양하다. 2층 침대가 놓인 6인실은 간단한 아침식사를 포함해 3만 원이다. 1인실은 10만 원을 받고 있다. 비수기에도 평균 객실율이 70%에 달한다. 사용료는 1인당 1박 기준 2~5만 원 선이지만 욕조와 화장실이 구비된 방은 10~20만 원을 받기도 한다. 규모는 4~5실이 일반적이지만 60실 이상에 카페를 겸하는 대형 게스트하우스도 생기고 있다.

강남에서 침대 15개 규모의 게스트하우스를 운영한다면 어떨까. 위치나 방의 개수, 운영자의 능력에 따라 차이는 있지만 보증금 1억 5,000만 원에 월 300만 원을 내고 위탁운영하면 월 700만 원 정도의 수익이 가능하다.

임차 시 초기 자금 1억 원

서울 시내에서 게스트하우스로 리모델링된 다가구주택을 임대할 경우 전용면적 200㎡(방 9개, 화장실 3개)의 임대비용은 보증금 1억 ~1억 500만 원, 월세 500~600만 원 선이다. 지하철역 인근으로 입지가 좋다면 추가 권리금으로 몇 천만 원 이상의 웃돈이 붙는다. 평균 10억 원 이상 초기 투자금이 들어가는 원룸임대사업에 비해 도시민박업은 적게는 1억 원으로도 임대를 통해 초기 투자가 가능하다. 도시민박업은 구청에 신고하고 운영하면 된다. 원룸임대사업보다 초기 투자금이 적고 공실률 걱정이 없는 게 장점이다.

본인 집을 이용한 도시민박업

도시민박업은 도시의 주택을 활용해 외국인 관광객에게 우리나라의 가정 문화를 체험할 수 있도록 숙식 등을 제공하는 사업이다. 홈스테이나 게스트하우스와 유사하다. 2012년 1월부터 등록이 시작되면서 도시민박업소가 하나둘 늘고 있다. 외국인을 대상으로 한 민박업이 증가하는 이유는 절차가 간소하고 도심에 숙박시설이 부족한 데서 비롯됐다.

공유경제 형태의 도시민박업은 230㎡ 미만의 집만 있으면 창업할 수 있다. 절차는 해당 지방자치단체에 신고하면 된다. 기존 집을 활용하니 적은 투자로 안정적이고 정기적인 수익을 얻을 수 있다. 사교적인 사람은 남는 방을 도시민박업으로 등록하고 활용하는 게스트하우스 운영도 추천해볼 만하다. 덕분에 외국 문화와 언어를 자연스럽게 익힐 수 있다.

전문창업 형태의 도시민박업

전문창업 형태의 도시민박업도 있다. 외국 관광객의 투숙률을 높이기 위해 빈방을 개보수하거나 침대수를 늘려 수익을 높이는 것이다. 230㎡ 이내에 2~8인실 같은 공동침실dormitory 형식이나 독립침실private까지 객실을 다양화했다. 공용시설인 거실과 간이주방, 욕실을 배치하는 리모델링도 진행한다.

상가주택을 직접 임차한 후 창업하는 경우도 있다. 대부분 크기·시설별로 가격 차이가 있지만 도시민박의 1인 객실이용료는 2~12만 원이다. 시간이 흐르면서 서울에는 지역별로 특징이 생겨났다. 종로 서촌과 북촌 일대는 전통 한옥을 개조한 게스트하우스가 대세다. 강남 일대는 유럽풍 전원주택이 인기다. 중구 명동은 중국인 관광객의 발걸음이 잦아 크고 작은 게스트하우스가 급증세다.

시장이 커지면서 '24게스트하우스', '김치게스트하우스' 같은 프랜차이즈 업체와 예약·객실관리 대행업체에 더해 창업 희망자에게 입지 선정 등을 해주는 전문개발업체도 등장했다.

도시민박업 지정 절차

도시민박업은 건축법상 갖춰야 하는 조건이 까다로워 숙박업(레지던스)에 비해 규제가 없고 사업승인을 쉽게 받을 수 있다. 도시민박업은 도시지역(농어촌 및 준농어촌 지역이 아닐 것)에 위치한 연면적 230㎡ 미만 건물에 사업자가 실제 거주하는 곳을 포함하며, 해당 거주지를 분리해 일정 면적만을 대상으로 민박사업을 할 수는 없다. 건축법에 따라 단독주택, 다가구주택, 아파트, 연립주택, 다세대주택에만 국한된 사업으로 업무용 시설이나 근린생활시설 등은 제외된다.

도시민박업 지정을 원한다면 시장·군수·구청장에게 신청서, 시설배치도, 사진, 평면도를 제출하면 서류심사와 현장심사를 한다. 이때 신청인은 지방자치단체가 실제 거주 여부와 간단한 외국어 인터뷰, 위생 상태 적합도 등을 반영해 발급해주는 도시민박업 지정증을 받을 수 있다.

준주거지역에서는 지방자치단체가 조례로 제한하지 않는 한 서비스 레지던스 같은 생활숙박시설을 지을 수 있게 됐다. 단, 주거 환경 악화를 막기 위해 주택밀집지역으로부터 조례로 정하는 거리 이상 떨어뜨리거나 공원·녹지 등의 지형지물로 가로막아야 한다. 그래서 준주거지역에 업무시설로 들어서 있는 오피스텔을 생활숙박시설로 변경해 숙박업을 영위할 수 있게 됐다.

직접 운영 시 철저한 관리와 홍보 마케팅이 필수

게스트하우스는 베이비부머 세대의 은퇴를 앞두고 임대수익과 사람들과의 교류를 동시에 누릴 수 있다는 점을 고려하면 괜찮은 부동산 창업이다. 홍대 문화를 체험할 수 있는 마포구 서교동, 연남동, 동교동 일대에 '외국인 전용 게스트하우스', '도시민박업소' 등이 밀집해 있다. 관광객이 올 만한 장소에 창업하는 게 필수다.

위탁관리가 아니라 직접 운영한다면 가장 좋은 방법은 자발적으로 관광객이 입소문 내서 오게끔 하는 것이다. 이것이 여의치 않으면 관광객을 모집하는 데 신경을 곤두세워야 한다. 블로그나 카페, 페이스북, 트위터 활용은 기본이다. 외국인이 주로 보는 빈방 구하기 사이트인 에어비앤비에 올리거나 여행사와의 제휴도 고려해볼 만하다.

나는 외국에 혼자 나갈 때마다 싱글 차지(독실 사용료)가 부과된 값비싼 호텔 대신 게스트하우스를 주로 이용한다. 게스트하우스 운영자들은 부지런함과 성실성을 필수로 지니고 있는 것을 알 수 있다. 메일이나 SNS가 시차를 무시하고 새벽에도 날아오니 즉답하지 않으면 다른 게스트하우스에 손님을 뺏길 수 있으니 말이다.

불법 건축물 투자 주의

게스트하우스가 인기를 얻자 일부 건축주는 불법으로 용도를 바꾸기도 한다. 속칭 '대형 게스트하우스'라고도 하는 호스텔업이 등록 절차와 규제가 복잡한 것에 비해 '소형 게스트하우스' 격인 도시민박업은 구청 신고만으로 운영이 가능하기 때문이다. 도시민박업은 주택만 가능하다. 상가건물에서 운영하는 경우가 대표적이다.

도시민박으로 허가를 받으면 사업자가 직접 거주해야 하지만 실제로 살고 있지 않거나 사업자가 등록만 하고 다른 사람에게 명의를 빌려주기도 한다. 부동산 경기가 살아나더라도 원룸과 도시형 생활주택은 생활불편과 노후화로 상승 폭이 아파트에 비해 미비하다. 따라서 불법으로 개조해 외국인을 상대로 숙박임대사업을 하는 임대업자들이 증가할 수 있다. 일부 오피스텔과 원룸, 도시형 생활주택은 물론이고 생활근린시설로 분류된 고시텔까지 공실을 없애려고 도시민박업에 뛰어들고 있다. 명백한 불법이다.

외국인 도시민박의 허가 대상은 다가구, 다세대주택 등 주택으로 분류된다. 숙박업을 할 수 없는 원룸이나 고시원 등이 게스트하우스로 용도 전환된 것을 투자하면 나중에 불법 건축물로 지정돼 원상복구 명령이 떨어질 수 있으므로 주의한다.

은퇴자들의 로망
단독주택지

원주기업도시에서 주거 전용 단독주택용지 185개 필지를 접수했는데 4만 377명이 몰려 3,106 대 1의 경쟁률을 기록했다. 영종도 점포택지도 수천 대 1의 경쟁률을 보였다. 당시 나는 송도켄벤시아에서 강사로 참여했는데 수강생 수천 명이 몰려 복도까지 메웠다.

중산층의 로망이던 전원 속 솔로형 단독주택보다 노후를 대비해 세를 충분히 받을 수 있는 단독주택으로 선호도가 이동하고 있다. 본인이 거주하며 일정한 임대수익을 얻을 수 있는 상품에 대한 컨설팅이 주를 이루고 있다. 10년 뒤 은퇴를 대비한 세대를 생각하면 단독주택지가 딱 맞는 상품이다. 어디든 사두면 무조건 오른다는 아파트에 대한 맹신이 여러 번의 금융위기를 겪고 나서 바뀌었다. 앞으로도 실용적인 자산운용 변화로 월세를 받을 수 있는 도심이나 도심 인근 실속형 단독주택으로 옮겨갈 것이다.

은퇴자 가운데 남성을 중심으로 '숨 막힌 도심의 고층아파트'보다 맑은 공기를 마시며 자연을 누릴 수 있는 '전원 속 마당 있는 집'을 꿈꾸고 있다. 저성장 추세에 따라 자녀 교육과 편리성, 재테크 등의 이유로 도심권 아파트를 고를 수밖에 없는 게 현실이다. 재력이 풍부하거나 건강상의 이유, 재테크를 할 필요 없는 사람을 빼고는 단독주택지를 선택하기 전 여러모로 고민해봐야 한다.

단독주택지를 분양받거나 프리미엄을 주고 매입 뒤에는 반드시 다른 지역에 위치한 단독주택지를 방문해 현장을 조사하기를 권한다. 그동안 꿈꾸고 있는 이상과 실제 현장이 다를 수 있다. 물론 단독주택지를 개발해서 시세차익에 임대수익까지 얻고 행복한 노후를 보내고 있는 사람도 주변에 흔히 볼 수는 있다.

세대수 증감으로 수익성도 증가

'블록형 단독주택용지의 세대수 증감 범위 확대'를 반영한 택지개발업무처리지침 이후 땅콩주택을 포함한 단독주택지 인기가 급상승했다. 블록형 단독주택용지는 체계적이고 효율적인 주택관리 등을 위해 블록 단위로 공급하는 용지다. 수요자 선호 및 입지여건에 따라 단독주택 또는 3~4층 이하 공동주택 등으로 건축이 가능하다.

개정된 택지개발업무처리지침에 따르면, 매수자가 개발계획에서 정한 가구수의 20% 범위에서 증감할 수 있고 세대수 증가에 따라

50가구 이상 초과도 허용한다. 세대수가 늘어나니 건설사들도 덩달아 사업성이 높아졌다. 예전에는 계획보다 세대수를 10%까지만 늘릴 수 있었다.

블록형 단독주택지의 필지 분할 시기가 앞당겨졌다. 규정상 집이 준공된 후에만 필지 쪼개기와 개별 소유가 가능하지만 이를 건축 전에도 허용했다. 여러 명이 한 용지를 분양받았다가 자금 사정 등 이해관계가 달라 착공이 늦어질 수 있다. 그러나 개별 필지별로 집을 지을 수 있게 되면서 건축도 한층 활성화되고 있다.

프리미엄이 억대인 점포 겸용 택지

은퇴 이후 신도시 인근 택지지구 1층에 상가를 짓고 2~3층은 세를 놓은 다음 4층에 거주하고 싶은가. 한때 한국토지주택공사LH가

신도시 내 점포 겸용 주택

공급하는 공공택지 내 단독주택용지가 투기바람에 휩싸였다. 분양 경쟁률이 평균 수십 대 1은 기본이고, 점포 겸용은 수백 대 1에 이르렀다. 중산층의 로망이던 솔로형 단독주택보다 노후를 대비해 세를 충분히 받을 수 있는 상가 겸용 단독주택을 선호하고 있다. 10년 뒤에도 수도권 일부 지역 카페거리처럼 지방자치단체나 상인번영회에서 주최하는 이벤트와 축제가 가미된 지역의 점포택지는 외부인의 방문이 늘어 인기는 꾸준할 것이다. 그러나 신도시나 택지개발지구의 평범한 점포 겸용 택지는 상가 시장의 위축과 함께 인기가 급속히 떨어질 것이다.

바뀐 법 숙지하라

주거전용은 물론 점포 겸용까지 모든 단독주택용지의 청약자격을 지역 거주 세대주로 제한했다. 과열이 발생한 사업지구 위주로 단독주택용지 분양권을 불법 전매하는 행위에 대해 직접 모니터링에 들어간다는 방침이다. 따라서 지금은 프리미엄을 노리는 수요보다 실수요를 겨냥한 수요가 더 많다.

현재 단독주택용지를 분양받은 사람은 소유권이전등기 전까지 전매가 금지된다. 소유권이전등기 전에는 사업시행자로부터 공급받은 가격 이하로만 전매 가능하다. 하지만 좋은 필지에 당첨되면 1,000만 원에서 억대에 이르는 웃돈이 붙고 암암리에 불법 전매가 성행하고 있다. 웃돈을 받고 팔면서 공급가격 이하에 거래한 것으로 다운계약서를 작성하고 웃돈은 현금으로 거래하는 것이다.

토지 청약방법

토지 청약은 별도의 청약통장이 필요 없다. 청약 신청 예약금 500~1,000만 원만 내면 LH청약센터 홈페이지apply.lh.or.kr를 통해 쉽게 참여할 수 있다. 예약금도 추첨 후 이틀 뒤면 100% 돌려받는다. 나도 좋은 필지가 나오면 청약에 나선 경험이 있다. 일반 토지 구매와 달리 분양을 받은 단독주택용지의 매매 대금은 아파트 매매처럼 6개월 동안 계약금 → 중도금 → 잔금으로 분할 지급한다.

월세 받는 점포 겸용 주택투자법

현행 단독주택용지 내 근린생활시설 설치비율은 연면적의 40% 미만이다. 2층 건축물이면 1층 전체를 근린생활시설로 사용할 수 없지만, 앞으로 2층 이하의 건축물은 설치비율을 50% 미만으로 확대해 2층 건축물이라면 1층 전체를 근린생활로 사용할 수 있게 된다.

점포 겸용 주택은 1층 또는 지하에 음식점 같은 상가를 두고 2~3층에는 주택을 지을 수 있는 용도로 개발할 수 있다. 1층에 상가가 들어설 수 있어 임대료가 일반주택보다 2배 이상 높으니 인기가 높은 것이다. 청약 시 경쟁률이 가장 높은 곳이 어딘지 아는가. 바로 큰 대로변 모서리 필지다. 큰길가 모서리라고 친절하게 알려주지 않으므로 실시간으로 경쟁률이 가장 센 곳을 확인한다. 그곳이 대로변 모서리인데 무조건 청약한다. 경쟁률이 낮다고 이면도로 점포택지를 덜컥 분양받으면 상권이 안쪽까지 확장되지 않아 실패하기 쉽다.

단독주택지 투자 시 체크 포인트

❶ 지방자치단체별로 법규를 먼저 파악하라

단독주택지를 매입하기 전에는 일조권과 건축사선제한 등 건축법 관련 사항부터 검토한다. 지구단위계획 등 사전에 법규 사항을 검토하는 것도 중요하다. 층수나 가구수, 주차장 완화 측면에서 지방자치단체별로 법규를 달리하고 있기 때문이다.

조성이 끝난 지역은 블록형 단독택지의 세대수 증가를 허용하지 않을 수 있다. 도시개발계획 수립 당시 세대수 등을 고려해 상하수도, 도로, 학교 등 기반시설 규모를 결정했기 때문에 무턱대고 세대수를 늘리기 어렵다. 일부 현장에선 업자들의 유혹에 지방자치단체의 건축조례를 무시하고 완화된 건축법을 적용해 단독주택을 건축하기도 한다. 준공 이후 불법 건축물로 문제돼 재산상의 손실을 볼 수 있으니 주의한다.

❷ 주변 환경을 고려하라

단독주택지 주변 환경이 공원 등과 연계되고 일조권을 최소화할 수 있는 북측 도로를 낀 땅이 좋다. 설계 시 수익성만 고려해 건축비를 최소화하려면 건물 가치와 더불어 임대 시 문제가 될 수 있다. 이왕이면 차별화되고 디자인 개념을 도입한 단독주택이 다른 단독주택보다 경쟁력이 있다.

❸ 평판이 좋은 건축사와 일을 진행하라

단독주택 신축 경험이 있고 평판이 좋은 건축사와 일을 진행하는 게 좋다. 집을 짓고 나면 10년은 늙어버리고 다시는 짓지 않겠다고 결심하게 된다. 그만큼 생각대로 건축주와 원만하게 일을 진행하는 게 쉽지 않다. 땅 구입 → 설계 → 인허가 → 착공 → 준공 → A/S 순으로 진행되는데, 상세한 공사비 계약 내역 없이 평당 얼마 식으로 계약했다가는 분쟁만 계속될 뿐이다. 공사 항목별로 계약 내역서를 만들어야 한다. 건축한 사람들도 이익을 남겨야 하는 만큼 싸게 단독주택을 지으려다 부실공사로 이어질 수 있다. 배보다 배꼽이 더 커질 수 있으니 신중을 기한다.

❹ 환금성과 교육문화 혜택은 아파트에 비해 불리하다

2004년 단독주택을 지으려고 평당 50만 원에 땅을 매입하고 건축비까지 총 5억 원을 들여 수도권 외곽 지역에 보금자리를 마련한 전 직장동료가 있다. 그는 나를 볼 때마다 투자비만 건질 테니 적당한 투자자를 물색해달라고 부탁하곤 한다. 그 단독주택은 한겨울 난방비로 매달 50만 원씩 들어가는데다 직장이 서울이라 출퇴근이 힘들고 커가는 아이들 교육과 문화생활을 누리는 데 불편했기 때문이다.

❺ 현실적인 분석을 하라

상가주택이 좋아 보인다고 무작정 뛰어들면 곤란하다. 무리한 기대도 금물이다. 상권이 활성화하기까지 최소 2~3년 정도 걸린다. 단기적으로 공실이 생길 가능성이 크고 안정기에 접어들더라도 연 4~5% 이상 수익률을 기대하기는 어렵다. 판교신도시, 위례신도시, 청라국제도시, 동탄신도시를 비롯해 인기를 끌던 단독주택지는 허가만 받아놓고 짓지 않은 빈 땅이 많다. 단독주택지 열풍에 휘말려서 임대수익을 노리고 대출을 받아 건축하게 되면 잘 팔리지 않을 가능성이 있으니 주의를 요한다.

❻ 불법 전매의 유혹도 주의하라

당첨되면 거래를 제안받는 경우가 많지만 대부분 다운계약서로 거래된다. LH에서 분양받은 단독주택용지를 소유권이전등기 전 최초 공급가보다 높은 가격으로 되팔면 3년 이하 징역형이나 1억 원 이하 벌금이 부과된다.

얼굴 폭이 넓은 사람이 부동산투자 잘 한다

얼굴 폭이 넓은 남성일수록 강해 보이고 지위, 권력욕, 공격성이 강하다. 20년 동안 5,000명 이상의 고객을 상담한 결과, 얼굴이 넓은 사람이 부동산투자도 성공적으로 하고 있는 경우가 많았다.

남성의 얼굴 크기는 유전자 외에도 남성호르몬인 테스토스테론의 영향을 받는다. 테스토스테론 분비가 많은 사람일수록 광대가 발달해 얼굴이 넓어진다. 일례로 북한의 김정은 국무위원장의 얼굴 크기는 넓다. 김 위원장이 마초 기질이 강하다는 말이다.

얼굴 양쪽의 왼쪽 광대뼈와 오른쪽 광대뼈 사이, 윗입술과 눈썹 사이의 폭을 얼굴 폭이라고 한다. 얼굴 크기는 양쪽 광대뼈 사이 너비를 눈썹에서 윗입술까지 길이로 나눈 얼굴 넓이—높이 비율(fWHR)로 측정한다. 쉽게 말하면 안면 중앙부의 가로와 세로 비율이다.

> fWHR = (양쪽 광대뼈 사이 너비 = 얼굴 가로길이) ÷
> (눈썹에서 윗입술까지 길이 = 얼굴 세로길이)

얼굴 세로길이에 비해 가로가 길수록 fWHR이 높고 얼굴이 더 넓은 형태를 띠게 된다. 반대로 얼굴 가로길이에 비해 세로가 길수록 fWHR은 낮다. 쉽게 말하면 얼굴 가로가 길면 fWHR은 높고, 세로가 길면 fWHR은 낮다. fWHR이 높은 사람일수록 사업을 잘하는 경향이 있다. 앙겔라 메르켈 독일 총리, 한때 도널드 트럼프와 맞붙었던 민주당 대선 후보 힐러리 클린턴 전 국무장관, 철의 여인이라 불렸던 전 영국 총리 마거릿 대처는 권력에 대한 야망이 크다는 것 외에 넓은 얼굴형을 가졌다.

독일 바이에른주에 있는 프리드리히알렉산더대학 심리학자들은 얼굴 폭이 넓은 여성일수록 권력욕이 크다는 연구 결과를 내놓았다. 이 대학 연구진은 사춘기 때 권력에 대한 욕구를 유발하는 뇌 호르몬의 활동이 급격히 증가하면 신체 성장에 어떤 영향이 미치는지 연구했다. 뇌 호르몬이 얼굴뼈의 측면을 발달시킨다는 사실을 발견했다. 연구팀은 213명의 남녀를 대상으로, 얼굴의 좌우 광대뼈 사이의 길이와 윗입술과 눈썹 사이 길이를 재고 두 길이의 비율을 계산했다. '안면 너비 대 높이의 비율facial width-to-height ratio' 또는 'fWHR'이라고 불리는 이 비율은 얼굴형과 성격의 연관성을 살피기 위해 많이 쓰인다. 이 수치가 클수록 얼굴 폭이 크고, 남성적인 성향을 띤다는 속설이 있다. 반면 얼굴이 세로로 길고 너비가 좁은 갸름한 얼굴형은 여성적인 성향이 강하다.

연구팀은 이후 이 213명의 '권력에 대한 내재적 욕구implicit need for power' 또는 엔파워npower를 측정했다. 이 '욕구'는 마음 깊은 곳에 존재하는 잠재적 욕구를 뜻하는 심리적 현상이다. 이 욕구 측정치는 fWHR 수치가 큰 여성에게서 높았다. 그런데 이 상관관계는 '여성'에게만 해당됐다.

윗입술과 눈썹 사이의 폭이 훨씬 긴 사람은 부동산투자보다 여자들에게 인기 좋은, 즉 바람기 있는 스타일일 경우가 많다. 단, 피부가 좋고 윤기가 나야 여자에게 인기가 있지 고생에 찌든 까무잡잡한 피부는 재복도 없게 보여 그다지 인기남이 아니다.

하지만 얼굴이 넓은 남성의 주식투자 성적은 별로인 것 같다. 지금까지의 여러 사회과학 연구에 따르면 남성호르몬이 많아 얼굴이 넓은 남성은 주식투자에 더 공격적으로 베팅하고, 위험한 투자를 회피하지 않는 경향을 보일 것으로 추측할 수 있다.

남성이 여성보다 주식투자에 지나친 자신감overconfidence에 사로잡혀 있다. 캘리포니아주립대학-데이비스의 브래드 바버Brad Barber 교수와 캘리포니아주립대학-버클리의 테런스 오딘Terrance Odean 교수는 논문 〈Boys will be boys : gender, overconfidence, and common stock investment〉(2001)에서 주식투자에서 남녀 간 성性별 차이가 뚜렷이 존재한다고 밝혔다.

남자가 여자보다 더 빈번하게 주식을 매매하므로 남자의 주식투자 수익률이 여자보다 낮다. 남자가 여자에 비해 주식매매 빈도가 높은 이유로 바버와 오딘 교수는 본인의 능력을 과신하는 데서 비롯됐다고 봤다. 자신의 능력에 대한 과신은 남성호르몬과 직접적인 관련이 있다.

최근 남성 사이에서도 남성호르몬의 차이로 주식투자 매매 행태와 투자 성적이 다르게 나타난다는 연구가 나왔다. 센트럴플로리다대학의 얀 루Yan Lu 교수와 싱가포르경영대학SMU의 멜빈 테오Melvyn Teo 교수는 3,228명의 남성 헤지펀드 매니저를 대상으로 남성호르몬 분비 정도와 주식투자 성과를 연구한 매우 재밌는 논문 〈Do alpha males deliver alpha? Testosterone and hedge funds〉를 발표했다. 여기서 남성호르몬 분비 정도는 얼굴의 넓이-높이 비율(fWHR)로 측정했다.

예측한 대로 남성호르몬이 많아(=fWHR 비율이 높은) 얼굴이 넓은 남성 헤지펀드 매니저들이 상대적으로 더 빈번히 주식을 매매했고, 더 위험한 주식에 투자했고, 처분 효과disposition effect 오류에 잘 빠졌고, 결과적으로 연평균 5.8%나 낮은 수익률을 기록했다. 여러 가지 시대와 상황 요소를 다 제거해도 결과는 달라지지 않았다.

헤지펀드는 주식투자 세계에서도 가장 공격적인 투자전략을 취하는 것으로 유명하다. 위험한 선물과 옵션은 물론이고 공매도, 퀀트, 초단타 매매, 프로그래밍 매매 등 온갖 첨단의 매매기법을 활용한다. 따라서 헤지펀드 매니저는 일반 주식투자자보다 위험을 선호해야 하고, 과감해야 하며, 모험적인 성향이 요구된다. 그런데 루와 테오 교수의 연구는 헤지펀드 세계에서도 남성호르몬이 지나치게 많아 마초 기질이 강하면 그렇지 않은 사람보다 투자성과가 아주 저조하다고 지적하고 있다.

루와 테오 교수의 연구를 종합해보면 주식투자에서 남보다 좋은 성적을 거두려면 자신의 남성 기질을 죽여야 한다는 결론을 얻을 수 있다. 주식투자에 임할 땐 주장을 고집하지 말고 남의 말에 귀 기울이며 도박에 베팅하듯이 주식투자를 하지 말아야 한다는 것이다. 남성은 유전적으로 남성호르몬이 많아 알파남, 마초남이 되기 쉬워 부동산이나 사업하는 데 유리하다. 반면 이러한 남성이 주식투자할 때는 실패할 확률이 높으니 조심해야 한다.(《머니투데이》, 2018년 4월 29일 참고)

5장

앞으로 10년,
부동산으로 부자 되는 기술

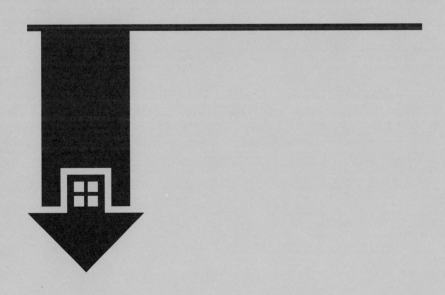

01

빠르게 부자 되는 지름길,
건축 공부

건축에 대한 기본지식이 있으면 땅에 투자할 때 속지 않고 적정가격으로 매입할 수 있다. 신축공사 시에도 시공사에게 무시당하지 않는다.

나는 부동산 직접투자와 사업을 통해 많은 부를 일궜지만 그중에서 상당 부분을 아파트, 오피스텔 건축시행 지분투자를 통해 부를 이뤘다. 따라서 일반인도 쉽게 따라할 수 있는 단독주택 건축을 얘기하고자 한다. 단독을 다가구나 다세대, 상가주택으로 신축 임대해 여유롭게 노후를 보내는 일반인이 적지 않다. 임대사업이라고 하면 큰돈을 들여 아파트나 상가 등 여러 채를 매입해 시작하는 일이라고 생각할 수 있다. 본인이 오랫동안 소유하고 있는 단독주택이나 나대지 등을 잘 활용하면 큰돈을 들이지 않고 임대사업을 할 수 있다.

애물단지로 취급받던 단독주택을 다가구, 다세대, 다중, 상가주택으로 신축하면 비교적 손쉽게 임대사업을 할 수 있다. 월세가 연 3~4% 나오는 상가주택은 월세를 받고 기다리면서 신축할 수 있다. 초고령화 시대로 접어들수록 임대수익이 가능한 신축 가능 주택에 대한 투자는 10년 후에도 여전할 것으로 보인다.

도로 확보부터 파악하라

단독주택을 활용해 상가주택으로 변경하려면 8~10m 도로를 확보해야 한다. 증개축 허가도 폭 6m 이상 도로에 접해 있거나 폭 4m 이상 도로에 2면 이상 대지가 접해야 건축허가를 쉽게 받을 수 있고 토지 활용도도 높다. 상가주택 입지는 유동인구가 확보돼야 하므로 땅값이 다소 비싸더라도 8~10m의 도로와 접한 단독주택을 고르는 것이 좋다.

용도지역과 용도지구를 확인하라

단독주택 매입 전 해당 필지의 도시계획상 용도지역과 용도지구를 반드시 확인해야 한다. 용도지역과 용도지구에 따라 건폐율과 용적률이 다르다. 주택의 종류별 건축허가 규정도 다르다. 용도지역과 용도지구를 확인하려면 관할 구청에서 토지이용계획확인원을 떼어 보면 알 수 있다. 다가구주택이나 다중주택의 건축허가는 전용주거지역, 일반주거지역, 준주거지역에서 가능하다. 상가주택은 일반주거지역과 준주거지역에서 가능하다.

전용주거지역이나 일반주거지역의 경우 건축물의 각 부분을 정북향 인접 대지 경계선으로부터 일정 거리를 두고 건축해야 한다. 대지가 도로 북쪽에 있어 북쪽에 건물을 짓게 되는 남향집은 건폐율과 용적률을 최대한 활용하기 어려우므로 체크해야 한다. 단, 신개발지역이나 인근 주택과의 합의가 있으면 정남향의 인접 대지 경계선으로부터 떨어져서 건축할 수 있다. 전용주거지역과 일반주거지역 안에 건물을 지을 때는 주변 건축물의 일조권 확보를 위해 건물의 높이 제한이 있다.

괜찮은 땅이라고 생각되면 토지이용계획확인원을 떼어봐 대지면적과 일반주거 1종, 2종, 3종인지 준주거지역인지 확인한다. 건폐율이 좀 더 여유가 있는 2종 일반주거지역(서울시 기준 60%)이 3종(50%)보다 다세대 신축용으로 적당하다. 3층 이하로 건축되는 일반 단독주택은 일조권 사선 제한이 적용되는 경우가 거의 없지만 층수가 높은 다중주택이나 다가구주택은 설계 시 반드시 고려해야 한다.

지방자치단체별로 건축조례를 체크하라

서울시 건축조례의 경우 건축허가(신축)가 가능한 대지의 최소면적은 없으나 필지 분할 시 전용주거지역이 200㎡(45평) 이상, 일반주거지역과 준주거지역이 90㎡(27평) 이상이어야 한다. 토지 활용도로 볼때 90㎡(40평) 이상은 돼야 한다. 지방자치단체별로 건축허가 규정이 다를 수 있으므로 매입 전 관할 구청과 군청 건축과의 건축조례를 자세히 살펴봐야 한다. 그 지역 사정을 잘 아는 건축설계사무소를 통해 해당 지역의 건축 현황을 알아봐야 한다.

일조권 영향을 덜 받으려면 북측 도로를 보고 있는 대지가 좋다. 하지만 대지지분이 90㎡ 협소 필지라도 때에 따라 매입할 필요가 있다. 90㎡짜리 대지가 연달아 붙어 있으면 옆에 단독주택까지 매입하고 합필해 건축할 수 있다. 대로변 상가주택에 투자한다면 7층(1층 상가, 2~3층은 사무실, 4~7층은 원투룸) 건물을 올릴 수 있다. 직장인의 로망인 꼬마 빌딩주가 되는 것이다.

재개발 뉴타운 해제지나 인근 지역을 노려라

2012년부터 '뉴타운 해제'가 본격 추진되는 동안 서울 시내 단독·다세대주택 매매 거래가 역대 최대를 기록했다. 뉴타운 해제 지역도 신축빌라(다세대·다가구)로 변하고 있다. 뉴타운이 해제되면 급등했던 소규모 빌라 지분값은 급락하지만 건축행위제한이 대거 풀려 단독주택은 급등하게 된다. 경기가 침체되고 일몰 해제 기간이 대거 발생하는 만큼 재개발 뉴타운 해제지도 늘어날 것으로 보인다. 해제 뉴스가 나오면 건축 가능 단독주택을 물색해 임대용으로 신축하는 것도 좋다. 운 좋게 수년 뒤에 재개발이 다시 추진되면 조합원 입주권 취득으로 내 집 마련이 가능하다. 재개발 뉴타운 인근 단독주택은 이주 수요를 노릴 수 있어 유망하다.

조합 설립 전후부터 급매물 위주로 단독주택을 잡을 필요가 있다. 내가 신축을 하지 않더라도 건축을 원하는 사람이 비싸게 매입하므로 초기 투자 시 싸게만 잡으면 서둘러 건축할 필요가 없다. 단, 정비구역이 해제되면 용도지역은 정비구역 지정 이전으로 되돌아갈 수 있다는 점에 유의한다. 해제되면 2종 일반주거지가 정비구역 전인 1종 일반주거지로 돌아갈 수 있다는 것이다. 투자 전 지방자치단체에 문의해 종전의 용도지역을 꼭 따져봐야 한다.

준주거지역이 유리

상가주택수익률이 연 1%라면 2가지의 경우로 살펴볼 수 있다. 첫째는 상가주택가격을 정상가보다 매도자가 높게 부른 경우다. 둘째는 상가주택 주인이 마음이 좋아서 10년 동안 월세를 올리지 않은 경우다. 연 1% 정도 임대수익이 나오더라도 도로가 넓은 준주거지역 대지라면 다시 분석해야 한다. 용적율이 400%라서 일반주거지역 땅보다 수익률이 높다. 다세대주택은 다가구주택보다 더 많은 연면적으로 지을 수 있어 임대수입을 좀 더 기대할 수 있다. 다가구·다세대주택 모두 건축 연면적 제한이 660㎡로 같지만 다세대(4층 이하)가 다가구(3층 이하)보다 1개 층 더 높이 지을 수 있다.

임대 가능 지역을 잘 선점하라

임대수익률이 다른 지역보다 비교적 높은 서울시 관악구 신림동 277㎡에 7가구짜리 다세대주택(연면적 526㎡) 한 동을 짓는다면 땅값과 건축비를 합쳐 평균 12~13억 원이 든다. 건축비만 3.3㎡당 최소 400만 원 선으로 봤을 때 연 임대수익률은 7~8% 나오고 인근 지역에 재개발이나 재건축바람이 불면 시세 상승도 가능하다. 신축임대사업을 할 경우 임대 수요가 많은 서울시 강남권이나 도심권인 중구, 종로구, 동대문구, 서대문구 일대와 대학가, 역세권이 좋다.

미분양 리스크를 체크하라

신축 리스크는 땅을 아주 비싸게 매입하거나 경기 상황이 좋지 않아 분양이 안 될 경우 그 위험성은 건축주가 떠안아야 한다는 것이다. 신축 경험이 부족하면 경험 있는 사람과 손을 잡고 지분을 공동투자하는 게 좋다. 수익은 혼자 할 때보다 줄어들 수 있지만 눈에 보이지 않는 리스크를 헤지할 수 있어 공동투자를 추천한다. 매입과 신축개발 의사를 결정하기 전에는 반드시 토지비, 설계비, 공사비, 인허가비 등 총투자비와 주변 임대시세 등을 해당 전문가와 꼼꼼하게 따져봐야 한다. 개발 전 임대료 금액과 임차인 구성, 매각 가치 대비 신축 개발 후의 임대수익도 사전에 검토한다.

02
개발 가치로 본
단독주택의 미래

신축이나 리모델링을 우선 고려하라

부동산 불황에도 불구하고 월세수익을 노리는 사람을 중심으로 도심 지역에 위치한 단독주택(다가구)에 대한 투자 문의는 꾸준하다. 10년 후를 내다본다면 신도시보다 도심에 위치한 단독주택에 관심을 가져야 한다. 이유는 불황이 오더라도 도심 지역 땅값은 신도시에 비해 하락 폭이 적고 신축 등을 통한 용도 변경이 용이하기 때문이다. 도심에 위치한 단독주택에 투자 포커스를 맞추고 리모델링이나 신축 가능 여부를 사전에 파악해야 한다.

단독주택이나 상가주택에 투자하기 전 체크할 사항은 투자 후 오르기만 기다리는 월세만 받는 방식에서 벗어나야 한다. 해당 부동산을 개발해서 절세까지 고려해 시행이익까지 얻을 수 있는 개발

자적 관점에서 생각해야 한다. 임차인 위주로 건물을 설계할 생각을 해야 한다는 말이다. 아무래도 대외 환경이 불확실하다 보니 전통적인 투자 방법으로는 고수익을 기대할 수 없다. 신축, 리모델링, MD$_{merchandising}$ 변경 등 활용할 수 있는 방법을 찾아봐야 한다.

불황에도 믿을 수 있는 도심지 땅

정부의 공시가격 인상에도 불구하고 단독주택 집값이 상승세를 지속하고 있다. 2013년 8월 이후 서울시 단독주택가격은 월별로 하락한 적이 없다. 지방 대도시도 마찬가지다. 단독주택은 대지지분이 넓어서 신축개발이 가능해 개발업자들이 눈독을 들인다. 단독주택을 신축해 상가주택이나 다세대를 짓거나 개조한 다음 카페나 식당으로 리모델링해 자산 가치를 배가시킬 수 있다.

종상향 예정지나 지하철 개통 예정지에 관심 가질 만

종상향 예정 지역에 있는 단독주택에 투자하는 것도 좋다. 상업지로 변모할 지역 인근 일대 2종 일반주거지라면 준주거지역이나 3종 일반주거지로 변모될 가능성이 충분하다. 삼성동 한전부지가 현대차그룹에 팔리면서 상업지로 전환됐는데 주변 일반주거지역 대지들이 준주거지로 변모할 가능성이 커서 땅값이 큰 폭 상승했다. 지하철 개통 예정지 단독주택이나 상가주택에 투자하는 것도 한 방법이다.

지하철이 개통되면 아파트보다 땅값이 더 많이 상승하면서 지하철 인근 단독주택의 가격 상승률이 훨씬 크다.

몇 년간 월세 받다가 매각 또는 신축을 고려하라

신축을 위해 파리바게트, 롯데리아, 커피빈 등 유명 브랜드가 단독(상가주택) 1층에 있으면 관심이 가는가. 당장 신축하지 않더라도 상당 기간 현금 흐름이 기대되기는 한다.

자영업자 환경이 악화되는 만큼 향후 재계약 시 월세를 내려달라는 요구를 받을 가능성이 있다. 차라리 입지는 좋은데 장사가 안 되는 상가주택을 매입해 유명 브랜드업체나 편의점 본사에 의뢰해 임차인계약 만료 시 새 임차인을 들이는 것이 낫다. 장사가 신통치 않은 소규모 슈퍼나 옷가게 등을 유명 프랜차이즈로 채우면 건물가격이 상승하게 돼 신축을 하지 않더라도 향후 자산가격 상승으로 인한 매각차익을 기대할 수 있다.

월세수익률보다 리모델링이나 신축 가능성이 우선

상가투자자들은 대지지분보다 수익률을 우선시하는 경향이 강하다. 수익률만 보고 상가에 투자하는 것은 경기 상황과 세입자에 따라서 매우 유동적이므로 위험하다. 일반적으로 수익률을 보고 상가를 고른다면 분양상가 대지지분은 공동 건물에 따라오는 공동 지

개발 가능한 도심권 단독주택들

분으로 당장 매매할 경우 재건축과 달리 상가투자금액으로 포함해서 인정받기 힘들다. 중장기적으로 볼 때 같은 투자금액이라면 수익률이 좀 떨어지더라도 대지지분이 크면서 리모델링과 신축이 가능한 도심지의 단독주택을 고른다. 땅값이 비싼 도심 지역에 위치한 단독주택은 수요가 많아 불황에도 강하고 현장에 맞는 건물을 신축할 경우 개발이익도 가능하다.

단독주택 투자에 앞서 단순히 월세수익률만 보지 말고 건물이 노후화돼 리모델링이 가능한지 신축이 가능한지 대지지분까지 체크해야 한다. 단독주택을 매입해서 임대용 주택으로 신축하는 것도 좋지만 내외부 리모델링을 추천한다. 리모델링은 현재 강화된 건축법보다 건축 허가 당시 건축법을 적용받고 공사비도 신축에 비해 30~40% 수준이다. 공사 기간이 신축에 비해 짧아 수익률을 높일 수 있다. 홍대같이 상권이 좋은 경우 리모델링만 잘 해놓으면 골목길 반지하까지 와인바나 유명 맛집에 손님이 들어차고도 남는다.

매도자와 날인한 매매계약서를 대출받을 은행에 보내서 대출신청을 하면 은행은 대출금 산정을 위해 정식 감정 계약을 맺은 업체에서 감정하러 현장을 방문한다. 대출심사 후 본점의 승인이 나기까지 2~3주 걸린다. 대출신청 시 가급적 주거래은행을 포함해 2~3곳의 은행을 알아본다. 은행마다 감정가, 대출가능금액, 금리가 조금씩 다르므로 유리한 곳을 선택하면 된다. 이후 건물 소재지 관할 세무서에서 사업자등록을 신청한다. 매수자가 2인 이상이면 동업계약서를 첨부해 훗날을 대비한다.

세법상 임대업을 신규로 하려면 사업개시일로부터 20일 이내 하면 된다. 사업개시일은 잔금일(소유권이전일)이다. 잔금 전에 사업자등록을 한다. 대출을 받을 때 은행에서 임대업사업자등록증을 요구하므로 사업자등록을 잔금을 치르기 전에 해야 한다.

은행에서 대출금과 금리가 확정되면 대출계약을 한다. 이때 등록한 사업자로 사업자통장을 개설하면 된다. 이 계좌로 임대업의 모든 입출금을 관리한다. 매입하는 건물의 시설물 체크도 잔금 전에 한다. 잔금일 이후에는 매도자에게 하자 보수를 요구하기가 쉽지 않다. 중개했던 부동산이나 관리를 맡을 임대관리업체에 위임한다.

임대차도 승계해야 한다. 매매계약을 하면서 임차인을 포괄 승계했어도 임대차계약서에 임대인 명의변경계약을 추가로 한다. 이때 임차인으로부터 세금계산서를 발행할 사업자등록증과 이메일 주소를 받고 임대료 받을 계좌번호를 알려준다.

잔금일에 소유권이전을 할 법무사를 선임한다. 법무사도 두 곳 정도 비교해서 견적서를 받아본다. 매도자가 상환할 대출금 말소 준비도 한다. 잔금일에 상환할 원금, 이자, 중도상환수수료를 포함한 전체 상환금액에 대해 미리 자금 계획을 짜고 임대료, 관리비, 기타비용을 정산한다.

증축도 고려하라

저밀도 저층으로 용적률에 여유가 있으면 상권에 따라 1~2층 정도 증축해 추가 임대수익을 기대할 수 있다. 노후 건물이라면 용적률과 주차장 여건 등을 고려해 증축할 수 있다. 증축 여유가 없으면 리모델링을 통해 건물 외관과 내부 화장실 등을 수리할 수 있다. 그러면 월세 지급능력이 더 좋은 임차인을 유치할 수 있다.

옥상정원을 설치하라

"옥상정원이 맘에 들어서 계약했어요." 이런 말을 가끔 듣는다. 막상 본인은 쓰지 않더라도 옥상 하늘마당에서 바비큐 파티하는 상상을 해보라. 옥상원두막에서 도시 야경이나 먼 산을 보며 쉬는 상상을 해보라. 마냥 행복한 기분을 느낄 것이다. 옥상정원은 아파트보다 여러모로 불편한 집에 사는 세입자들에게 힐링 공간이 될 수 있다. 건물을 팔 때도 옥상정원 유무에 따라 매수자의 감성을 사로잡는다. 옥상에 텃밭이라도 가꿔놓으면 금상첨화다.

소방안전시설을 확인하라

신축용으로 매입 후 상가임차인으로부터 월세를 받으려면 스프링클러 설치 여부를 파악해야 한다. 2009년 7월 '다중이용업소의 안전관리에 관한 특별법' 개정 후 고시원 복도 폭 1.5m 이상 및 스프링클러 등 안전시설 설치가 의무화됐다. 소방 관련 법률과 환경 설비 규제가 강화돼 이를 충족할 수 있는지 투자 전에 알아볼 필요가 있다.

건물의 용도도 파악해야 한다. 관련 업종에 따라 용도가 정해져 있어 이 부분을 소홀히 하면 임차인 유치 혹은 창업 업종을 포기하거나 비용을 들여 용도변경을 해야 하는 위험을 떠안을 수 있다. 사전에 건축물관리대장을 확인해보고 매입한다. 시·군·구청 환경위생과에 정화조 용량을 문의해 구두 또는 서면으로 확인받는다. 전기, 주차장 설비도 관할 부서에 미리 확인한다. 정화조나 전기 용량, 주차장 설비에 따라 들어올 수 있는 업종이 제한적일 수 있다.

03

상가주택 개발,
세금부터 공부하라

상가주택 거래 시 증빙자료 꼼꼼히 챙겨라

월세를 놓으면서 차근차근 개발도 할 수 있는 상가주택을 찾고 있는가. 상가주택 매입 시 일반주택처럼 1주택자 양도소득세 비과세 등 절세 혜택을 볼 수 있는지 체크해야 한다. 상가주택은 일정 조건만 갖추면 양도소득세를 내지 않아도 된다.

첫째, 전체 면적 중 주택 면적이 더 크면 상가를 포함한 건물 전체를 주택으로 간주하게 된다. 보유 기간이 2년이 넘으면 양도소득세를 비과세 받을 수 있다. 조정대상지역에 있는 1세대 1주택에 한해 비과세요건에 양도가액 9억 원 이하의 집을 2년 이상 보유했다면 비과세를 받을 수 있지만 '2년 이상 거주' 요건이 더해졌다. 둘째, 주택 면적이 상가면적보다 작거나 같다면 상가 부분이 주택으로 간주되

240

지 않는다. 2년 이상 보유하고 양도가격이 9억 원 이하라 할지라도 상가 부분을 제외한 주택 부분만 비과세를 받을 수 있다.

상가주택 절세법

만약 주택 면적과 상가 면적이 비슷하다면 조정이 가능하다. 먼저 계단과 복도 등을 주택 면적으로 조정하는 방법이 있다. 그다음으로 는 조건이 된다면 주택 부분을 약간 증축해 50% 초과되게 하는 방법이 있다. 끝으로 신축을 고려한다면 설계 단계부터 주택이 50%가 넘도록 하면 된다.

2022년부터 개정된 상가주택세법, 주택만 따로 과세

현행 세제에선 주택의 연면적이 상가 연면적보다 넓을 경우 전체를 주택으로 간주했다. 1가구 1주택자라면 양도가액 9억 원까지 비과세를 받고, 이를 초과하는 금액에 대해서도 최대 80%(10년)의 장기보유특별공제가 가능했다. 2022년부터는 실거래가가 9억 원 이상인 상가주택의 양도소득세 부담이 커진다. 즉 주택과 상가를 따로 구분해 양도소득세를 계산해야 한다. 상가 분은 그동안 9억 원까지 받던 비과세 혜택이 없어졌다. 최대 80%이던 장기보유특별공제율도 일반 부동산 세율인 최대 30%(15년)로 줄어든다.

이외에도 주택에 딸린 부수토지의 범위가 조정됐다. 현행 세법은 1주택의 경우 주택정착면적(연면적)의 5배 이내 부수토지에 대해선 주택과 같은 기준으로 비과세를 적용했다. 하지만 개정안에선 수도권 도시지역에서의 부수토지 인정 범위를 3배로 축소했다. 도시지역이란 '국토계획법'에서 주거·상업·공업·녹지지역으로 구분한 곳이다. 서울은 모든 지역이 도시지역이다. 단, 수도권 밖 도시지역은 종전대로 부수토지의 범위가 5배, 도시지역 밖은 10배로 유지된다.

신축사업자 입장에서 절세법

상가주택을 힘들게 지었는데 막상 세금을 내고 나니 남는 게 없다는 건축주들을 주변에서 꽤 만났다. 신축 전부터 전문컨설팅업체와 상담했으면 절세할 수 있었을 것이다.

상가주택을 짓기 전 구 건물의 취득원가를 새로 지은 상가주택 양도 시 토지의 취득원가로 반영할 수 있다. 이를테면 김민수(46세, 가명) 씨는 단독주택 대지를 20억 원, 구 건물을 4억 원에 각각 취득했다. 이 땅에 상가주택을 지어서 양도하면 토지 취득가액을 20억 원이 아닌 24억 원으로 적용받을 수 있다. 단, 구 건물을 임대나 거주 목적으로 쓰지 않아야 한다. 임대나 거주 시 나중 건물가격을 취득가 전체가 아닌 안분해서 인정받는다.

상가주택 신축 시 투자자들이 다세대주택보다 다가구주택을 선호하는 이유는 세금 때문이다. 다가구주택은 주택 수를 1개로 보는 반면, 다세대주택은 각 호실이 모두 주택 수에 포함된다. 양도소득세 차이가 발생하는 대목이다. 단, 건축물대장에 다가구주택으로 등재

된 건물도 세법상 다세대주택으로 간주하는 사례가 있다.

지상 5층 건물을 2층은 상가, 3~5층은 다가구주택으로 써오다가 2층 상가를 주택으로 용도변경하면 어떻게 될까. 다가구주택을 처분하면서 당연히 1주택으로 생각하기 쉽다. 그러나 세무서에서는 4주택자로 간주해 다주택자 중과세 폭탄을 맞을 수 있다. 건축법을 잘못 알고 있어 비롯된 일이다. 현행 건축법에는 3개 층 이하까지만 다가구주택 330㎡ 이하에 따른 1주택으로 인정하고 있다. 4개 층이 실제 주택으로 쓰이면 다세대주택으로 간주해 각 호실을 주택 수에 포함해 계산한다. 해당 상가주택을 제외하고 다른 주택이 없어도 다세대주택만으로 4주택이 돼 1개 호실만 비과세가 되고 나머지는 과세돼 막대한 세금 부담을 안게 되는 것이다. 이런 내용을 알지 못한 상태에서 건물을 양도해 세금이 추징되는 사례가 빈번하다.

신축 후 5년 내 팔면 증빙자료 필수

상가주택 양도 시 환산취득가액도 중요하다. 상가주택을 직접 신축한 경우 취득 당시 증빙자료가 없어 양도 시 어려움을 겪을 수 있다. 대부분 취득가액을 환산취득가액으로 산정하는데 건축주가 직접 지은 건물을 5년 안에 양도하면 환산취득가액에 5% 가산세가 붙는다. 세금을 절약하려면 증빙자료를 꼼꼼히 챙겨야 한다.

자본환원율과
개발 가능성을 보고 투자하라

도심 부동산이 자본환원율과 개발가능성이 높다

10년 후 초저성장이 고착화되면 부동산 개발 가치를 보는 눈도 중요하지만 투자금 대비 얼마만큼 현금으로 들어오느냐가 더 중요할 것이다. 초저성장기를 대비해 아파트를 포함한 주거용 부동산을 고를 때는 '막연히 개발 호재가 있으니 오르겠지' 하는 생각도 좋지만 임대료가 어느 정도 받쳐주는 수익성 있는 부동산에 투자해야 한다. 수익률이 높다고 수도권 외곽이나 지방 부동산에 무턱대고 투자하라는 말은 아니다. 위 지역의 부동산은 대체적으로 시간이 갈수록 수익률이 낮아지고 환금성도 문제가 될 수 있다.

투자 시 PER을 적용하라

주가수익비율PER은 주식 시장에서 쓰는 기본 분석법 가운데 하나다. 2008년 금융위기 이후 한국 부동산에도 들어맞았다. 금융 전문가들이 부동산 시장이 '고평가됐는지 저평가됐는지' 따질 때 쓰는 가치 분석법이다. PER은 주가를 주당순이익EPS으로 나눈 값이다. EPS의 몇 배가 주가로 나타나는가를 의미한다. 1,000억 원의 빌딩이 임대료가 30억 원이면 PER은 33.3이다.

$$PER = 주가 / EPS$$

주가수익률이 높다는 것은 EPS가 평균인데 주가가 높은 경우와 주가는 평균인데 EPS가 너무 낮은 경우로 볼 수 있다. PER이 높으면 이 기업의 주가가 시장에서 높게 평가된다는 뜻이다. 이 지표를 통해 유사기업의 PER을 비교해 어떤 기업이 저평가됐는지 알 수 있다.

주가 수준을 나타내는 보조 지표의 한 수단인 PER을 가늠해 아파트에 투자하는 방식을 응용해보자. 절대적이지는 않지만 주식이든 부동산이든 일반적으로 PER이 낮을수록 저평가됐다고 말할 수 있다. 반대로 PER이 높으면 고평가된다는 의미다. PER이 낮은 부동산이 시장 회복 시 반등 속도가 빠르고 시장이 악화돼도 떨어지는 속도가 느리다. A부동산의 PER이 5, B부동산의 PER이 10이라면 A는 상대적으로 저평가돼 있고 B는 상대적으로 고평가돼 있다고 본다. 일반적으로 PER이 낮을수록 임대수익률이 우수한 부동산이다.

투자금액 대비 임대수익률이 낮고 개발계획이 늦은 외곽 지역 아파트, 전원주택, 타운하우스 등은 PER이 높다. 반면 도심 지역의 전세가율이 높은 중소형아파트와 새 아파트는 PER이 낮아 수익률이 훌륭하다. 도심 지역 재건축아파트는 현재 PER은 높지만 향후 새 아파트로 변모하면 PER이 낮아진다.

배당 증가하는 주식투자하듯 부동산투자하라

10년 후 본격적인 저성장 초저금리 시대에 접어들면 선진국처럼 배당주 펀드의 인기는 한층 더할 것이다. 국내 기업들의 배당 관련 이슈와 맞물려 고배당 주식에 투자하는 펀드도 꾸준히 인기를 더할 것이다. 주식 배당을 부동산투자에 응용하면 매월 받는 임대료라고 볼 수 있다. 임대료가 결정되면 소유자들이 부동산자산의 가치를 환원이율을 감안해 평가를 하게 된다. 이때 사용하는 환원이율을 자본환원율capitalization rate이라고 한다. 이는 부동산자산을 보유하기 위해 투자자들이 요구하는 수익률에 해당된다. 하지만 부동산은 배당주 투자와 달리 무작정 수익률이 높은 부동산에 투자해서는 안 된다. 향후 개발 가능성까지 고려해야 한다.

NOI가 큰 부동산이 좋다

자본환원율은 부동산 시장의 외부 요인인 증권, 채권, 단기성 예금 등 금융자산을 망라한 더 넓은 자본 시장에서의 이자율과 수익률에 기초해 결정된다. 여기서 순영업수익NOI이 클수록 해당 부동산의 투자 가치는 높아진다.

NOI는 기업의 순익과 같은 개념이다. 해당 부동산과 관련된 모든 수입에서 관련 비용을 빼면 NOI가 나온다. 이때 수입은 임대료, 주차비 등 해당 부동산으로 벌어들이는 총수익을 의미한다. 모든 비용이라 함은 일종의 운영경비로서 해당 부동산의 수선유지관리비, 보험료, 전기세, 재산세, 공실 등은 제외한다.

분양업체나 언론 등에서 말하는 오피스텔 또는 상가 등의 수익률은 명목수익률이다. 세금이나 부대비용 등을 따지지 않고 순수하게 투자금과 수익금만으로 계산하는 것이 NOI다. 2억 원짜리 오피스텔을 사서 보증금 1,000만 원에 월 100만 원의 임대수익을 얻는다면 수익률은 6%로 본다. 1년 동안 얻는 월세(1,200만 원)를 보증금을 뺀 투자금(1억 9,000만 원)으로 나누는 것이다.

연 명목수익률이 연 6%인 경우를 따져보자. 1년 동안 얻는 월세 1,200만 원의 10%인 120만 원을 공실·임대료 연체 등의 상황(공실률 10%)에 대비해 수익에서 뺀다. 여기에 중개수수료·세금 등으로 20%인 240만 원을 추가로 제하면 1년 동안 얻는 수익은 840만 원이 된다. 이를 투자금(1억 9,000만 원)으로 나누면 수익률은 연 4.4%가 된다. 현 금리 수준에서 NOI까지 감안해 연수익률이 3~5%면 부동산 불황이 닥치더라도 해당 부동산 가격은 떨어지는 데 한계가 있다.

시세가 3억 원 정도 하는 아파트는 어떤가. 보증금 1,000만 원에 월 70~80만 원, 상가·오피스텔·빌라는 월 80~100만 원 정도를 받으면 된다는 뜻이다. 역으로 보면 해당 아파트에 내가 임차인 입장에서 임대인이 원하는 월세를 낼 수 있을지 자문해봐야 한다. 2009년

부동산 침체기 때 반포2단지와 3단지를 NOI를 고려해 회원들에게 대거 매입시킨 이유다. 2016년경 종로구 경희궁 자이 등을 추천한 이유도 마찬가지다. 훗날 개발이 늦어져 시세차익을 얻지 못하더라도 월세를 받을 수 있는 지역의 부동산에 관심을 둬야 한다. 개발이 늦어지더라도 안정적으로 연수익률을 3~5% 받았으니 손해 보는 장사는 아니다.

05

불황 속 진주,
대물부동산 쏟아진다

경기침체로 대물부동산 늘어난다

"사모님, 이거 투자해보세요." 상업용 부동산컨설팅 시 이렇게 자신 있게 말하는 경우는 1년에 한 번 있을 정도다. 경매보다 훨씬 저렴하면서 잘나가는 법인이 임차료를 내고 있는 대물부동산을 접했을 때다. 글로벌 금융위기가 한창일 때 사업모델을 대물부동산에 집중해서 해당 현장 관계자들을 수없이 만났다.

경매보다 저렴한 알짜 상품

알음알음 알고 있는 K시행사는 1차, 2차, 3차 주상복합사업을 연달아서 하다 보니 공사비가 부족해 1차 핵심층을 하청업체에 대물로 줄 수밖에 없었다.

이정환(자영업, 58세, 가명) 씨는 중소도시 중심가 사무실 건물(당초 분양가 10억대 120평 7층)을 대물로 7억 원에 계약하고 보증금 1억 원에 월 500만 원을 받고 있다. 법인임차인 특성상 제 날짜에 월세가 들어오고 몇 년에 한 번씩 임차료를 올려주므로 건물시세가 빠르게 회복됐다. 대출을 받지 않고도 수익률이 연 8%대다. 대출을 받으면 연 수익률이 무려 15%로 나와서 7년 정도 임차료만 받아도 원금회수가 돼 연일 싱글벙글 좋아한다.

20년째 부동산 사업을 하다 보니 분양율이 저조한 물건 중심으로 대물이 쏟아지고 있다. 월세 잘 나오는 대물부동산이 나오면 언제든 투자할 것이니 연락을 달라는 문자가 자주 온다. 대물부동산은 시행사가 자금난에 봉착했을 때 시공사나 시행사 하청업체에서 건축비 대신 완공한 부동산을 대납하면서 흘러나오는 부동산이다.

대물부동산 투자는 대체로 연 10%가 넘는 임대수익에다 추후 매각 시 시세차익까지 거둘 수 있어서 인기다. 하청업체는 자금회전이 어려워 공사비로 받은 대물부동산을 원가 이하라도 빨리 회전할 수밖에 없다. 덩어리가 커서 매각하기 힘들고 정상가격으로는 시장성이 떨어지기 때문이다. 지방의 소형아파트나 오피스텔도 대물부동산으로 간혹 접수된다. 일시적인 자금 압박으로 수십 가구 이상 묶음으로 거래되기도 한다. 대물 물건의 유통 경로는 큰손들과 투자자들을 많이 확보하고 있는 컨설팅업체, 투자자문사, 대형 부동산이다.

글로벌 금융위기 때 가구당 40% 할인된 가격인 4,700만 원씩, 총투자금 7억 원을 투입해 15가구를 직접 통매입한 김성호(퇴직자,

59세, 가명) 씨는 본인 결정에 만족하고 있다. 노후를 걱정하던 차에 나를 만난 김 씨는 수도권 역세권에 위치한 대물부동산인 오피스텔을 싸게 구입할 수 있었다. 임대사업자등록을 하자마자 건물분에 대한 부가가치세를 환급받고 1가구당 보증금 1,000만 원, 월세 45~50만 원에 임대를 주고 있어 매달 675~750만 원의 고정소득을 올리고 있다. 세입자로부터 받은 보증금 1,000만 원을 제하면 5억 5,000만 원을 투자해 매월 675~750만 원의 임대수익을 올리고 있으니 수익률이 연 15% 이상인 셈이다.

2009년에 매입한 시세대로 매각해도 세금을 제하고 1가구당 2,500만 원의 시세차익을 얻을 수 있다. 대략 3억 7,000만 원의 시세차익을 기대하고 있는 것이다. 김 씨는 역세권 소형 오피스텔이 상승 추세에 있고 노후 대비용으로 구입한 것이라 매도할 필요성을 못 느껴 당분간 보유하면서 추가로 수익형 대물부동산을 알아보고 있다. 경기가 침체기에 들어선 만큼 2009년처럼 알짜 대물부동산이 쏟아질 것으로 보인다.

대물부동산 투자 시 체크 포인트

❶ 대물로 나온 이유를 체크해야 한다. 당초부터 주변 시세와 비교해 분양가가 비싸게 매겨져 대물로 나온 경우는 대폭 할인받더라도 실익이 없을 수 있다.

❷ 임대수익을 목적으로 하는 대물부동산 접근 시 임차인이 정해져 있는 부동산을 매입하는 게 현명하다.

❸ 가급적 역세권을 노려야 향후 임대하기 쉽다.

❹ 가급적 시공사나 시행사 담당자를 통해 직접 구매한다. 분양대행사나 인근의 중개업소를 통하면 간혹 시행사와 시공사, 협력업체 간 분쟁 중인 물건이 걸릴 수 있다. 소유권이전 시 어려움을 겪을 수 있다.

❺ 대물부동산은 대개 수십 채 이상씩 묶음으로 판다. 그래서 자금력 있는 투자자나 자산가에게 대물부동산이 흘러들어가기 마련이다. 이런 업체에 접촉해 수수료를 지급하더라도 1~2개 구매하고 투자하는 게 낫다. 경매보다 낮은 가격에 구매할 수 있다.

❻ 시행사나 시공사와 접촉이 빈번한 부동산컨설팅업체 또는 자산관리업체에 회원으로 가입해 대물부동산 투자에 관심이 있음을 미리 표명해놓는 것도 추천한다.

모은 돈보다 쓴 돈이 내 돈이다

마지막 눈을 감을 때 "저 빌딩 내가 샀어야 되는데, 돈 더 벌었어야 되는데"라고 말하는 사람은 없다. 나이 들면 입은 닫고 지갑은 여는 게 이치다. 박사보다 더 높은 학위는 '밥사'다. 은퇴 이후 지인들을 만나더라도 먼저 지갑을 열어야 관계가 오래간다.

재산을 많이 모으면 그때 가서 베푼다는 사람이 많다. 하지만 그렇게 말한 사람은 큰 재산을 많이 모아도 잘 베풀지 않는다. 재산이 조금이더라도 수준에 맞게 베푸는 연습을 해야 한다. 돈이 없으면 없는 대로 수준에 맞게 기부하는 습관을 들이자. 주변에서 취미생활을 같이하는 이를 위해 베푸는 연습을 하면 더 행복한 노후를 보낼 수 있다.

평소 남에게 돈을 잘 쓰는 사람이 오래 산다는 연구 결과가 나왔다. 과학 전문 매체 〈사이언티픽 아메리칸〉은 콜롬비아대학 연구팀의 연구 결과를 보도했다. 이 연구팀은 '평소 지인에게 돈을 쓰는 사람이 자신의 행동에 행복과 만족감을 느낀다'며 이는 건강과 직결돼 장수할 가능성이 높다고 주장했다. 이들은 고혈압 환자 100명을 대상으로 조사한 결과, 다른 사람을 위해 돈을 쓴 환자의 혈압이 급격히 떨어지는 것을 확인했다. 단, 남에게 호구 잡힐 만큼 베풀고 착하게 살라는 의미는 아니다. 본인이 가진 능력을 남에게 봉사 활동도 하면서 스스로의 기쁨을 찾으라는 말이다.

본인에게 너무 인색하지 말자

백화점은 꿈도 못 꾸고, 대형마트도 저녁 10시 이후에만 다니고, 몇 년째 똑같은 옷 입고, 머리도 1년에 한 번만 하면서 해외여행 한 번 못 다니고 자신에게 인색하게 굴면서 먼 훗날 잘 걷지 못할 때쯤 자산을 100억 모으면 무슨 의미가 있겠는가.

부모가 모은 재산 덕분에 자식이 좋을 것 같지만 모두 그런 것은 아니다. 상속공제가 없다고 가정 시 30억 원이 넘으면 50%에 달하는 증여상속세율로 대부분의 재산은 국세청 몫이 되고 나머지 자산은 자식 몫이 된다. 본인에게 인색하면서 모은 미래의 50억, 100억 자산가도 좋지만 당장 내가 쓸 수 있는 호주머니 속 몇 천만 원이 더 좋을 수 있다.

부모가 재산을 자식들에게 똑같이 나눠주고 죽어서 자식끼리 왕래하게 하려고 지분으로 부동산을 증여상속하려는 경향이 있나. 하지만 부모 사후에 탈이 나는 경우를 봤다. 부모가 나눠준 재산으로 인해 자녀 간에 분쟁이 일어나 내용증명서가 왕래하는 것이다. 이런 문제를 가지고 내게 상담을 요청한다. "선생님이 부모님이라면 어떻게 해결하겠습니까?" 이럴 때일수록 형제 가운데 자산이 많은 분에게 의견을 묻고 양보를 구해 소송 중이던 재산 분쟁의 해결 실마리를 알려주기도 한다.

만약 사후에 내가 못 먹고 못 쓰고 모은 재산을 자식들에게 나눠주었는데 서로 소송한다면 어느 부모가 마음이 편하겠는가? 살아생전 돈도 의미 있는 곳에 잘 쓰고 전세보증금밖에 안 줬는데 자식들이 우애 있게 왕래하는 모습을 보는 게 모든 부모의 바람일 것이다. 차라리 생전에 뜻 있는 곳, 소녀소년 가장이나 어려운 고학생들에게 꾸준히 기부했는데 장례식장에 그들이 감사 인사하러 온다고 생각하면 더 뿌듯할 것이다

내 5형제는 우애가 있다고 주변에 알려져 있다. 바빠서 나는 자주 참석을 못하지만 특별한 일이 없으면 주말에 모여 체육 활동도 같이하고 식사도 자주해 주변으로부터 부러움을 사고 있다. 우리 형제의 우애 비결은 특별할 게 없다. 부모님이 살아생전에 아무것도 물려주지 않고 돌아가신 덕분이다. 부모님의 지혜로 생각하고 감사하면서 더 열심히 살고 있다.

스스로 위로하는 시간을 갖는다

1년 365일 하루도 쉬지 않고 일요일조차 사무실 문 열면서 계약을 항상 1등으로 한 부동산 사장이 최근 운명을 달리했다. 방송에 출연하고 강의도 진실 되게 하면서 성실하게 살았던 젊은 사업가도 병을 방치한 나머지 저세상으로 떠났다.

"○○야. 그동안 살아오느라 애썼다. 이제 나를 위해 좀 쓰고 베풀면서 즐겁게 살자."

가끔 눈을 감아보자. 자기 자신을 사랑해주고 자신의 이름을 불러보면서 위로해주는 시간을 가져보자. 그동안 앞만 보고 열심히 살았으면 이제는 쉬엄쉬엄 몸을 돌아보면서 살아도 괜찮다.

6장

상가 시장의
미래 트렌드

상가 임차인
영원히 못 구하는 시대가 온다

경기침체와 신유통 온라인몰 공습 영향

수도권 신도시지역에서 분양하는 상가를 받아 노후에 안정적인 임대수익을 얻고자 하는 상담이 줄을 잇고 있다. 일반적으로 1차로 신문이나 인터넷을 통해 쏟아지는 상가 분양 광고를 접한다. 상가를 면밀히 분석해 투자에 성공한 사람도 있지만 잘못 투자해 공실로 인한 대출이자와 상가관리비를 내려고 힘들어하는 사람도 있다. 준공한 지 4~5년이 지났는데도 비어 있는 상가가 최근에 조성된 신도시일수록 흔하다. 그만큼 신도시 상가 시장이 어렵다는 반증이다. 심지어 내 사무실이 위치한 신논현 인근 강남 상권도 논현역으로 갈수록 절반 이상이 수개월째 비어 있다.

지방에 산재해 있는 혁신도시는 신도시 상권보다 더 어렵다. 혁신

텅 빈 혁신도시 상가와 사무실

도시의 공무원이나 공공기관 직원들은 업무 이후 근무지 내에서 자기계발에 집중하는 경향이 강하다. 일부러 밖에 나와서 회식하는 경우가 민간기업보다 드물 수밖에 없다. 이들은 대개 혁신도시에 홀로 근무하고 금요일 오후부터 가족에게 돌아가려고 근무지를 탈출한다. 그 결과 혁신도시 상권이 비어가고 있다. 몇 년째 빈 상가도 수두룩하다. 나도 혁신도시에 강의 차 몇 번 내려갔다가 아침 일찍 문 여는 식당이 없어 겨우 편의점에 들어가 끼니를 때운 적이 있다.

고가 상업용지 낙찰이 빈 상가 주요 원인

서울시 고덕지구, 인천광역시 검단신도시 등의 상업용지 낙찰가격은 200%가 넘는다. 땅값이 올라가면 상가 분양가도 올라갈 수밖에 없는 구조다. 신도시 상가를 분양받은 사람들이 수년째 장기 공실, 기대 이하의 임대료 등으로 돈을 벌 수 없는 구조인 것이다.

신도시 상가, 초기에 투자하면 빈 상가될 수도

수도권 2기 신도시 내 상권 형성이 더디고 상가도 반 이상 텅 비어 있다. 위례신도시에 공급된 상가 절반 이상이 수년째 주인을 찾지 못하고 있다. 우리나라 최대 단지인 헬리오시티도 마찬가지다. 상가 상층부와 업무시설은 분양과 임차 실적이 저층부보다 저조해 실사를 나가면 인기척이 없어 혼자 걷기 무서울 정도다.

분양업체들은 해당 신도시에 책정된 상업용지 비율이 전체 면적의 1~3%에 불과하다고 강조한다. 녹지지역은 상업지 계산에서 빼야 하고 준주거지역까지 상업시설이 들어선다는 것을 감안하면 신도시 상업시설 비율은 10%가 넘는다. 상업용지 공급 과잉으로 막상 준공이 되자 빈 상가가 넘치는 것이다. 신도시 상가투자 시 분양 초기보다 상가가 완공되고 장기임차인이 들어온 후의 계약을 추천한다. 그렇다고 아파트처럼 입주가 가까울수록 상가 프리미엄이 올라가지는 않는다. 대부분 초기 분양자들이 분양금액에서 내놓는다.

LH가 이런 문제를 뒤늦게 인식했다. 신도시 상업시설 비율이 앞으로 더 줄어들 것으로 예상되지만 경기 여건이 갈수록 좋지 않으므로 상가투자자 입장에서는 조심스럽게 접근해야 한다. 신도시는 입주 이후 대형마트나 몰이 들어설 가능성이 농후하니 상가투자 시 고려한다. 신도시 분양상가는 렌트프리나 인테리어 기간 동안 임대료를 받지 않는 조건으로 상가 세입자를 유치한다. 안타깝게도 신규 분양받은 임차인 역시 경기침체와 더불어 주 52시간 근무, 최저임금 상승으로 폐업하기에 이른다. 한 번 폐업한 자리엔 임차인이 안 들어오기 십상이다.

신유통 온라인 마켓의 대공습 더 거세질 듯

나도 온라인몰을 통해 상품을 주문한 뒤로 대형마트에 가는 횟수가 대폭 줄었다. 대표 오프라인 유통회사인 이마트와 롯데마트 매출은 적자로 돌아섰다. 이들 회사 주가 역시 힘을 못 쓰고 있다.

상가투자에서 금융 시장 분석처럼 공식이나 일반화된 방법론은 없다. 전통적인 상가투자 공식이 들어맞지 않은 시대가 빠르게 다가오고 있다. 일산신도시와 분당신도시 상권은 안정되는 데까지 10년 이상 걸렸다. 이를 보고 무조건 기다리면 해결된다고 생각할 수 있다. 지금은 쿠팡이나 마켓컬리 같은 신유통 온라인 마켓과 배달의민족, 요기요 등 배달앱의 성장으로 오프라인 상권 안정화까지 10년이 더 걸릴 수 있다. 최악의 경우 상권이 형성되지 않을 수 있다. 분양받은 상가도 영원히 공실로 남아 애물단지로 변할 수 있다. 좋아질 때까지 기다리기보다 매수자가 나타나면 매입가 이하로 내던지고 다른 대체 투자처를 찾는 게 그마나 손실을 줄이는 방법이다.

고령화로
1층 상가만 살아남는다

10년 후 초고령 사회가 되면 경사진 상가 또는 엘리베이터가 없는 3층 이상의 상가와 고층빌라는 철저히 외면당할 것이다. 고령화가 급속히 진행될수록 관절염 걱정도 동시에 증가하므로 값어치가 더 떨어질 것이다. 초고령 사회에도 전면부 1층 상가는 살아남을 것이다. 고령화가 진행될수록 접근성이 중요시돼 1층 상가 선호도가 높을 수밖에 없다.

10년 후 초고령화로 아파트 1층도 인기 있을 듯

10년 후에도 로열층의 법칙은 큰 변화가 없을 것이다. 단지 고령화 비율이 높아질수록 엘리베이터를 쓰지 않아도 되고 정원도 이용할 수 있는 아파트 1층이 각광받을 가능성이 높다. 2001년 부동산 실무를 배울 겸 송파구 방이동 올림픽선수촌에 위치한 부동산중개업소에서 실장으로 근무한 적이 있다. 당시 올림픽선수촌아파트는 아시아선수촌아파트와 같이 송파구 최고의 아파트로 강남권 아파트보다 더 높이 평가받았다. 복층, 필로티, 1층 정원 등 혁신 설계로 전용정원을 이용할 수 있는 1층이 로열층보다 더 가치가 높았다. 지금도 잘 꾸며진 전용정원에 인테리어가 된 1층이 더 비싸다. 고령화가 일찍 찾아온 신도시 가운데 일부 단지는 저층이 로열층 못지않게 대접받고 있다. 일산 ○○단지는 거실문을 열면 아름드리나무가 발아래 펼쳐지는 5층 이하 층이 로열층보다 비싸게 형성돼 있다.

상가는 싼 게 비지떡

싼 게 비지떡이라는 말이 상가 분양 시장에서 통용되고 있다. 노후를 대비해 싸다고 1층 후면부 상가나 고층 상가를 무작정 매입하게 되면 가격을 내려도 임차인을 찾을 수 없을뿐더러 관리비만 나오는 애물상가로 변할 수 있다.

분양 현장에서 보면 1층과 2층 이상 나머지 층간 가격·임대료의 차이가 10년 전과 비교해 크다. 2층의 상가 가치가 1층의 50~60%에 달했지만 지금은 35~50% 되고 고층으로 올라갈수록 특별한 서비스 면적이나 테라스를 설치해 분양 촉진 마케팅을 하고 있다. 목이 좋은 1층 상가는 분양 당시부터 바닥권리금을 붙여서 분양한다. 2층 이상 상가는 분양사와 상담하면 시행사와 협의해 할인해주기도 한다. 1층 전면부 연수익률이 2~3%라면 1층 후면부와 2층 이상 고층 수익률은 연 4~6%는 돼야 한다.

　불황이 심해질수록, 상가 층수가 올라갈수록 세입자 구하는 게 하늘의 별 따기다. 임대인들이 임대료나 인테리어 지원을 내걸고 있을 정도다. 1층은 좀 싸게 내놓으면 임차인을 어렵지 않게 구할 수 있다. 1층 상가가 빈 경우는 상당한 대출을 받아 분양받았는데 월세가 대출이자에 미치지 못해 방치해서 그렇다. 1층 상가 임대료를 현실에 맞게 내리고 상권이 활성화될 때까지 기다려서 매도하면 손실을 줄일 수 있다. 2층 이상의 상가는 이마저 어렵다.

　건설사에서도 이런 트렌드를 감안해 지하 1층 상가를 외부에서 지상 1층처럼 보이는 천장이 높고 빛이 잘 드는 형태로 개발하기도 한다. 눈에 보이는 지상 1층은 약간 오르막 경사가 있는 2층 상가지만 1층과 진배없다. 1층 상가는 권리금이라도 붙지만 나머지 층은 특별한 경우가 아니면 기대하기 힘들다. 단, 1층 상가라도 경사가 심하면 손님이 모이기 힘들다. 풍수에서 돈으로 여겨지는 물인 빗물도 이런 곳은 고이지 않고 흐른다. 1층 전면부 모서리에 유명 프랜차이즈가 들어온다고 '꿩 대신 닭'이라며 바로 옆 상가를 분양받는다면 어떨까. 유명 브랜드 바로 옆 상가도 고객이 본인 상가로 흡수되지 않으면 성공할 수 없다. 후면부는 전면부에 비해 분양금액과 임대료, 환금성이 떨어진다. 분양가가 아무리 싸고 혜택을 받더라도 병원이나 학원가로 형성되는 특수상권을 제외하고 후면부와 3층 이상은 실수요자가 아니라면 피한다.

단지 내 1층 상가투자 시기

LH 단지 내 상가의 특성상 주변에 공급되는 민간상가보다 공급가격이 낮으므로 입찰을 통해 1층을 분양받는 것은 괜찮다. 단, 민간 단지 내 상가는 분양가가 비싸므로 수익성뿐 아니라 미래 가치까지 따져봐야 한다. 민간이 분양하는 1층 단지 내 상가는 시간이 갈수록 가격이 하락할 수 있다. 분양한 지 10년 가까이 된 강남권 단지 내 상가는 대부분 분양 당시보다 가격이 추락했다. 잠실단지 내 상가는 입주 당시 한 칸당 임대료를 600만 원 받았는데 지금은 300~350만 원으로 추락했다. 상가가격도 끌어내렸다. 도곡 렉슬 단지 내 상가도 비슷한 경로를 밟았다. 새 아파트로 몸값이 올라간 개포지구 단지 내 상가도 같은 길을 걸을 것이다.

입주 초기에 입주 장사를 위해 비싼 임대료를 내고 부동산중개업소가 들어선다. 입주 장사가 끝나면 비싼 임대료를 내는 부동산 상당수가 또 다른 지역 신축 아파트의 입주 장사를 위해 떠난다. 부동산중개업소가 떠난 자리에 비슷한 월세를 지급할 업체를 임대인은 쉽게 찾을 수 없다. 그나마 남아서 영업하는 업체들도 입주가 마무리되면 거래가 거의 없어 수입이 급감한다. 당연히 임대료도 시간이 갈수록 떨어진다. 단지 내 상가는 아무리 배후 세대수가 많은 곳이라도 입주 초기보다 진성임차인이 자리 잡은 3~4년 뒤에 투자하는 게 낫다.

수도권 2기 신도시 내 상권이 좀처럼 속도를 내지 못하고 있다. 대표적으로 위례신도시에 공급된 상가 대부분이 주인을 찾지 못하고 있다. 특히 상층부 업무시설은 분양 실적이 저층부보다 더 저조하다. 아무리 세를 내려도 임차인이 들어오지 않는다. 위례신도시, 광교신도시, 동탄2신도시 등 '2기 신도시' 내 상가 분양 시장이 뜨거웠지만 막상 준공이 되자 임차인을 구하지 못해 투자자들은 좌불안석이다. 비록 상가가 주인을 찾았더라도 상가 분양가가 높아서 임대수익률이 너무 낮게 형성돼 이자 내기조차 버겁다.

해당 신도시에 책정된 상업용지 비율이 전체 면적의 1~3%에 불과하다며 분양했다. 상가 운용을 통해 안정적으로 고수익을 올릴 수 있다고 했는데 준공이 되자 정반대의 상황이 연출된 것이다. 세를 아무리 낮춰도 고객의 발길이 뜸한 2층 이상 상가를 분양받은 사람들은 관리비 걱정에 잠을 이루지 못하고 있다. 그나마 1층 대로변 상가는 임대료를 조정하고 세입자의 조건을 맞추면 특별한 지역 외에는 임차인을 맞출 수 있다.

지하철 역사 안 상가는 살아남는다

지하철과 연계되는 경쟁력 있는 상가만 10년 후에도 살아남는다. 지하철 역사 안 상가는 날씨와 관계없이 영업이 가능하다. 하루에 한 번은 꼭 들르는 길목으로 유동인구가 보장돼 괜찮은 투자처다. 이런 이유 때문인지 지하철 역사 안 상가는 대기업 프랜차이즈들까지 특수상권이라 해서 눈독을 들이고 있다. 의원이나 약국도 하나둘 지하철 역사 안까지 들어서고 있다. 고령화된 일본 신도시를 방문해보니 주택과 단지 내 근린상가는 활력을 잃었지만 유일하게 활기가 남은 상가는 지하철 안 지하상가였다.

우리나라 지하철 상가는 서울메트로www.seoulmetro.co.kr와 한국자

지하철 역사 안 상가

산관리공사 온비드 시스템www.inbid.co.kr에서 전자입찰해 최고 금액을 쓴 입찰자와 계약한다. 지하철 상가 임대의 임대권을 한두 업체가 가져간다. 이 업체는 구획을 나눠서 상가를 임대한다. 상가 부지가 약 660㎡(200평)라면 이 부지 전체를 낙찰받은 업체는 잘게 쪼개서 재임대를 하게 된다.

10년 후에도 유용한
상가투자의 정석 8가지

잘못된 상가 위치 선정이 단기간에 가족을 차가운 길거리에 나앉게 할 수 있다. 그러니 신중하게 결정해야 한다. 업체 측에서 상가는 상권이 안정돼야 빛을 발한다며 장기투자를 역설하더라도 곧이곧대로 믿어서는 안 된다. 입지가 좋지 않고 분양가가 터무니없이 높으면 10년이 지나도 상권이 안정되지 않고 영원히 임차인을 받지 못할 수 있다. 계약 시 회사 지분을 특별분양한다며 특별 호수를 지목해주는 상황을 종종 목격하고 있다. 현재 90% 이상 상가가 분양된 상태라 "조금 있으면 분양받을 수 없다"면서 서둘러 계약을 유도했는데 알고 보니 계약율이 20%도 되지 않았다.

업계에서 유명한 시행사 회장은 주상복합상가를 분양했다가 문제가 생겨 오랜 기간에 걸쳐 다시 매입했다고 한다. 상가를 분양받은 서민들이 피눈물 흘리면서 마음 아파하는 것을 지켜본 결과다.

그 후 그는 아파트 위주로만 사업을 해오고 있다. 내 주변에는 상가에 투자해 성공한 사람이 적지 않다. 이들로부터 많은 것을 배우고 있다. 현장을 뛰면서 익힌 노하우를 바탕으로 10년 후에도 유용한 상가투자의 정석을 언급하고자 한다.

'투자 후'보다 '투자 전'에 현장을 자주 가봐라

주변에 상가에 잘못 투자해 상가喪家로 변한 가정이 많다. 일반 분양 영업사원들의 장밋빛 전망만 믿고 대출을 최대한 이용해 분양받은 상가가 준공된 지 수년이 지나도 공실이다. 분양상가에 투자하기 전 분양하는 사람들의 말만 듣고 저지른 결과다. 분양 받은 후 걱정돼 전문가 상담도 받고 현장에 출근 도장 찍듯이 가기도 한다. 유망하다는 지역의 분양상가는 준공한 지 몇 년이 지나도 임차인을 채우지 못하거나 분양가보다 할인해서 내놓아도 투자자를 찾지 못하고 있다. 분양상가투자는 주택에 비해 까다롭다. 해당 상가에 대해 일반인이 정확한 정보를 수집하기에는 무리가 따른다. 투자 전 현장을 가보고 상가 전문가의 의견을 종합해본 후 투자해야 실패 위험이 적다.

상가 영업사원 100% 신뢰 금물

준공을 앞두고 일부 상가 영업사원들은 분양자들의 민원에 대비해 휴대번호를 바꾸기도 한다. 100% 책임임차를 분양대행사에서 약속하더라도 상가 영업사원의 말을 믿어서는 안 된다. 임차인을 채우더라도 6개월~1년 동안 독소조항이 있는 렌트프리로 계약한 경우가 다반사이기 때문이다. 분양상가가 위기에 빠진 이유는 경기침체, 인터넷몰 공습, 해당 지역 상가 공급 과잉과 부풀려진 상가 가격 탓이다. 이런 이유로 일부 분양상가는 할인 여지의 폭이 있을 수 있으므로 분양받기 전 시행사나 분양대행사에 할인 가능 여부를 반드시 체크한다.

상가분양업체가 소비자 유인 효과를 극대화하기 위한 대중매체 광고를 집행할 때 '약정 기간 내 수익률 보장'을 가장 많이 이용한다. 수익률 보장을 내세우면서 시행사나 분양대행사 측에서 임대료를 보조 지급해 수익률을 맞춰주기도 한다. 이런 경우 주의한다. 분양가가 애초에 높게 책정돼서 투자자에게 수익률을 맞춰주지 못한다. 결국 일정 기간 임대료를 보조하는 모양새를 취하게 된다. 임대료 보조 기간이 끝나게 되면 세 들어 있는 임차인이 임대료를 맞추지 못하게 된다. 실제로 해당 기간 동안 약속대로 임대료를 보조해주는 곳은 거의 없다. 더 낮은 임대료를 요구하는 임차인에게 점포를 내주게 돼 상가 가치가 하락하는 불운을 맞을 뿐이다. 이처럼 실제 상가의 가치가 고평가된 곳에서 인위적으로 시행사나 분양대행사에서 보조금을 지급해주면 투자자들이 피해를 볼 수밖에 없다.

광고와 기사를 구별하라

업체에서 상가홍보 시 신문 기사나 인터넷 기사 등 기자 이름이

언급되는 기사성 광고를 주로 이용한다. 일반 광고보다 신뢰도가 높아서 그렇다. 일반 광고보다 단가가 더 싸고 상담 콜이 더 자주 울려서 자연스러운 모양새를 갖추게 되므로 업체들이 선호한다. 업체에서 광고를 내는 경우보다 영업본부별로 광고를 집행하기도 한다. 수익률 보장 약속을 철저히 지키기도 하지만 그렇지 않은 경우도 일부 있으므로 꼼꼼히 체크한다. 일부 신축분양상가는 시공사 선정과 부지 매입을 제대로 하지 않고 분양하기도 한다. 토지등기부등본을 떼어 사업부지 소유권을 시행사가 보유했는지, 근저당이나 가압류 등의 권리 관계가 깨끗한지 확인한다.

핵심 상권도 상권 나름

우리나라 최고의 상권이라는 강남역 1번 출구 유명 주상복합 저층 상가, 상층부 배후 세대에 오피스텔 수백 세대가 조성됐다. 준공한 지 몇 년이 지난 지금도 상가 공실이 절반이나 된다. 대한민국 유명 맛집들이 대거 입점했지만 상가 공실을 메우기에는 역부족이다. 해당 상가는 강남역 1번 출구에서 약 40m 거리에 있어 집객력이 높다. 중앙광장을 중심으로 각 층이 에스컬레이터로 연결돼 개방감과 노출 효과도 좋다. 신분당선 추가 개통 호재에도 불구하고 상가 공실을 해결하는 데 별다른 도움을 주지 않고 있다.

해당 상가 문제로 나를 찾아온 박재영(49세, 가명) 씨는 은퇴 이후 안정적인 월세를 기대하며 20억 원에 분양받은 상가의 월 임대료는 1억 원에 500만 원가량 형성돼 있다. 매달 받는 상가 임대료로 상가

가격을 역산하면 상가 가치는 10~12억 원이다. 강남이라는 입지에 현혹돼 분양받은 박 씨는 이자와 관리비, 월세 1,000만 원을 낼 수 있는 임차인을 기다리면서 버티고 있다.

본인이 우량 임차인 발굴 노력해야

상가를 분양받고 '임차인이 자동으로 들어오겠지'라고 안이하게 생각하지 말고 본인 상가에 맞는 우량 임차인을 적극 찾아 나서야 한다. 10개 이상의 점포를 30년 이상 운영하는 나의 지인은 분양상가에 투자해 실패한 적이 없다. 그는 상가투자 전 유명 프랜차이즈 본사가 출점이 가능할 것으로 예상되는 지역을 눈여겨보고 직접 본사에 문의한다. 직영이든 위탁이든 가능 여부를 확인하는 것이다. 그는 할인된 가격으로 상가에 투자하고 직접 운영도 하고 있다.

대출 가능액과 세금을 미리 점검하라

분양상가 대출이 정부규제로 상당히 줄어든 만큼 은행 탁상감정을 통해 대출을 알아보고 계약하는 방법을 추천한다. 전 건물주와 권리금을 주고받았는지도 중개인을 통해 확인서를 받아놓는다. 건물주 변경 동의 서류도 임차인에게 미리 확보해야 한다.

일반적으로 법인은 상가 분양 시 대출을 최대한 이용한다. 그만큼 종합소득세에서 비용으로 처리되기 때문이다. 일반상가 매매 시 따라붙는 부가가치세는 포괄양도양수하면 부가가치세를 다시 토해 낼 필요가 없다. 매도인 사업자등록을 봐서 임대업이면 포괄양도양 수로, 매매업이면 부가가치세를 별도로 생각한다. 명의 관련 현재 개 인사업자는 소득금액 구간에 따라 6~42%의 초과누진세율 구조인 반면 법인사업자는 10~25%의 세율로 과세한다. 그래서 법인명의로 했을 때 세부담이 감소할 수 있다.

하지만 법인은 취득세 중과가 적용된다는 점에서 개인보다 불리할 수 있다. 개인은 부동산 구매 시 1.1~3.5%의 취득세를 내지만 법인 은 5.3~8.1%를 납부한다. 단, 법인 설립 후 5년이 지났거나 과밀억제 권역이 아니라면 개인과 차이가 없다. 따라서 분양상가의 금액 및 소 득 규모에 따라 실제 차이를 따져보고 판단해야 한다.

취득한 상가의 부가가치세를 환급받으려면 분양계약일로부터 20일 이내에 일반과세자로 사업자등록을 신청해야 건물분에 대한 부가가치세 환급을 받을 수 있다. 일반과세자가 토지가액 7억 원, 건 물가액 3억 원의 상가를 취득하는 경우 부가가치세는 건물 가액의 10%인 3,000만 원이다. 토지의 공급에 대해선 부가가치세가 면제 된다. 간이과세자는 부가가치세 환급을 받을 수 없으며 임차인에게 세금계산서를 발행할 수 없다. 임대료에 대한 부가가치세를 세입자 로부터 받을 수 없으니 이 점도 체크한다.

상가 임대수익률은 ROE로 따져라

상가 임대수익률은 ROE로 따지는 게 정확하다. 워런 버핏이 가치투자의 기준 가운데 하나로 ROE를 지목했다. ROE는 주주가 맡긴 자본(자기자본)을 통해 얼마의 수익을 만들어냈는지 알아보는 지표다. 대출을 제외하고 내 돈으로만 투자해 얻을 수 있는 수익률이다. 12개월 치 월세를 매입가격에서 임대보증금을 뺀 실제 투자금액으로 나누는 방법이다. 대부분의 분양 업체에서는 대출 지렛대를 이용해 수익률을 부풀린다. 경기가 좋지 않고 대출이자까지 오르면 상가가격은 떨어지게 마련이다.

변경된 상가 관련 법을 숙지하라

9·13 정부 부동산 대책의 '주택 시장 안정 방안'으로 임대사업자 대출에도 LTV 40%가 적용되고 있다. 규제 지역의 주택담보대출과 동일한 LTV 비율이다. 2018년 10월 '상가건물 임대차보호법 일부개정법률안'은 상가건물 임차인의 계약갱신요구권 행사 기간을 현행 5년에서 10년까지로 확대됐다. 임대인의 권리금 지급 방해행위 금지 기간을 현행 임대차 종료 3개월 전에서 6개월 전으로 확대됐다. 전통 시장도 권리금 보호 대상에 포함됐다. 이와 함께 '조세특례제한법 일부개정법률안'을 의결해 부동산임대업 수입금액이 7,500만 원이하인 임대사업자가 동일 임차인에게 5년을 초과해 상가건물을 임대하고 임대료를 일정 비율 이내로 인상한 경우, 소득세 및 법인세의 5%를 감면하는 법적 근거를 마련해 상가건물의 안정적인 임대 환경조성에 이바지한 임대사업자에게 세제 지원을 하기로 했다.

속지 않는
상가투자 기술 8가지

주택 시장 규제가 세질수록 월세가 잘 나오고 시세차익도 가능한 상가투자에 관심이 꾸준하다. 그러나 살고 있는 집마저 경매로 날릴 정도로 위험한 게 상가투자다. 대규모 분양상가 오픈 세미나에 초청돼 전문가 특강을 여러 차례 했다. 초대받아 어쩔 수 없이 강의를 하긴 했지만 몇 개 분양상가 외에 좋은 느낌을 받지 못해 세미나를 듣는 고객들에게 양심의 가책을 오래 느꼈다. 그래도 부동산컨설팅을 하면서 분양상가 중개를 거의 하지 않았던 게 구설수 없이 전문가로서 장수할 수 있었던 비결이라고 생각한다.

일본과의 갈등까지 겹친 경기침체, 임대료 인상, 최저임금 인상, 청탁금지법, 주 52시간 근무제, 온라인 시장 공격 등으로 회식 문화가 사라지고 있어 상가 시장은 어려워지고 있다. 특색 있는 상권에서 본인만의 색깔이 있는 점포는 10년 뒤에도 살아남지만 거대 인터넷

힙지로라 불리며 뉴트로 감성을 자극하는 을지로 맥주골목

몰과 배달업체에 밀려 고만고만한 상가는 급속히 사라질 것이다.

문재인 정권 들어 개업보다 폐업하는 점포수가 더 많다. 개업 후 1년 이상 버티는 가게는 근래 들어 보기가 쉽지 않다. 음식점에서 식사하다가 내 신분이라도 알게 되면 가게 좀 빼달라는 임차인이 부쩍 늘었다. 상권이란 새로운 사람이 오게 만들어야 한다. 백종원이 방송을 통해 아무리 홍보하고 지도해도 한두 번은 가지만 시간이 지나면 새로운 사람이 발걸음하지 않아 폐업하는 일이 잦다. SNS를 중심으로 '신흥 핫플레이스'로 떠오르는 지역이 젊은 소비자들을 불러들이고 있다. 음식맛뿐 아니라 SNS 관리까지 해야 살아남는 시대다.

나는 대학교를 졸업할 때까지 거의 쉬지 않고 주인을 대신해 점포를 운영하는 야간 아르바이트를 하면서 학업을 이어왔다. 당시 초저녁부터 다음날 아침까지 일을 해 참 고단했다. 나름대로 현장에서 소비자들의 니즈와 경쟁사 벤치마킹을 통해 시장 트렌드를 파악한 덕분에 매출 향상으로 이어지고 지금의 사업을 안정적으로 운영하는 데 밑바탕이 됐다.

10년이 지나도 특색 없는 상가는 안정적으로 임대수익과 시세차익을 얻기보다 그렇지 않은 경우가 더 많다. 따라서 신중을 기해 투자해야 하는 이유다. 상담투자 실패 사례를 접하다 보면 독점 상가, 유명 브랜드 전면부 상가, 유동인구만 믿고 투자해 성공한 케이스보다 실패한 케이스가 더 많다. 내 경험을 바탕으로 우리가 속기 쉬운 8가지 상가투자 상식을 설명하고자 한다.

유동인구가 많은 곳에 투자하라?

유동인구가 많다고 무조건 좋은 상권은 아니다. 유동인구보다 돈을 잘 쓰는 소비인구가 느릿느릿 양 옆을 구경하면서 걸어가는 상권이 좋다. 보행자 입장에서 인도가 좀 좁고 주변에 볼 것이 풍성해 느리게 걷고 싶은 곳이 좋은 상권이다. 길이 넓고 바르게 뻗어 있으면 보행자들이 주변 상가를 둘러보지 않고 목적지로 직진하므로 주변 상권에는 도움이 되지 않는다. 모텔이나 호텔이 상권에 퍼져 있으면 새벽까지 젊은 남녀들이 유흥을 즐겨 상권이 살아 있기 마련이다.

키 테넌트를 확보한 상가가 좋다?

키 테넌트는 상가로 사람을 끌어 모으는 데 영향을 주는 핵심 점포다. 주로 유명 프랜차이즈 외식 브랜드나 대형마트, 멀티플렉스 극장, 대형 서점, 테마파크, 백화점 등이 해당한다. 상가의 인지도를 높이고 유동인구를 증가시켜 주변 상권 활성화와 고객 확보에 도움을 준다. 키 테넌트가 입점한 상가에 투자하면 실패 가능성이 상대적으로 낮다. 그러나 키 테넌트를 확보한 상가가 절대적인 공식은 아니다.

CGV나 메가박스 등이 상층부에 들어오더라도 바로 아래층 점포까지 '낙수 효과'를 기대하기 쉽지 않다. 영화 관람객은 인터넷으로 예약하고 식음료도 해당 영화관 매점에서 이용한다. 영화가 끝나면 계단을 이용하지 않고 1층까지 엘리베이터를 타고 돌아가는 데서 그 이유를 찾아볼 수 있다. 단, 유명 백화점이 문화센터를 적자로 운영하면서까지 상층부 전망 좋은 곳에 위치한 까닭은 고객들이 문화센터 수업이 끝나면 에스컬레이터를 타고 내려오면서 쇼핑까지 하는 낙수 효과를 기대해서다.

지금도 신문 광고와 인터넷을 뒤져보면 수도권 대형 복합 상가가 '키 테넌트'라는 유명 레스토랑이나 영화관을 마케팅 포인트로 내세운다. 스타벅스 같은 수수료 매장을 1층에 들이면 상가의 가치를 증대시켜주므로 상가주 입장에서는 득이 된다. 같은 이유로 대규모 쇼핑몰 분양이 더디면 수수료 매장인 메가박스나 CGV 등을 상층부에 입점시키려고 한다. 상층부에 영화관이 입점하면 중층부나 하층부 상가까지 분양 마케팅하기 좋다. 을의 입장에서 대형 영화관을 유치하므로 정상 분양 조건으로는 힘들다. 대개 정상 분양가의 절반 정도의 보증금에 월세 없이 티켓 판매에 따라 수수료 매장으로 장기 계약한다. 상층부에 유명 영화관이 입점한다고 반드시 투자에 성공하는 것은 아니다. 건설사들이 분양가를 파격 할인하거나 부가 혜택을 제공해 키 테넌트에게 제공하는 만큼 다른 분양자들에게 가격을 올려 손해를 벌충한다. 나머지 상가는 분양가가 당초보다 비싸게 책정되고 기대했던 낙수 효과도 기대하기 힘들게 된다.

영화관이 들어오는 대형 상가는 상가가 50개 정도 입점한다. 아무리 영화관 손님이 많더라도 전체 상가를 살리지는 못한다. "하루에 1편씩 영화를 보지 않으면 입에 가시가 돋는 분들은 꼭 영화관 아래층 상가를 분양 받으세요. 장사가 생각만큼 되지 않고 시간이 많아 낮부터 2~3편씩 몰아서 볼 수 있습니다." 강의 때마다 우스갯소리로 수강생들에게 얘기하는 뼈 있는 농담이다.

통임대가 낫다?

건물 전체를 입시학원에 세를 줘도 임대인 입장에서 불안할 수 있다. 입시 제도가 자주 바뀌다 보니 학생들이 줄어들고 학원이 나가기라도 하면 한꺼번에 내줄 보증금이 없다. 건물 전체를 통으로 카페나 병원으로 세를 줘도 마찬가지다. 통임대를 하면 개별임대보다 임대료 협상 시 임차인에게 약자가 된다. 통임대보다 층별로 개별임대를 하는 게 임대인 입장에서는 안정적이다.

역세권 쇼핑몰 상가라 안전하다?

백화점과 인터넷 쇼핑몰의 영향으로 쇼핑몰에 투자해 성공한 경우는 찾아보기 힘들다. 10년 후에도 마찬가지다. 쇼핑몰 투자는 노후자금 1~2억 원 내외로 한다. 분양면적은 3~6평, 실평수는 1.5~3평 내외다. 수도권 분양 쇼핑몰은 1~2개층 몇 개 점포 외에는 외관이 검은 천으로 둘러 막혀 있거나 처음부터 임대된 흔적이 없는 상가가 다수다. 쇼핑몰을 분양받기 전 분양받은 실평수에서 어떤 점포사업이 가능한지, 그 점포사업을 통해 예상되는 수익률이 안정적인지 판단해야 한다. 역세권 대로변 상가일수록 임대료가 비싸서 공실이 발생하기 쉽다. 인스타그램 등 사회 관계망 발달로 골목길이라도 경쟁력이 있다면 충분히 손님을 불러 모을 수 있다.

부동산은 잘게 자르면 자를수록 가격이 비싸진다. 시행사 입장에서도 실평수를 작게 나누면 쉽게 큰돈을 벌 수 있다. 쇼핑몰의 수익률이 근린상가와 같은 수익률이라면 투자하지 말아야 한다. 쇼핑몰은 근린상가보다 수익률이 높아야 한다. 그만큼 실투자 원금에 대해 근린상가보다 위험률이 높다. 향후 매도 시점에서의 환금성을 생각했을 때 상가 점포수가 수백 개 있는 쇼핑몰에서는 투자금의 원금 확보조차 어렵다.

선임대 상가가 안전하다?

편의점, 약국, 제과점, 유명 커피 브랜드 등이 선임대돼 있다면 누구나 투자하고 싶어진다. 하지만 유명 프랜차이즈가 들어온다는 임대확약서에 속는 경우도 허다하다. 임대확약서는 입점의향서일 경우가 많다. 업무 제휴 양해각서MOU처럼 법적 구속력이 없다. 입점할 수도 있고 안 할 수도 있다. 이런 홍보문구가 나왔다면 분양대행사 말만 믿지 말고 시행사와 계약할 때 계약서에 명시해달라고 해야 한다.

클리닉센터가 건물 상층부에 입점한다는 입점의향서에 속아 20억 원을 들여 비싸게 1층 약국을 분양받은 다음 분통을 터트리는 약사도 있다. 병원이 들어와서 몇 억 원의 인테리어비까지 약국에서 지원했지만 몇 달만 영업하고 문을 닫았다. 해당 약국은 10억 원 넘는 피해를 봤다. 알고 보니 다른 지역에서 병원을 운영하는 의사가 분양업체와 공모해 여러 군데 상가에서 허위로 개업 준비를 한 것이다. 계약자들을 속이고 수수료로 몇 천만 원을 받은 것이다. 우리나라 의료법상 불법이다.

회사보유분 특별분양이라 이득이다?

회사보유분 특별분양도 인터넷이나 신문광고 문구에 자주 등장한다. 회사보유분이라 하면 우량 물건을 회사에서 특별히 빼놓는 것으로 이해하기 쉽다. 전부 그렇지는 않지만 일부 시행사는 순진한 투자자들을 속이기 위한 분양 수단으로 회사보유분 특별분양이라는 용어를 쓴다. 상권 활성화나 회사 자산관리를 위해 회사보유분으로 상가를 보유하기도 하지만 극히 일부다. 준공 때까지 팔리지 않은 상가를 미분양 대신 회사보유분이라는 이름으로 분양하는 것이다. 사업수익으로 상가의 일정 부분에 대한 권리를 가지고 있을 수도 있다. 이 경우는 말 그대로 회사보유분이 돼 회사가 상가 운영과 같은 방법으로 임대사업 수익을 올리기도 한다. 회사보유분 상가에 임차인으로 들어가 사업을 하다가 경매를 당해 보증금과 권리금을 날릴 뻔한 지인도 있다. 시행사에서 지방 저축은행에서 상가 감정가를 높게 받아 최대한 대출을 일으킨 뒤 고의로 연체하고 경매 처리하려고 했던 것이다.

대출가능액이 적게 나올 수 있다?

기존 상가에 투자하게 되는 경우도 일부 분양업체 직원이나 부동산중개업소에서 미래 성장 가능성뿐 아니라 대출가능금액, 수익률을 부풀리기도 한다. 그러니 보수적으로 투자해야 한다. 개인사업자 대출 여신심사가 강화돼 예전만큼 상가대출이 충분히 나오지 않는다. 부족한 상가대출을 위해 비싼 2금융권 돈을 쓰게 되면 상가 임대수익률이 떨어질 수 있다. RTI는 임대업 대출을 받으려는 부동산의 연간 임대소득을 해당 부동산 대출에서 발생하는 연간 이자비용으로 나눈 값으로 산정된다. 임대소득이 많을수록, 이자비용이 적을수록 RTI가 높아진다. 아파트 등 주택임대업 대출 시 RTI가 1.25배 이상, 상가·오피스텔 등 비주택임대업 대출은 1.5배 이상이어야 대출이 가능하다. 상가·오피스텔 등의 임대사업자가 1년에 이자 1,000만 원을 은행에 내고 있다면 임대료로 1년에 1,500만 원 넘게 받아야 추가대출이 가능하다. RTI를 심사 지표로 활용하면 부동산임대업 대출한도가 예전보다 대폭 줄어들 수밖에 없어 대출 활용 시 보수적으로 접근해야 한다.

개발비가 포함된다?

일부 쇼핑몰은 개발비라고 해서 분양금에 개발비가 들어가 있는데 별도의 개발비를 받는 업체가 수두룩하다. 상가개발비는 입점 행사 등 상권개발을 위한 각종 이벤트, 홍보 활동비, 건축물의 공유면적에 속하는 부분의 실내외 인테리어 설계 및 시공비, 분양 및 상권 조성을 위한 각종 조사와 컨설팅 용역 및 매체 홍보비로 지출된다.

이기는 신도시
상가투자법

시행사 지정, 독점 상가

신도시나 택지개발지구에서 분양하는 상가업종이 미리 지정돼 투자 가치가 있다고 판단하는 경우도 있다. 신도시 상가의 병원, 약국, 중화 요릿집, 부동산, 편의점, 제과점 등을 분양받을 때 업종 지정 독점권을 시행사가 준다는 말이다. 분양받은 상가건물 내에서는 지정받은 해당 업종만 영업할 수 있다. 업종 독점권을 인정받아 운영소득과 처분소득에서 다른 상가 점포보다 우수한 평가를 받을 수 있다는 것은 그만큼 투자 가치가 있다는 얘기다.

다른 측면에서 보면 분양가에 선반영됐을 수 있다. 시행사 지정이나 독점권을 부여받은 점포를 개설해 영업하다가 다른 점포에서 유사한 영업을 한다면, 업종 지정 독점권이 인정됨으로 제재를 가할 수 있다. 물론 손해배상 청구도 할 수 있다. 업종은 입지와 관련이 깊다. 입지와 어울리지 않는 업종 지정은 무의미하다. 인근에 대형마트가 오픈 예정인데 슈퍼마켓 자리로 높은 분양가에 독점을 부여받아봐야 별 의미가 없다. 분양받기 전에 철저히 조사해야 한다.

"일주일 만에 100% 분양 완료"

신도시 분양 현장에서 이런 현수막이 내걸린 상가를 흔히 볼 수 있다. 프리미엄이 수천만 원씩 형성됐다고 홍보한다. 실상은 분양한 지 1년이 지나도록 영업사원이나 중개업소를 통해 잔여 상가를 분양하기도 한다. 일부 대규모로 분양하는 상업시설은 분양 영업사원이나 관리하는 고객들 돈으로 청약이나 계약을 한 다음 목 좋은 자리부터 완판시키기도 한다. 업계 용어로 찍는다고 표현한다. 미리 찍어놓고 다음 고객에게 인위적으로 프리미엄을 발생시켜 되파는 것이다. 영업사원이 인위적으로 프리미엄을 만들어놓은 상가를 또다시 프리미엄까지 지불해 분양받으면 투자자는 손해 볼 확률이 높다.

중앙 보행통로가 너무 넓어도 좋지 않다. 도로 폭 6~8미터 이내 양측 변에 있는 점포가 고객을 끌어들이기에 좋은 상권이다. 위례신도시 상권을 보더라도 전면부의 넓은 트램 예정지 대로변 상가보다 후면부 상가에 사람들이 더 몰린다. 저녁 시간이 가까워질수록 위례중앙예정역을 기준으로 후면부 먹자 골목길로 북적인다.

위례 한화오벨리스크 1층 상가 대부분은 수년째 임대 중이다. 한화오벨리스크 길 건너 위례중앙타워 뒤편 상가는 분양가가 전면보다

찬바람 부는 위례신도시 상권

저렴하면서 골목시장 같은 분위기가 있어 임대가 잘 나간다. 상가의 명당이라는 전면 코너자리도 위례신도시 트램 예정지 인근 상권처럼 보행로가 너무 넓으면 흘러가는 유동인구가 대다수일 수 있다. 점포 경영자 입장에서 유동인구도 중요하지만 얼마나 많은 유동인구가 내 가게로 들어오는지 소비인구가 중요하다. 위례신도시 분양 당시 트램을 크게 홍보했던 터라 트램 운용이 지연되면서 인근 상가 소유주들의 타격이 한동안 클 것이다.

그마나 광교신도시 상권은 아비뉴프랑, 푸르지오월드마크, 앨리웨이 광교 같은 대형몰 덕분에 위례신도시보다 활성화돼 있다. 하지만 중앙광장에만 사람들이 몰리고 개별 점포에는 피크타임에도 손님들이 별로 눈에 띄지 않는다. 경기침체와 인터넷몰 공격으로 광교신도시 상가 역시 앞날이 밝지만은 않다.

차라리 계약금 포기 물건도 노릴 만

신도시 상권 특성상 상권이 형성되려면 아파트 입주 이후에도 시간이 꽤 걸린다. 계약금 포기 물건이나 대출이자 연체로 경매로 들어가기 전 초급급매로 나오는 매물을 노려보라. 신도시는 아파트 입주 몇 년 후면 안정화 단계에 접어들기 때문이다. 즉 신도시 상가를 분양받으려면 입주 후 2~3년 동안 견딜 자금이나 임대가 나가지 않을 시 본인이 직접 운영해야 한다는 심정으로 접근해야 한다.

상가의 미래,
능력 있는 점주가 결정한다

점포사업자의 경영 마인드가 중요

"대한민국에서 자영업을 한다는 것은 내가 사는 감옥을 스스로 짓는 것이다." 20대 중후반 8년 동안 자영업을 해본 경험에 의하면 장사는 친인척 경조사, 친구를 다 포기해야 가능하다. 일본과의 무역 갈등, 최저임금 상승, 근로시간 단축 등 정부 정책의 가장 큰 피해를 자영업자들이 보고 있는 것은 별개다.

2018년 10월 국회 국정감사에 참고인 자격으로 출석한 백종원은 "대한민국에서 외식업을 하기는 쉽지만, 정작 '어떻게 해야 한다'고 가르쳐주는 주체는 없다. 수월하게 창업할 수 있다는 것부터가 문제"라고 얘기할 정도다. 우리나라는 직장에서 떠밀리듯 나오면 선택할 수 있는 차선책이 없어 자영업에 진출할 수밖에 없다. 아이러니컬

하게 퇴직자들의 증가와 투자자들의 임대수익에 대한 욕구와 더불어 자영업과 상가에 대한 수요는 꺾이지 않고 있다.

줄서는 가게는 늘 있기 마련

"예약하지 않으면 자리가 없습니다." 가끔 들르는 잠실 인근의 식당이 있다. 맛도 맛이지만 사장의 경영 마케팅 능력을 가까이서 보는 게 즐겁다. 그는 한 번 온 손님은 단골손님처럼 환대하고 무엇을 즐겨 먹는지 기억했다가 가족 같은 분위기를 유도했다. 모든 직원을 정식 직원으로 채용하고 4대 보험 가입은 물론이고 소속감을 높여주며 매장에서 이벤트도 자주 한다. 이벤트에 당첨될 때마다 큰소리로 당첨자를 호명하고 큰 박수로 축하해줘 매장은 순식간에 활기찬 분위기로 변한다. 내 눈으로 프로와 아마추어 장사꾼의 차이를 느낄 수 있었다. 프로는 음식 맛은 기본이고 문화 요소 덧입히기와 이벤트, 스토리 만들기까지 신경 쓴다. 그는 사업한 지 얼마 되지 않았는데 인근에 비슷한 업종을 2개나 더 오픈했다. 불황에도 손님들이 넘쳐나고 있다. 사장의 얼굴에서는 항상 긍정적인 표정을 읽을 수 있다.

일반 소비 트렌드를 파악하라

상가투자 시 일반인은 아파트를 고를 때처럼 목이 좋은 자리만 찾는다. 입지만 좋으면 임대도 잘 되고 매각 시 시세차익을 볼 수 있다고 생각하는 데서 비롯된 행동이다. 실전 경험이 풍부한 투자자들과 임차인들은 목 좋은 상가도 검토하지만, 그 위치에 어떤 업종을 유치할지 어떤 스토리로 꾸밀 것인지 궁리하는 등 가치 분석을 한다.

우량 임차인을 고려한 상가투자에 앞서 소비 시장, 즉 경제의 흐름을 읽어야 한다. 어떤 프랜차이즈가 유행하는지, 주 52시간 근무제와 배달은 가능한지, 최저임금 상승의 영향을 받는지를 검토하는 것도 중요하다. 대만 카스테라, 찜닭처럼 일시적인 유행 업종인지 아니면 영업 지속성이 있는지도 살펴본다. 상가의 가치를 끌어올릴 수 있는 임차 업종인 유명 커피 전문점, 다이소, 편의점, 약국, 제과점 등을 먼저 검토한다. 이런 업종이 선임대되어 있다면 투자 검토를 더욱 쉽게 할 수 있다. 좀 더 적극적인 투자자라면 유명 업종 프랜차이즈 매장에 직접 연락해 임차 가능 여부를 확인한다.

나도 1년에 네 차례 이상 서울 및 경기도 모처에서 열리는 프랜차이즈 박람회에 자영업 트렌드 파악 차 참가한다. 인기 업종 파악뿐 아니라 프랜차이즈 대표나 점포 영업 담당자와 안면을 미리 익히기 위한 포석이다. 업종이나 산업 동향이 좋다고 무조건 성공하는 것은 아니다. 내 상가를 임차한 점포사업자의 경영 마인드가 가장 중요하다. 매출을 증대시키고 단골손님뿐 아니라 길 가던 손님까지 줄세우는 차별화된 경영 능력을 갖춘 점포사업자를 만나면 천운이다. 이는 상가 권리금에 대한 기대치를 높일 뿐 아니라 월 임대료 상승으로 직결된다.

상가투자자는 시세차익과 운영수익을 검토하는 반면 점포사업자는 월 매출액이 어느 정도일지, 임대료를 지불하고 나면 얼마가 남을지를 검토한다. 시세차익을 검토할 수밖에 없는 투자자라면 월 매출액을 최대한 올릴 수 있는 사업 수완이 좋은 점포사업자를 만나야 한다. 경영 능력이 뛰어난 점포사업자를 만나면 임대 기간 동안 공실 두려움이 없다. 자연스럽게 월세 인상 요인도 되면서 상가가격이 상승한다. 이러한 점포는 매도 시 정상가 이상이라도 매수할 투자자를 쉽게 구할 수 있다. 10년 후 상가투자의 승패는 장사를 잘하는 능력 있는 임차인을 알아보는 눈을 가지는 것이다. 이들이 재계약하면서 임대료를 안정적으로 올려주면 수익률이 높아진 상가가격도 상승할 것이다.

07
특색 있는 테라스 상가는
선별 투자하라

외국의 테라스 1층 상가

　연도 변에 운치 있게 배치된 1층 야외 테라스에서 한가하게 몇 시간이고 식사와 커피, 맥주 등을 즐기는 광경을 유럽 길거리에서는 흔히 볼 수 있다. 우리나라는 야외 테라스 테이블에서 커피와 맥주를 주로 즐기지만 유럽은 코스요리까지 즐긴다. 테라스에 놓인 화분과 불타오르는 가스난로가 지나가는 사람들을 어서 들어오라고 붙드는 느낌을 받는다. 여름철에 친구들과 시원한 맥주라도 한잔하려면 1층 야외 테라스가 있는 맥줏집을 고르게 마련이다. 빈자리도 야외 테라스부터 차게 된다.

　테라스 좌석은 단순히 의자와 탁자로서의 역할을 벗어나 현대인이 햇볕과 달빛, 바람을 직접 마주하며 휴식을 취할 수 있는 장소다.

유럽에서 흔히 볼 수 있는 1층 테라스 상가

치열한 경쟁과 과도한 업무에 얽매여 누리지 못했던 여유를 잠시나마 만끽하고 싶어 테라스를 찾는다는 말이다. 극심한 상가 시장 불황에도 테라스가 있는 1층 상가는 넉넉한 영업공간과 여유로움으로 투자자들뿐 아니라 임차인들에게 인기가 있다. 테라스 상가 바로 앞에서 호수나 공원을 바라볼 수 있으면 최고다. 사람의 발길을 모으는 1층 테라스 상가는 차별화된 분위기와 음식 맛만 따라준다면 투자 가치도 높다. 틀림없이 10년 뒤에 해당 지역의 명소로 값어치를 할 것이다.

각국의 테라스 상가

수년 전 상하이 신텐디新天地를 방문한 적이 있다. 유럽으로 착각할 정도로 멋진 신세계가 펼쳐지는 곳이었다. 세계 각국에서 온 관광객의 발길을 끄는 명품 숍도 즐비했다. 싱가포르를 가게 되면 한 번씩 들르는 관광지가 있다. 클라크키와 파크웨이 롱비치의 노천 테라스 카페다. 클라크키 강변에 있는 테라스 카페와 시푸드 레스토랑들은 1년 내내 빈자리를 찾기 힘들 정도다.

일본에 잠깐 머물 때 충격적인 오피스건물을 보고 가슴이 두근두근 뛰었다. 해당 건물 옥상에 올라가니 마치 공원에 온 것 같았다. 많은 사람이 옥상 벤치에 앉아 쉬고 있었다. 각층마다 테라스를 따라 건물 외관에 계단식으로 걸쳐진 공원길로 오갈 수 있게 디자인해 놓았다.

우리나라의 대표 테라스 거리는 투박한 미국 스타일도 있지만 대부분 유럽풍이다. 해외 출장이 잦은 사람은 파리의 센강 주변, 독일 프랑크푸르트, 런던 코벤트가든 거리의 테라스 카페를 떠올리기 십상이다. 해외여행과 어학연수, 유학, 출장 등을 통해 유럽풍의 테라스를 경험한 사람이 급증한 것도 1층 테라스 상가를 찾는 요인이다.

각층마다 테라스 공원이 들어선 일본의 오피스(왼쪽), 테라스가 있는 강남의 신축 아파트(오른쪽)

강남권에서 신규 청약하는 아파트도 테라스가 있는 단지는 분양가가 다소 비싸더라도 인기가 하늘을 찌를 정도다.

트렌드세터들이 찾는 동네에서 개업을 준비하거나 리모델링을 하는 업소는 아무리 공간이 좁아도 테라스를 만든다. 비가 오나 눈이 오나, 더우나 추우나 테라스를 고집하는 마니아가 늘었기 때문이다. 업소의 성패는 커피나 음식 맛, 내부 인테리어가 아니라 테라스를 어떻게 꾸미는가에 좌우될 정도다. 겨울 영하의 추운 날씨에 담요를 덮어쓰고 스토브 옆에서 커피를 마시는가 하면 한여름에도 에어컨 바람이 나오는 실내보다 테라스를 선호하는 손님이 꾀 된다.

한국의 작은 유럽, 테라스 카페촌

분당의 정자동 상권을 걷다 보면 유럽 여행을 온 듯한 착각에 빠진다. 분당 정자동의 테라스거리에는 대표적인 테라스 상가들이 즐비하다. 이곳의 가게들은 예쁘고 아담해 신축건물과 잘 어울린다. 분당 정자동 주상복합건물인 파라곤 옆 정자동 카페거리는 특색 있는 업소들이 하나둘 모이면서 특색 있는 상권으로 자리 잡았다. 테라스 상가는 강남구 청담동이나 신사동, 성남시 분당구 정자동, 송도국제도시, 동판교 백현동 카페거리, 용인시 기흥구 보정동 카페촌, 여의도 일부 신축 주상복합촌에 분포돼 있다.

1층 테라스 상가투자 시 체크 포인트

국내에서 분양하는 상가들도 테라스 인기에 편성해 경쟁적으로 테라스 상가를 쏟아내고 있다. 테라스 상가는 희소성이 있어 분양가가 일반 상가보다 높다. 테라스가 갖춰진 주택도 중대형아파트보다 기본 건축비가 20~30% 비싸게 형성된다. 테라스가 있는 상가는 분양가에 포함되는지 잘 살펴야 한다. 계약 당시 테라스 면적이 분양가에 포함되지 않았다고 했다가 계약 후 분양가에 포함돼 법적 분쟁으로 가는 경우도 간혹 있다. 우리나라는 지방자치단체별로 불법과 합법의 경계가 모호해 사전에 적법성을 파악하고 계약에 임해야 한다. 글로벌 트렌드에 맞춰 10년 후에는 테라스 상가가 선진국처럼 합법적으로 세금을 내고 대거 합법화하는 지방자치단체가 늘 것이다.

부자지수와 행복론

내가 부자 될 확률은

당장은 부자가 아니라도 재테크를 잘 하면 장차 부자가 될 가능성이 누구에게나 있다. 미국 조지아주립대학 전 교수 토머스 스탠리Thomas J. Stanley 박사는 《이웃집 여자 백만장자》(북하우스, 2000)에서 부자지수를 소개했다.

부자지수 = (순자산액 × 10) ÷ (나이 × 연간 총소득)

◆ 50% 이하 : 재테크에 문제 있음
◆ 100% 이하 : 평균 수준, 노력 필요
◆ 200% 이하 : 재테크를 잘함
◆ 200% 이상 : 재테크를 아주 잘함

순자산액은 총자산에서 부채를 뺀 액수, 총소득은 연봉과 이자소득 등을 합친 것이다. 40세의 박 부장은 순자산이 1억 원, 연간 총소득은 5,000만 원이다. 30세의 김 대리는 순자산이 8,000만 원, 총소득은 2,000만 원이다. 두 사람은 같은 기업에 다니고 있다. 김 대리가 부자가 될 확률이 더 높다. 부자지수는 박 부장이 50%인 반면 김 대리는 133%다.

부자지수는 나이가 같은 사람들과 비교해 산정한다. 100%를 초과하면 동년배 평균보다 부자가 될 가능성이 높고, 미달되면 그 반대를 의미한다. 부자가 될 가능성을 높이려면 저축과 투자를 통해 순자산액을 늘려야 한다. 순자산액이 같더라도 나이가 적다면 부자지수는 높아진다.

오종남 전 IMF 상임이사가 경제학 이상으로 심혈을 기울여 강의하는 분야가 바로 '행복론'이다. 그가 주장한 행복론은 1960년대만 해도 한국인의 평균수명이 53세에도 못 미쳤던 만큼 20세기는 '60세 + 알파의 시대'였지만 21세기는 트리플 30(30 + 30 + 30)의 시대라고 주장하고 있다. 60세가 된 시점에서 노후가 준비된 사람에게는 '은퇴'가 축복이 될 수 있지만 준비가 안 된 사람에겐 '악몽'이라는 설명이다. 그는 자식 보험을 50% 줄이고 자기 보험을 50% 늘리라고 제안한다. 자식에게 투자할 돈 가운데 50%를 뚝 떼어내 본인의 노후에 투자하라는 말이다.

자신의 행복지수를 계산해보는 것도 필수다. '자신이 이룬 것'을 분자(A)로 놓고 '자신이 바라는 것'을 분모(B)로 나눴을 때의 수치(A/B)다. 행복지수가 1에 가까울수록 자신이 바라는 것을 많이 성취했다는 얘기다. 그는 "행복지수를 높이는 방법은 2가지가 있다. 많이 이뤄 분자를 크게 하든지, 아니면 희망사항을 줄여 분모를 적게 하는 방법이 있다"고 설명했다. 국어 시간에는 '주제 파악'을, 수학 시간에는 '분수'를 잘해야 성적이 좋듯이 '자신의 주제를 잘 파악해 분수를 지켜야 행복하다'고 강조한다.

행복학자들은 소득과 행복이 반드시 비례하지 않는다고 말한다. 소득이 늘어나는 만큼 삶의 만족이 늘어나지 않는다는 것이다. 나도 사업 초창기 1년 동안 대기업 직장인 연봉 몇 배를 벌 때는 행복했지만 사업 규모가 커지고 수입이 그 이상을 넘어가자 행복감이 비례해 올라가지 않았다.

수년 전 한국사회학회가 주최한 '행복 심포지엄'에서 한국인은 돈보다 화목한 가정과 건강을 행복의 최대 요인으로 꼽는다는 강의를 들었다. 한국인은 돈을 벌려고 더 많이 일하지만 가족과 사이가 멀어지지나 않을까, 건강을 잃지는 않을까 걱정이 앞선다는 것이다. 괴테는 '인생을 통틀어 정말 즐거운 시간이 4주도 안 된다'고 했다. 비스마르크도 '행복한 순간은

24시간이 넘지 않을 것'이라고 했다. 행복은 스스로 찾아 나서고 더 많이 느끼려 노력할 때 늘어난다는 말이다.

일상생활에서 긍정적인 마음으로 소확행을 자주 느끼는 연습을 하는 것도 중요하다. 독일의 유명 신학자는 다음의 이야기로 현대인을 진단했다. "어느 날 한 청년이 사하라사막을 횡단했습니다. 충분한 장비와 식수를 준비해서 길을 떠난 지 하루 만에 식수가 바닥이 나버렸습니다. 기진해 쓰러졌고, 실신하기에 이르렀습니다. 한참 후 눈을 떠보니 바람에 흩날리는 야자수 나뭇잎이 보였습니다. '이제 죽을 때가 돼 환각이 보이는구나' 하고 애써 눈을 감았습니다. 이번에는 귓가에 물소리와 새소리가 희미하게 들려왔습니다. '아! 이제 정말 내가 죽게 되는구나' 하고 또다시 귀를 닫습니다. 이튿날 아침, 사막의 베두인이 어린 아들과 오아시스에 물을 길으러 왔다가 물가에서 입술이 타들어가 죽은 청년을 발견하게 됩니다. 그 모습이 이상했던 아들이 아버지에게 묻습니다. '아버지, 이 사람은 왜 물가에서 목말라 죽었을까요?' 그러자 아버지가 대답합니다. '얘야! 여기 죽어 있는 젊은이가 바로 현대인이란다.'"

많은 것을 곁에 두고 다 써보지도 못하고 죽어가는 이상한 현대인, 노후 대책을 마련하느라 오늘을 행복하게 살지 못하는 희귀병에 걸린 현대인, 늘 행복을 곁에 두고도 다른 곳을 헤매며 찾아 나서다 일찍 지쳐버린 현대인이 우리 자신이 아닌지 잠시 생각해보자. 여유를 가지고 살아야 앞으로 남은 긴 인생을 사는 데 도움이 될 것이다.

7장

리스크의 시대,
내 자산 잘 지키면서
부자로 은퇴하는 법

돈 안 되는 부동산은
당장 팔아라

부동산 제때 잘 파는 법

투자 가치나 미래 가치가 없는 지역의 주거용 부동산은 전세 만기 날짜가 많이 남은 상태에서 집을 내놓게 되면 매도하기 어렵다. 제값 받기는 더 힘들 수 있다. 이왕 집을 팔려고 마음을 먹었으면 세입자가 없는 상태로 깨끗이 정돈하고 매도한다. 비용을 들여서 장판이나 도배를 교체하거나 집이 넓어 보이게 불필요한 물건을 치우는 것만으로도 매도 확률을 높일 수 있다. 미래 가치가 떨어지는 지역은 경쟁 매물이 쌓일 경우 본인 물건의 차별점이 발견되지 않으면 매도하기 쉽지 않다. 급하게 팔기를 맘먹었다면 정한 매도가격을 한 번 더 낮추기를 권한다. 고가주택이나 다주택인 경우 매도가격을 낮출수록 양도차익이 줄어들어 양도소득세도 그만큼 아낄 수 있다.

수익률을 높이고 개보수해 매도하라

임대수익률을 중요시하는 부동산은 보증금을 낮추고 월세를 높여 매수자에게 임대수익률이 높은 점을 강조해야 한다. 월세를 받는 아파트나 오피스텔, 상가는 보증금을 낮추고 월세를 높이는 것만으로도 기존보다 매가를 올리는 효과가 있다.

기존의 낡은 부동산의 개보수 과정을 거쳐 신종 월세상품으로 '업'시켜 임대수익을 높이는 것도 한 방법이다. 주택은 근린주택으로, 상가는 소형 오피스나 오피스텔로 개조해 주변 시세보다 약간 낮게 매도하면 임대수익이 쏠쏠해 매수자를 찾기 쉽다.

100㎡의 상가를 33㎡ 단위로 자르거나, 3,000㎡의 토지를 분필 또는 합필해 수요자들의 필요에 맞춰 조정하면 쉽게 매각할 수 있다. 상가는 33㎡, 토지는 330~660㎡ 단위로 분할해야 단위 면적당 높게 팔 수 있다. 투자 수요가 위축돼 있지만 돈줄을 찾는 수요층은 여전히 존재한다. 최근 임대형 부동산으로 개조해 되파는 사례가 늘고 있다. 고시원 건물을 화장실과 샤워장·침대를 갖춘 원룸텔로 변경하고 수익률을 높이면 수요자 찾기가 수월하다. 상가나 근린시설은 소규모 맞춤형 사무실인 종량제 사무실로, 찜질방 또는 사우나는 숙박시설을 결합한 리필하우스 등으로 개조가 가능하다.

세입자를 구하고 매도하라

투자 목적으로 집을 구입하는 매수자는 전세를 끼고 사는 것이

유리하다. 빈집이라면 집주인이 나서서 전세입자를 미리 구해놓으면 유리하다. 분양 시장에서도 수요자들은 '선임대 후분양' 상품에 관심을 갖는다. 미리 임차인을 구하고 투자자에게 되파는 매매 형태다. 장기간 자금이 묶이는 것을 염려해 매수를 꺼리는 수요를 끌어들이기 위한 마케팅 전략이다. 이때 단기임대 중개업자를 통해 깔세 임차인을 들여서라도 활성화해야 한다. 지하나 상층 상가는 인기가 없어 수요자의 발길을 찾기 어렵다. 죽은 상가라도 배달업이나 단기 사무실로 용도를 바꿔 세를 주고 되팔면 수요자의 관심을 끌 수 있다.

기존 주택도 주인이 주변시세보다 높게 전세로 사는 것을 조건으로 매물을 내놓거나 기존 세입자와 재계약 시 전세보증금을 더 올려받을 수 있다는 사실을 적극 강조한다. 임차인을 미리 확보하거나 전세보증금이 더 높아지면 투자금액까지 적게 드니 상대적으로 매수자를 찾는 게 쉬울 수 있다.

단독주택 매도 시 미래 가치 강조하라

가격을 내려도 미래 가치가 없다고 판단되면 잘 팔리지 않는다. 개발 가치가 없는 단독주택은 아파트에 비해 환금성이 더욱더 떨어진다. 건물을 지을 수 없는 땅을 건축물을 지을 수 있는 지목과 용도를 바꾼 다음 매도하면 가치가 높아져 매도자가 쉽게 나타날 수 있다. 주택을 지을 수 있는 대지로 변경하거나 일반주거용지를 알짜 상가건물로 지을 수 있는 개발 정보를 제공하는 것도 좋은 방법이다. 매수 희망자에게 해당 단독주택을 매입하고 건축하면 미래수익이 탁월하다는 설명을 해줘야 한다. 주변의 개발계획을 밝게 알려주며 매물의 장점과 가치를 브리핑하는 것도 매수자의 마음을 움직이는 방법이다. 지하철 환승 역세권 또는 지역 여건상 고밀도 개발 용도 지역으로 변경되는, 지방자치단체 도시 또는 교통계획 서류를 프린트해 매수자에게 제공하면 믿음을 심어줘 투자 강점으로 작용하게 된다. 미래 가치가 탁월해도 개인 사정으로 어쩔 수 없이 매도한다고 진정성 있게 얘기하면 저평가된 부동산이라는 점을 '어필'할 수 있다.

감성과 됨됨이를 보여줘라

이 집에 살면서 '승진이 빨리 되고, 사업이 잘 풀리고, 명문대에 진학했다'고 은근히 자랑하면 매수자 입장에서는 '집터가 좋구나'라고 생각하게 돼 계약 확률이 높아진다. 등기일자를 조정해 재산세 부담을 덜어주거나, 기본 인테리어비 또는 보일러 수리비 등을 지원해주겠다는 등의 인센티브도 효과가 있다. 매수자 간의 경쟁심 유발도 유효하다. 매물을 보러 오는 사람들은 되도록 같은 날 비슷한 시간차 간격으로 물건을 보여주면 인기가 높은 우량물건으로 보이게 하는 효과가 있다.

가족 간 증여를 고려하라

보유세 증가로 인한 세부담을 감안하더라도 투자 가치가 탁월하다면 급매로 매도하기보다 부부간이나 자녀에게 증여하는 것이 좋은 방안이다. 부부간 증여는 다주택자들이 양도소득세 부담을 덜기 위한 한 방법이다. 1억 원에 매입한 주택을 6억 원에 팔면 5억 원의 차익에 대한 양도소득세를 내야 한다. 시가가 6억 원일 때 배우자에게 증여하면 증여세 없이 취득가액을 6억 원으로 높일 수 있다. 부부간 증여는 6억 원까지 증여재산공제가 된다. 증여한 지 5년이 지나 9억 원에 팔면 8억 원의 차익이 아니라 증여 당시 시가와의 차액인 3억 원에 대해서만 양도소득세를 내면 된다. 향후 독립 가구를 구성할 수 있는 자녀에게 부동산을 사전 증여하는 방법도 있다. 세대분리가 가능한 자녀에게 증여를 해서 세대를 분리시키면 다주택자 규제에서 벗어난다. 세대분리가 가능한 자녀는 30세 이상이거나 30세 미만이더라도 결혼했거나 소득세법상 일정한 소득이 있어야 한다.

02

분산투자로 위험을 헤지하라

'배는 항구에 있을 때 가장 안전하다. 그러나 배는 항구에 있으라고 만들어진 것은 아니다.' 앞뒤 재지 않고 무작정 투자하는 것도 문제이지만 원금을 지키려고 위험을 회피하려는 것도 문제다. 위험을 피하고자 예적금만 한다면 시간이 갈수록 화폐 가치는 저절로 하락돼 가난하게 삶을 마감하게 된다. 현명한 투자자는 위험을 회피하지 않고 적절하게 관리한다. 공짜 점심은 없듯이 수익을 얻으려면 위험을 감수해야 한다. 위험 관리의 기본은 분산투자다.

'몰빵투자'는 패망의 지름길

투자자 스스로 과신해 분산투자하지 않고 한 자산에 '몰빵투자'하는 것이 가장 위험하다. 주식 시장 격언에 '주식과 연애는 하더라도 결혼하지 말라'는 말이 있다. 영화 〈주유소 습격사건〉(1999)에서 무대포(유오성 분)가 싸움을 하면서 내뱉은 "난 한 놈만 패"라는 명대사를 기억하는가. 싸움할 때는 가장 강한 놈만 골라서 급소를 치고 무너뜨리면 된다. 하지만 오랜 시간 직간접 주식투자, 보험, 아파트 상가, 오피스텔, 토지, 창고 등에 투자해본 경험에 비춰볼 때 한 놈만 패면 실전 재테크에서는 치명적이다.

국내 증시 하락기에도 그동안 빛을 보지 못하던 '자산배분형' 펀드가 저금리 시대 '배당주 펀드'와 함께 주목받고 있다. 자산배분형 펀드는 주가 하락기에 위험을 분산하고, 지수나 종목형이 아닌 헤지상품으로 하방을 방어하는 상품이다. 자산배분형 펀드는 주식, 채권, 파생상품, 인프라 등에 분산투자하는 펀드다. 약세장에서 투자자산을 분산해 손실 리스크를 줄이는 한편 수익률 변동성을 낮출 수 있다.

달걀은 한 바구니에 담지 말라

금융권에서 투자 상담을 받으면 '금융상품이 최고'라면서 판매에 열을 올리고 부동산컨설팅을 받으면 부동산만 최고라고 한다. 그러나 완벽한 부동산과 금융상품은 없다. 투자 경험이 풍부한 전문가와의 정확한 상담을 통해 본인 상황에 맞는 상품을 고르는 게 최선의 재테크다. 부동산에 투신하기 전부터 금융기관에서 근무했던 나는 직간접 금융상품과 부동산상품에 투자해오고 있다. 한쪽으로 치우치지 않고 고객의 상황에 맞게 컨설팅하고 있다.

위기를 대비해 방망이를 짧게 잡고 끊어서 쳐라

명절이면 형제들이 모여 그림을 맞추려고 자리를 깐다. 한참 고스톱 맛을 알 때의 내 경기 스타일은 먼저 3점이 나면 '원 고'만 하고 끝내버린다. 다음 판에선 선을 잡기 때문에 바닥 패에 투 피라도 깔리면 이길 확률이 높기 때문이다. 하지만 욕심을 부려 투 고나 쓰리 고까지 불러서 독박이라도 쓰게 되면 엄청난 피해를 입게 된다.

한국 경제는 국내외적 문제로 장기간 저성장 기조가 확실하다. 부동산투자에서도 방어적인 자세로 임할 때다. 그렇지 않고 무리하게 대출을 받아 유망하다는 상품에 투 고, 쓰리 고까지 한 번에 지르게 되면 단 한 번의 실수로 반드시 무너지게 돼 있다.

한일 문제가 장기화되고 신용까지 경색돼 경제위기가 오면 부동산이든 주식이든 한쪽 자산에만 투자한 것부터 큰 손해를 보게 된다. 리스크를 최대한 헤지하면서 아기 보폭으로 주위를 살피며 분산투자해야 한다. 미중, 한일 관계가 장기간 악화일로로 흘러간다면 국내 경제에 다시 한 번 블랙 스완(검은 백조)이 올 수도 있다. 2008년 금융위기를 예언한 나심 탈레브가 쓴 베스트셀러 《블랙 스완》(동녁사이언스, 2018)은 검은 백조를 통해 관찰과 경험에 근거한 학습과 지식이 얼마나 제한적이며 허약한 것인지를 지적한다.

분산투자 철학을 가지고 투자하라

부동산 자산운용사 대표로 있는 내게 개인적인 부동산 자산 관리법을 묻곤 한다. 내 투자 철학은 장기적인 인생 계획에 따른 자산 배분이다. 이를 바탕으로 개인 자산 포트폴리오는 강남권 거주용 아파트 1채, 투자용 아파트 1채, 수익형 부동산 여러 채, 건물시행 지분, 증권사 안정형 금융자산, 스타트업 지분, 장기개인연금저축보험, 회사 운영에 필요한 현금자산으로 분산돼 있다.

포트폴리오 내 투자 비중은 1~2년마다 조정한다. 이때도 라이프 사이클에 따른 장기적인 자금 인출 계획과 활용도를 가장 먼저 고려한다. 치열하게 해당 산업을 연구하고 신중하게 분산투자했던 상품들이 한두 건 외에는 대부분 성공했다. 오래전 바닥 인생에서 벗어나 자산가로 거듭날 수 있게 된 비밀이다.

삶은 5개의 공으로 하는 저글링이다. 난 5개의 공을 건강, 가족, 재산, 일, 취미를 함께할 수 있는 친구로 삼고 있다. 삶을 저글링에 비유한 이 말은 2000년 더글러스 대프트 코카콜라 전 회장의 신년 메시지다. 동양 고전에서도 일건_健, 이처_妻, 삼재_財, 사사_四事, 오우_五友를 강조하는 것을 보면 동서고금을 막론하고 사람 사는 데 중요하게 여기는 가치는 비슷한 것 같다.

행복한 삶을 위해서는 이 5개의 공을 떨어뜨리지 않고 온전히 돌려야 한다. 막상 저글링을 해보면 생각만큼 쉽지 않다. 5개의 공을 동시에 돌릴 필요는 없다. 남이 저글링을 잘 돌리는지 궁금해 쳐다보다가 내가 돌리고 있는 공마저 떨어뜨리게 될 수도 있다. 인생을 살면서 남을 의식할 필요가 없는 게 본인을 위해 좋을 때도 있다. 그때그때 상황에 맞게 전문가의 상담을 받으면서 본인에게 맞는 공을 바꿔가며 돌릴 수 있는 마음의 여유가 긴 인생을 봤을 때 더 중요하다. 혹시 공이 바닥에 떨어지더라도 웃으면서 다시 시도하면 관중이 야유 대신 격려의 박수를 쳐줄 것이다.

교토삼굴狡兔三窟이라는 사자성어가 있다. 교활한 토끼는 3개의 숨을 굴을 파놓는다는 뜻이다. 토끼도 살려고 3개의 굴을 파놓았다. 여러분은 소중한 자산을 지키기 위해 지금 현재 몇 개의 굴을 파놓았는가. 투자의 세계에서 가장 강력한 상식은 자산 배분이다. 말 그대로 한곳에 쏠리지 않게 자산을 여러 곳에 나눠 투자해야 한다. 춘추전국시대 제나라의 재상 맹상군의 식객이던 풍환은 맹상군을 위해 지혜롭게 3개의 대비책을 마련해줬다. 풍환 덕에 맹상군은 매번 위기에서 벗어날 수 있었다.

나도 그동안 사업을 하면서 시행착오와 어려움을 참 다양하게 겪었다. 2011년경 친하게 지냈던 대학 선배와 지인들에게 큰돈을 사기당했다. 법적인 조치를 해도 떼인 돈을 받기 힘들어 몇 년 동안 우울증에 빠져 지냈다. 마음을 바꿔 좋은 일에 기부했다고 생각하고 아픈 기억을 날리기로 했다. 그 결과 사업과 투자에 집중해서 더 큰 부를 쌓을 수 있었다. 재테크에서 실패하더라도 인생을 길게 봤을 때는 실패의 경험이라는 큰 선물을 받게 돼 다음 경기에 남들보다 훨씬 더 앞설 수 있는 원동력을 가지게 된다.

투자의 세계에서도 자기주장이 강한 사람보다 자산 시장의 변화에 적응하면서 전문가의 말을 참조하고 여러 자산상품에 분산투자하는 사람이 살아남는다. 투자는 욕심에 가득 차 수익률을 무작정 쫓아다니기보다 스스로 철저히 공부한 뒤 분산투자라는 안전망을 만들어야 성공한다.

글로벌 금융위기에 많은 자산가와 투자 전문가가 쓰러졌지만 난 살아남았다. 이유는 아무리 좋은 투자처도 '몰빵투자'하지 않고 분산투자한 덕분이다. 월세 받는 도심권 새 아파트나 사무실 겸용 오피스텔, 지식산업센터, 상가주택, 건축 가능한 나대지, 배당성장 우량주식 등 10년 후에 살아남을 자산 위주로 포트폴리오를 짜는 게 10년 후 내 자산과 삶을 퀀텀점프시킬 수 있는 비책이다.

03
지능화된 기획부동산을 경계하라

호재 있는 토지 시장으로 투자자들의 관심이 이동하고 있다. 고객을 상담하다 보면 토지투자 관심이 증가했다는 것을 알 수 있다. 주로 남북화해 무드를 기점으로 파주시, 연천군 등 접경 지역과 3기 신도시 예정지 인근, 각종 개발계획예정지와 대규모 토지보상금이 나올 예정지 등이다. 국토연구원에서는 과천시, 하남시, 남양주시, 인천광역시 계양구 등 3기 신도시와 수도권 지역 신규 지정 공공택지를 중심으로 수십조 원이 풀릴 것이라고 예측했다. 업계에서도 2~3년 동안 많게는 80조 원의 토지보상금이 풀릴 것으로 내다본다.

기획부동산 다시 기승 중

토지보상금이 대거 풀릴 것으로 예상되자 기획부동산들이 기승을 부리고 있다. 문제는 이 기획부동산의 상당수가 보전산지 중에서도 개발할 수 없는 공익용산지나 개발제한구역, 비오톱(생물서식공간, 1등급은 개발행위 불가) 지정 토지, 농업진흥지역, 토지거래허가구역 내 토지의 개발 호재를 미끼로 권유한다는 점이다. 이들은 일반 주부를 채용해 지인 영업을 주로 한다. 쓸모없는 땅을 비싼 값에 아무것도 모르는 서민에게 떠넘기고 있는 셈이다.

한 지인이 기획부동산 꼬임에 넘어가 아들 장례를 치르고 남은 돈을 투자하게 됐다. 분할하기 어려운 임야를 시가보다 5배 이상 비싸게 매입했고 잘 팔리지 않아 낭패를 보고 있다. 교수나 의사, 법조인 등까지 기획부동산의 꼬임에 넘어가 장기투자를 하게 되는 경우를 종종 보게 된다. 나도 2001년에 재취업 자리를 알아보다가 기획부동산인지 모르고 근무할 뻔한 적이 있다. 수개 층의 고급 인테리어를 한 강남의 사무실에 100여 명이 일하고 있어 안정적인 대기업 계열사로 착각한 것이다.

기획부동산 측의 사기 수법에 대해 민사적으로 대금반환, 형사적으로 형사처벌이 가능하다. 하지만 이를 책임질 수 있는 자력이나 사람이 없어 실효성 있는 구제를 받을 수 없다. 책임을 회피하려고 주식회사 형태의 회사조직을 만들고 '바지사장'을 내세우는 등 책임자가 책임을 회피할 수 있는 구조가 대부분이다.

현실적으로 어려운 토지분할

기획부동산의 무분별한 토지분할과 분양을 예방하기 위해 '측량·수로조사 및 지적에 관한 법률 시행규칙'을 적용하고 있다. 현재 녹지 및 비도시지역에서 토지를 분할하고자 할 때는 '국토의 계획 및 이용에 관한 법률'에 따라 개발 행위(토지분할) 허가를 받아야 한다. 하지만 기획부동산들은 법원의 화해·조정조서 같은 확정판결이 있어야 개발 가능 여부와 무관하게 토지 지분 분할이 가능하다.

공동 지분 형태가 아닌 개개의 소비자 앞으로 단독 분할돼야만 제대로 된 재산권 행사를 할 수 있다. 현행 법규상 단독명의로 분할하기 쉽지 않을 수 있다. 토지를 분할하려면 지방자치단체로부터 허가를 받아야 한다. 지방자치단체는 투기와 난개발 우려로 엄격하게 심사한다. 요행히 단독 분할되더라도 분할된 부분 중 도로와 접할 수 없는 '맹지'가 되는 토지 부분은 향후 건축 등과 같이 토지 이용에 있어 제한을 받게 될 수밖에 없어 재산 가치가 떨어진다.

최근 지분등기나 법인 형태의 투자로 진화하고 있는 추세다. 2017년 7월 '개발제한구역의 지정 및 관리에 관한 특별법' 시행령 개정으로 그린벨트 내 토지 분할 제한면적 200㎡(60.5평) 이상이어도 투기 목적으로 판단되면 필지 분할을 거부할 근거가 마련되면서부터다. 이에 따라 개인투자자 수십 혹은 수백 명이 1필지의 지분을 나눠 갖는 지분등기나 토지는 법인이 소유하고 개인투자자가 회사 지분을 갖는 펀드형 방식이 등장했다. 연구소, 개발공사, 경매투자법인, 산업법인 등 법인을 내세운 방식이다. 사업자등록증의 업종이 개발업이 아니라면 의심을 해봐야 한다. 어느 쪽이든 매수한 후엔 자체 개발이 불가능하다. 되팔기도 어렵다. 본인도 매입했다면서 투자를 권유하고 소송을 대비해 특약서를 유리하게 적어놓아서 형사처벌도 쉽지 않다.

지적정보의 디지털화 등 IT와 접목한 스마트 국토정보 서비스 강화를 통해 일반인도 쉽게 기획부동산 여부를 확인할 수 있게 됐다. 토지 관련 각종 정보를 일반인에 공개하는 서비스는 온나라 부동산 포털과 토지이용규제정보서비스 등이 있다. 온나라_{www.onnara.go.kr}의 스마트폰용 모바일 홈페이지를 통해 임야 등 실외에서 GPS로 사용자의 현 위치를 파악해 현장지도, 토지정보, 건물정보 등을 실시간으로 확인할 수 있다. 해당 지역의 주소지와 공시지가도 확인 가능하다. 만약 기획부동산이 임야를 택지인 양 속여 팔면 현장에서 사기 여부도 알 수 있다. 스마트폰 인터넷 검색창에 '스마트 국토정보' 또는 주소창에 www.nsdis.go.kr을 입력해 실행시키면 접속 가능하다. 토지이용규제정보서비스_{luris.mltm.go.kr}를 이용하면 주소지 하나만으로 해당 지목과 면적 개별공시지가 지역지구 지정 여부 등을 알 수 있다.

다시 한 번 강조해야겠다. 일단 해당 주소지를 검색한다. 자연환경보전지역 등 개발 제한 임야에 해당되는지 확인한다. 토지 자체가 바둑판처럼 촘촘하게 쪼개져 있다면 기획부동산일 가능성이 높다. 지도와 함께 하단에 해당 지역의 법령 내용도 자세하게 적혀 있다. 투자를 결정하기 전 반드시 현장이나 인근 부동산에 들러보라. 해당 토지 정보를 정확하게 알아보고 전문 부동산컨설팅업체에 교차로 확인해야 기획부동산에 사기당하는 것을 예방할 수 있다.

❶ 전화로 투자 권유하면 일단 의심

텔레마케팅 부동산 사기는 쓸모없는 임야 등을 헐값에 구입한 뒤 무작위 고객에게 개발예정지라며 전화로 판촉 공세를 벌여 고가에 팔아넘긴다. 텔레마케팅 부동산 사기는 정부규제로 꽤 줄어들었지만 모르는 사람이나 오랫동안 연락이 끊겼던 사람에게서 투자 권유가 오면 일단 의심해본다. 투자처의 정확한 위치를 알려주지 않고 투자금의 10%를 계좌이체하면 자세한 내용을 알려주겠다는 식이다.

❷ 현지 실사 필수, 서둘러 등기 강요 땐 의심

현지에서 거래되는 가격과 개발 계획의 사실 여부도 직접 확인할 필요가 있다. 아울러 지적도, 토지이용계획확인원, 토지대장, 공시지가확인원, 등기부등본 등 관련 서류를 열람하고 관련 법규 및 법적 규제 등을 확인한다. 소유권이전등기 여부도 확인할 필요가 있다. 서둘러 등기를 강요한다면 의심해봐야 한다. 해당 토지를 보여주고 추후 주변 부동산에 가서 직접 확인해도 서로 짜고 속일 수 있다. 반드시 서류로 확인한다. 투자정보를 접한 투자자가 해당 지역을 인터넷에서 검색하면 해당 지역의 개발 호재를 올린 블로그와 각종 글이 검색된다. 사전에 작업한 가짜 정보일 가능성이 농후하다. 추후 투자 권유자와 함께 해당 지역을 직접 찾아 현지 공인중개업소에 해당 땅의 시세를 물어보면 미리 입을 맞춰둔 중개업자가 뻥튀기된 땅값을 불러주는 식이다. 평당(3.3㎡) 시세 400만 원이라는 현지 중개업소의 말을 듣고 200만 원에 사지만 실제 50만 원에 불과한 땅이라는 것이다.

❸ 금요일 오후에 설명하는 행위

금요일 오후에는 문서로 사실을 판명할 관공서 등이 문을 닫으므로 유의한다. 반드시 해당 서류, 담당자, 등기부등본을 확인한다. 개발계획도 직접 알아본다. 토지 소유주와 부동산업체와의 관계도 체크한다.

❹ 지번을 알려주지 않는 행위

지번을 알려주면 토지대장을 열람하므로 들통 나는 수 있어 회사 직원에게도 안 알려준다는 속설이 있다. 지번은 필지에 부여하는 지적공부 '토지대장, 임야대장, 공유지연명부 등'에 등록한 번호지만 번지는 행정 편의상 구획된 리, 동에 부여한 번호다.

❺ 회사 설립한 지 1~2년 된 신생업종

단기로 한탕해먹고 폐업하는 경우가 적지 않으므로 주의한다. 사무실이 지나치게 고급스럽거나 화려한 곳에서 근무하는 임직원 가운데 50~70대 주부사원이 주로 포진해 있으면 일단 의심한다. ○○컨설팅이라는 이름 대신 KB, 우리, 신한이라는 유명 금융기관 이름을 차용해 쓰고 경매나 공매 리츠란 이름을 상호에 덧붙이기도 하니 조심한다. 이런 업체는 유명 방송인, 부동산 전문가, 교수를 자문단으로 위촉해 순진한 투자자들을 현혹시키기도 한다.

04
채무승계부동산도
조심하라

노후 대비용으로 매달 월세가 꼬박꼬박 나오는 수익형 부동산을 알아보던 차에 임차인이 맞춰진 상가를 공짜로 가져가라는 말을 들으면 어떻게 하겠는가. 이희영(56세, 가명) 씨는 인터넷을 통해 부동산 소액투자를 알아보고 있었다. 그러던 중 거의 공짜나 다름없는 부동산에 끌리고 말았다. 채무승계부동산을 구입한 이 씨가 컨설팅 차 우리 사무실을 방문했다.

상가의 당초 분양가는 2억 7,000만 원, 할인 분양가는 1억 9,000만 원이다. 원 주인이 할인분양가 전액에 해당하는 금액을 대출받은 상태였다. 현재는 보증금 2,000만 원에 월 120만 원의 임대료를 내는 세입자가 있다. 대출을 그대로 승계하면 월 70만 원의 이자를 내고도 50만 원의 수익이 매달 발생하리라는 계산이 얼추 나왔다. 이 씨는 일단 계약을 맺었다. 대출을 일부 상환하러 은행에 들렀다가 청천

벽력 같은 말을 들었다. 전 주인이 담보대출 외에 신용대출을 추가로 받았다는 것이다. 등기부등본에 없는 내용이라며 항의했지만 은행은 포괄적 담보로 근저당이 잡혀 있으니 투자자에게 상환을 요구했다.

최근 원 주인의 대출금 등을 승계하는 조건으로 헐값에 처분한 부동산을 매입했다가 피해를 보는 사례가 많다. 채무승계부동산은 말 그대로 부동산의 소유권을 이전할 때 원 소유자의 대출금이나 전세보증금을 매수자가 그대로 떠안는 거래를 의미한다. 원 소유자가 매입 당시 대출을 매입 가격에 육박할 만큼 최대한 받았다면 새 매수자는 추가 자금 부담이 거의 없이 부동산을 넘겨받을 수 있다. 초기 자금이 부족한 사람들의 관심을 끌 수밖에 없는 대목이다.

이들은 잠재 매수자에게 웃돈까지 줘가며 채무승계부동산을 처분하기도 한다. 개발 호재로 다세대주택 투자 열풍이 불었던 인천 일대에서 집주인들이 대출을 끼고 빌라를 여러 채 구입했다 경기 악화 여파로 가격이 폭락하자 대출이자를 감당하기 어려워 채무승계의 대가로 현금을 주겠다는 광고를 지금도 찾아볼 수 있다. 이러한 채무승계부동산을 구입은 신중을 기해야 한다. 등기부등본상의 채무가 전부가 아닐 수 있다. 그게 사실이라면 더 많은 채무 부담을 져야 한다. 등기부등본에 나와 있지 않은 융자가 있다면 원래 넘겨받기로 한 채무 외에 숨은 융자까지 매수자가 떠안아야 한다. 정상 매물이라면 그런 방식으로 거래되지 않는다.

기존 대출을 승계하면 거치 기간이 거의 없다. 곧바로 원금과 이자를 상환해야 한다. 채무승계 물건은 시세보다 저렴하다. 그만큼 독이 될 수 있다. 자금이 없는 투자자가 채무를 승계했다가 이자를 내지 못한다면 더 많은 빚을 지게 되는 결과를 낳는다.

계약금 일부라도
돌려받는 방법

세법 이용해 협상하라

상담을 하다 보면 계약금을 매도자 계좌에 송금하고 나서 후회하는 경우를 맞닥뜨리게 된다. 정부규제와 경기 급락으로 시장이 변해 가격이 하락하거나 더 좋은 물건을 발견해 계약을 해지하고 싶기 때문이다. 조그마한 사업체를 운영하는 조해진(55세, 가명) 씨는 그동안 눈여겨본 강남권 재건축아파트에 실수요 차원에서 투자했다. 계약하자마자 정부의 규제책이 쏟아져 계약 당시보다 2억 원 이상 호가가 하락했다. 계약을 진행해야 할지 계약금 1억 5,000만 원을 포기해야 할지 조 씨는 고민했다.

이때 매도자와 협상을 통해서 손해를 최소화해야 한다. 관례적으로 계약 해제 사항이 계약서에 기재돼 있다면 매수자가 계약금을 입금한 채 잔금을 진행하지 않고 포기하면 매도자가 계약금을 전부 몰수해도 법적으로 대항할 방법이 없다. 계약서의 '당사자 일방이 이행에 착수(중도금 또는 잔금)하기 전까지 매도인은 계약금의 배액을 상환하고 매수인은 계약서에 당사자 일방이 이행에 착수(중도금 또는 잔금)하기 전까지 매도인은 계약금의 배액을 상환하고 매수인은 계약금을 포기하고 계약을 해제할 수 있다'는 것은 해약금 계약이기 때문이다. 계약 해제 조항에 없거나 해약금 조항만 있는 계약서라면, 당사자 일방의 이행지체나 이행불능으로 상대방이 계약을 해제시킬 때 계약금을 무조건 몰수당하거나 배액상환하지 않는다. 그에 따른 손해만 배상한다. 이마저도 예측이 가능해야 하고 주장하는 자가 입증할 수 있어야 하므로 받기 어렵다.

당사자 일방이 자발적으로 계약금을 포기하거나 배액을 상환해주기 전에는 상대방이 아무리 강하게 요구해도 법적 강제력이 없다. 이와 달리 위약금 조항을 넣은 경우 당사자 일방이 계약을 위반해 계약이 해제되면 계약금은 당연히 몰수되거나 배액상환해야 한다. 이 때는 법적 강제력이 수반된다. '계약금을 포기하고 계약을 해제할 수 있다'고 기재돼 있으면 해약금 계약이다. 우선 매수자가 다주택자의 경우 잔금을 마무리하고 손해 본 상태에서 다시 시장에 내놓는 경우를 생각해볼 수 있다. 그동안 가격이 많이 오른 주택을 양도소득세 과세산정기간(1월 1일부터 12월 31일)에 동시에 매도해 손해 본 금액을 가격이 오른 주택 이익분 금액과 합산해서 계산하는 방법이다. 동일한 연도에 2회 이상 양도소득세가 과세되는 재산을 양도하면 합산해 과세하기 때문이다.

세무당국은 계약 파기금도 소득으로 본다는 것을 협상에 이용한다. 계약 파기 시 공인중개사는 실거래가 수정 신고를 한다. 이 사실은 세무당국이 바로 파악한다. 300만 원 이하 소액이라면 매매계약이 해지되는 경우 소득세법상 기타소득이 된다. 소득세 신고를 선택할 수도 있다.

2007년부터 국세청은 위약금에 대한 소득세를 부과하고 있다. 원천징수영수증을 작성해 위약금을 받은 자에게 교부할 의무를 진다. 위약금을 지급한 자는 위약금의 22%에 해당하는 원천징수액을 세무서에 신고 납부해야 한다. 원천징수영수증을 작성해 위약금을 받은 자에게 교부해야 한다. 위약금을 받은 자는 원천징수영수증을 첨부해 다음해 5월 말까지 소득신고하고 세금을 납부한다. 만약 기타소득이 300만 원을 초과하면 모든 소득과 합산해 종합과세 신고한다.

1,200만 원 이하는 6%, 1,200~4,600만 원은 15%, 4,600~8,800만 원은 24%, 8,800~1억 5,000만 원은 35%, 1억 5,000만~3억 원은 38%, 3~5억 원은 40%, 5억 원 초과는 42%의 세율을 적용한다. 15% 정도 종합소득세를 적용받는 분이 매수자의 계약금 포기분(계약금 1억 5,000만 원)을 세무서가 기타소득으로 파악하고 매도자의 소득세율에 38%를 적용하면 부담된다.

강남권 고가주택 소유자는 고소득 자영업자가 많아서 소득세율도 높다. 이런 사정을 부동산중개인을 통해서나 내용증명서를 통해 매도인 측에 알리면 계약금의 절반 정도는 의외로 쉽게 돌려받을 수 있다. 내 조언대로 고객이 계약금 일부를 돌려받은 적도 많다.

활기찬 노후 보내는 방법 5가지

노후 대비라고 하면 한국인들은 돈이 먼저라고 생각하기 쉽다. 중산층을 분류하는 기준을 보더라도 미국이나 유럽 등에서는 자신이 즐기는 스포츠와 악기가 하나쯤 있느냐, 남들에게 자신 있게 해줄 수 있는 요리와 정기적으로 받아보는 비평지가 있느냐, 봉사 활동을 꾸준히 하고 있느냐, 자신의 주장에 떳떳하고 부정과 불법에 저항하느냐 등이 기준이다. 하지만 한국은 일정액 이상의 연봉과 금융자산, 소유하고 있는 아파트의 평수와 차의 크기 등이다.

우리도 선진국으로 올라갈수록 행복한 노후를 위해서는 '돈'보다 외적인 것에 더욱 관심을 가지게 될 것이다. 물론 기본적인 의식주가 준비된 상태에서 노후 대비를 얘기하는 것이다. 나도 활기찬 노후를 보내려고 궁리도 하고 준비도 하지만 여전히 부족하다.

20년 동안 컨설팅을 통해 불안한 노후를 걱정하는 사람들을 만났다. 은퇴자들이 어떻게 여가를 보내는지 수년째 같이 부대끼면서 활기찬 노후에 대해 연구했다. 은퇴를 앞뒀다면 눈높이를 좀 낮출 필요가 있다. 동네에서 쉽게 할 수 있는 운동으로 서서히 바꿔보기 바란다. 값비싼 생선회보다 회덮밥이 몸과 마음에 부담이 없어 좋을 수 있다. 친구들에게 사주거나 대접받아도 큰 부담이 없다. 어차피 뱃속에 들어가면 생선회나 회덮밥이나 거기서 거기다.

$$S = X + Y + Z$$

아인슈타인의 성공 공식이다 성공하는 노후를 보내는 법과 일맥상통한다. 여기서 S는 성공Success, X는 말을 많이 하지 않는 것, Y는 생활을 즐기는 것, Z는 한가한 시간을 갖는 것이다.

나이 들수록 여성화되는 남자들

생물학적으로 남성은 나이가 들수록 여성호르몬 분비가 활발해져 여성화되고 거꾸로 여성은 남성화돼간다. 남성호르몬인 테스토스테론은 뼈와 근육을 증강시키는 데 도움을 준다. 여성호르몬인 에스트로겐은 지방 합성의 증가와 간 기능, 뼈와 심장에 도움을 주는 호르몬이다.

남성은 나이가 먹을수록 가족의 사소한 말 한마디에 서운함을 느끼며 나약한 남성상을 보이기 마련이다. 폐경기와 비슷한 증상도 온다. 남자는 나이가 먹을수록 약한 존재로 전락할 수 없다는 것은 존스홉킨스대학의 조사 결과에 잘 나와 있다. 남녀 간에 미각, 촉각, 후각은 차이가 별로 없지만 남자의 청각과 시각은 여자보다 크게 떨어지는 것으로 나왔다.

남성은 연령과 상관없이 전반적으로 여성과 비교하면 청각 능력이 좋지 않다. 같은 나이의 여성에 비해 청력 상실을 겪을 확률이 5.5배나 높다. 20세부터 청각 능력이 떨어진다는 것이다. 남녀의 시각 능력은 선천적으로 차이가 난다. 색을 식별하려면 3가지 단백질이 필요한데 이 중 2가지 단백질을 포함한 유전자가 X염색체에 있다. 여성은 성염색체가 XX로 구성돼 하나의 X염색체가 손상돼도 다른 하나로 보완할 수 있다. 반면 남성의 성염색체는 XY로 구성돼 있어 보완이 불가능하다. 손상된 남성의 X염색체는 시각 능력을 현저하게 떨어뜨린다.

명함을 내던지고 여자들의 친밀 본능을 배워라

집안일을 주로 하는 기혼 여성들은 엄청 바쁘다. 학부모로 이어진 촘촘

한 인간관계와 동네 모임, 친자매들 모임이 빈번해 집 안은 주로 은퇴한 남편들이 외롭게 지키는 경우가 부지기수다. 사무실 한 번 방문하면 식사 대접하겠다고 몇 번을 얘기해도 24시간 분초를 쪼개서 쓰는 나보다 더 바빠 약속을 잡지 못할 지경이다.

여자들은 마음이 가는 상대방이라고 생각되면 두세 시간 넘게 통화하고 "그럼 자세한 건 만나서 얘기해" 하며 전화를 끊는다. 카페에서 만나 서너 시간 수다를 떨고 "집에 가면 전화해"라면서 집에서 밤새 전화로 수다를 또 떤다. 그렇게 공감 가는 사람과 최소 하루 2만 단어 이상을 수다를 통해 뱉어내고 감정 표현을 해야 오래 산다. 여성이 쉽게 다른 사람과 친해지고 잘 어울리는 것도 장수의 이유다.

남자는 현역에서 한참 명함을 돌리며 활동할 때는 밤낮으로 찾는 사람이 많지만 명함으로 맺어진 인간관계는 은퇴하면 썰물처럼 빠져나간다. 남자는 목적이 확실하지 않으면 모임에도 잘 나가지 않고 몇 번 나가게 되더라도 군대나 회사 생활처럼 회장, 부회장, 고문, 총무 등 서열을 만든다. 매일같이 전화통을 붙들고 얼굴 맞대고 얘기하며 사는 자매들과 달리 남자 형제끼리는 설이나 추석, 부모님 기일 등 목적이 없으면 잘 만나지 않는다. 남자도 노후에 외롭지 않으려면 돈을 모으는 게 전부가 아니다. 명함이 없어도 친밀해지려고 노력하는 여자의 본능을 배워야 한다.

책을 가까이 하라

"책은 우리 안에 있는 꽁꽁 얼어붙은 얼음을 깨는 도끼"이고 "책은 몸의 근육을 만든다". 성공한 사람은 '인간의 창의성과 성공이 독서에서 시작된다'는 데 의문을 갖지 않는다. 모든 힘이 독서에서 나온다고 믿는다. 스티븐 스필버그는 '영화를 만드는 데 밑바탕인 상상력과 창의력이 독서에서 나온다'고 했다. 《책 읽는 뇌》(살림, 2009)의 저자 매리언 울프는 '많이 읽어야 뇌가 발달한다. 디지털 화면이 아니라 책의 세계에 빠져들어야 한다'고 했고 워런 버핏도 '책을 가까이 함으로써 부자로 성공할 수 있었다'고 술회하고 있다.

책은 과거의 뛰어난 사람과 대화하는 것이다. 독서는 거인 어깨 위에 올라 세상을 보는 방법이다. 지방자치단체별로 도서관이 잘 갖춰져 있다. 공공도서관은 지속적으로 확대될 것으로 보인다. 책 외에도 영화나 유명 강사 초빙, 동호회 활동 등이 잘 구비돼 있어 하루 종일 도서관에 있어도 심심하지 않다. 나도 일주일에 하루는 꼭 구별로 도서관 순례를 한다.

반면 TV를 매일 1시간 더 볼 때마다 알츠하이머가 30% 높아진다는 연구 결과도 있다. 스마트폰 화면을 통해 독서를 하는 것보다 직접 책으로 정보를 받아들이는 것이 좋다. 책을 읽으면 정보가 뇌 깊숙이 침투하고 정보를 잘게 쪼개 내 것으로 만들며 치매 예방에도 좋다.

에너지 뺏는 사람을 멀리하라

17년간 병석에 누워 83세 장수하는 나라. 통계청 생명표에 나타난 우리나라 장수의 현실은 평소 스트레스와 건강관리만 잘하면 병상에 누워 있는 기간을 줄일 수 있다. 스트레스 관리를 위해 에너지를 뺏고 스트레스를 주는 사람은 만날 필요가 없다. 이런 사람들은 멀리해야 정신 건강에 좋다. 죽을 때까지 맘이 맞고 좋은 사람을 만나도 시간이 부족하다.

우둔하고 감사할 줄 모르는 자에게 가진 자가 고기반찬과 약간의 현금을 베풀어도 오히려 숨은 의도가 있지 않은지 의심한다. 심지어 비난하고 순수하게 베풀고 있는 가진 자의 에너지를 뺏는다. 결국 못 가진 자는 고기반찬과 현금을 취하지 못한다. 현명한 사람은 가진 자가 베풀면 받은 것 이상으로 매번 감사함을 표시한다. 고기반찬과 현금까지 더해 안정적인 직장까지 얻게 된다.

남과 비교하면 불행해진다

스페인에서는 명품을 두른 사람을 만나기 참 어렵다. 의사나 교수, 기업가 등이 주최하는 파티에 가면 길거리 음악가, 요리사, 유치원 교사 등 다양한 사람이 즐기고 어울린다. 행복의 기준이 가진 것부터 시작하지 않고 동료 평가를 잘 하지 않는 데서 그 이유를 찾을 수 있다.

'배고픈 것은 참아도 배 아픈 것은 못 참는다'는 말이 있다. 끊임없이 남과 자신을 비교하면 불행해진다. 목표로 한 현금 10억 원을 모아도 주변 사람이 가진 20억 원을 부러워하면 다시 불행해질 수밖에 없다.

나도 사업이 힘들 때면 잘될 때를 생각하기보다 인생의 고비에서 자살 충동을 느낄 만큼 힘들었을 때를 떠올려보고 힘을 얻곤 한다.

꼭 쓸 돈은 반드시 써라

10억 원이란 목표치가 있으면 5억 원을 더 높게 잡아 15억 원을 목표로 할 필요가 있다. 10억 원은 가족을 위해 쓰고 5억 원은 가족을 부양하느라 힘들었던 자신을 위해 쓰는 게 먼 훗날 가족에게 이익이 될 수 있다.

모 유명 자산운용사 대표는 아이들 교육비와 커피값 등을 아껴서 주식에 장기투자하라고 전국을 다니면서 수년째 강연하고 유튜브 방송도 하고 있다. 언뜻 듣기에는 맞는 말일 수 있다. 하지만 교육은 때가 있는 법이다. 커피도 마시면서 좋은 사람들과 환담해야 정서적으로 안정되고 자영업 경기가 살아 내수 경기에도 큰 도움을 준다. 과연 누구 말이 맞는지 여러분 스스로 자문해보기 바란다.

8장

10년 후에도 유망한
토지투자법

01

미래 가치 높은 토지 고르는 8가지 노하우

현지 방문은 필수

정권이 바뀔 때마다 주택 시장에 대한 정책은 '풀었다 조였다'를 반복한다. 문재인 정부 들어 주택 시장이 몇 년 동안 급상승했다. 하지만 서민 지지를 얻기 위해 더 강한 정책이 나올 가능성이 크다. 3기신도시 추가 발표와 공항, 고속도로, GTX 등 대형 사업에 대한 예비타당성 조사 면제로 10년 후에도 국내외적 큰 변수만 없다면 땅값상승세는 지속될 것으로 본다.

이런 분위기에 편승해 일부 유튜브나 인터넷 블로그, 인스타그램 등을 통해 아무 토지나 유망 토지로 포장해 허위 정보를 제공하고 있다. 인터넷을 통해 정보를 얻었다면 반드시 현장을 방문해 해당 필지를 확인한다. 지역 관공서 홈페이지를 방문하거나 지역 공청회 자료, 공시공람 자료, 해당 분야 전문가를 통해 사실 여부를 꼭 체크한다.

지역신문과 주민공람회를 눈여겨봐라

나는 지방 토지 탐방을 갈 때마다 지역신문을 한두 부씩 챙겨온다. 지역신문은 중앙지에서 다루지 않은 해당 지역의 주요 개발 진행 상황과 발표 자료들을 자세히 다룬다. 투자자 입장에서 보면 지역신문은 보물 같은 지도다. 더 알고 싶은 정보는 지역신문 인터넷 홈페이지도 찾아보고 시·군·구청 홈페이지, 해당과에 방문해 문의해보면 개발 상황을 쉽게 알 수 있다.

주목할 것은 주민공람회다. 주민공람회에서 주민을 상대로 자세한 개발계획을 비롯해 개발 기간, 주요 개발 현황, 개발도 등을 공개한다. 개발 지역 위치와 지번까지 발표된다. 지방자치단체 홈페이지를 통해서도 공람회 소식을 비롯해 각종 도시개발계획 자료를 파악할 수 있다. 도로가 들어설 위치, 공공기관 정문 또는 후문 위치도 나와 있다. 개발지와 너무 가까운 곳의 토지투자는 수용 가능성이 있으므로 실이익이 없다. 토지 수용을 하게 되면 시세보다 거의 공시지가에 맞춰 지급된다. 약간 개발지와 떨어진 곳을 추천한다. 주민공람회는 지역 주민이 아니더라도 참석할 수 있다. 가급적 현지 상황을 잘 아는 발이 넓고 믿을 수 있는 현지인과 동행하기를 권한다. 예의를 갖춰 친하게 지내다 보면 '괜찮은 누구네 땅이 나왔는지' 등의 정보를 얻을 수 있다.

농지취득자격증명 발급을 확인하라

지목이 농지가 아니더라도 현황상 농지이면 농지 취득 시 '농업경영계획서'를 작성해서 농지취득자격증명(농취증)을 발급받아야 한다. 경매를 통해 농지를 낙찰받으면 사전에 반드시 농지취득자격증명 발급에 문제가 없는지 확인한다. 단, 주말체험영농을 하려는 사람은 총 1,000㎡ 미만의 농지를 소유할 수 있다. 1,000㎡가 안 되는 농지를 경매로 받았다면 주말체험영농으로 신청하고 농업경영계획서 없이 농지취득자격증명을 발급받을 수 있다. 이 경우 면적 계산은 그 세대원 전부가 소유하는 총면적으로 한다. 주거지역, 상업지역, 공업지역에 소유한 농지 면적까지 합산해 1,000㎡를 계산하게 된다.

농지취득자격증명 발급은 지방자치단체별로 차이가 있지만 3~4일 정도 걸리며 실무에서는 하루 만에 발급이 가능하기도 하다. 농지에 무허가 건축물이 있으면 농지취득자격증명 발급이 안 된다. 일단 무허가 건물을 허물고 농지취득자격증명을 발급받는다. 대차貸借는 계약서 없이 현지 농부에게 농사를 무상으로 맡기는 경향이 있다. 소작인은 가끔 쌀이나 농산물로 대가를 치르는 것이다. 농지는 농지법상 자경自耕이 원칙이다. 임대차계약서 자체가 불법이므로 구두 계약하고 계약 기간 제한을 두지 않는다.

지목변경을 고려하라

가격이 싼 산지나 농지를 전용해 건축 행위를 할 수 있도록 만드는 땅으로 바꾸는 지목변경은 내 땅의 값어치를 올리는 방법 가운데 하나다. 개발 호재와 상관없이 용도만 변경하면 땅의 가치를 올릴 수 있다. 지목변경 전 토지이용계획서를 우선 확인한다. 지목에 따라 건축 행위 여부와 건축물의 종류를 알아봐야 한다.

지목변경은 국토의 계획 및 이용에 관한 법률과 같은 관계법령에 의해서 토지의 형질변경 같은 공사가 준공된 경우, 토지 또는 건축물의 용도가 변경된 경우, 도시개발사업 같은 원활한 사업 추진을 위해 사업 시행자가 공사 준공 전에 토지합병을 신청하는 경우에 가능하다. 농지에 농지전용을 받아서 주택을 지으면 대지로 지목변경이 되고 토지 값어치가 올라가게 된다.

논을 밭으로 바꾸면 농지개량 행위로 인정돼 농지보전부담금이 부과되지 않는다. 농지를 개량하면 농지전용허가를 꼭 받아야 한다. 보전관리지역의 임야도 적법한 허가를 받아 나무와 흙을 팔아서 수익을 얻고, 임야에서 잡종지로 지목을 바꿔 땅값이 폭등한 사례도 있다. 전국 임야에 태양광발전시설이 눈에 띄게 많아진 이유는 무얼까. 태양광발전 설치 시 '임야'에서 '잡종지'로 변경 가능하기 때문이다. 임야에 태양광을 설치하면 지목이 임야에서 주차장이나 건물 등을 지을 수 있는 잡종지로 자동 변경이 가능하다는 말이다. 태양광발전 수입 외에 토지가격 상승을 기대할 수 있는 부분이다. 지금은 대다수 지방자치단체가 임야 내 태양광을 설치하고자 하는 사업자는 최대 20년 동안 태양광발전시설 목적으로 산지를 이용하고 나무를 심어 산지로 복구해야 함과 동시에 지목변경도 불가능하게 개정됐다.

토임은 토지임야의 줄임말이다. 토임은 서류에 지목상으로만 임야일 뿐 밭이나 논으로 쓰이면서 임야 시세로 거래되는 저평가된 땅이다. 장기간 현황과 달리 지목이 다르면 토임도 전(밭)으로 쉽게 바뀔 수 있다. 당연히 임야에서 전으로 지목이 바뀌면 토지 가치는 상승한다. 지목이 농지일지라도 개발 행위 허가를 받은 농지는 은행에서 감정평가를 할 때 인근 대지를 기준으로 감정해 대출 한도를 높게 받을 수 있다. 이 방법은 전문적인 방법이다. 현지 금융기관과 친분이 있는 사람에게 맡기는 게 낫다. 지목변경은 반드시 토지매입 전 해당 분야 전문가와 상담 후 진행하는 것을 추천한다.

못생긴 땅에 관심 가져라

토지 답사를 회원들과 다니다 보면 못생긴 땅을 가끔 만나게 된다. 발상의 전환으로 이런 땅을 싸게 매입하기를 적극 추천한다. 움푹 들어간 땅은 흙으로 메우면 된다. 일부 시골에서는 남는 흙을 처리하는 데 애를 먹기도 한다. 값이 싼 못생긴 맹지를 산 다음 길가에 접한 앞 땅까지 추가로 매입해 투자수익을 높이는 방법도 있다.

국토계획 및 이용에 관한 법률에 따르면 50cm 이상을 절토하거나 성토하는 경우 관할청에 신고해야 한다. 농지의 생산성을 높이려고 농지의 형질을 변경하는 경우 인근 농지의 관개, 배수, 통풍 및 농작업에 영향을 미치지 않아야 한다. 성토는 인접 토지보다 높거나 당해 농지의 관개에 이용하는 용수로보다 높지 않아야 한다. 농작물 경작 등에 부적합한 토석이나 골재를 써도 안 된다. 절토는 토사의 유출과 붕괴로 인근 농지에 피해가 발생하지 않게 해야 하며, 비탈면이나 절개면에 토양 유실을 방지하는 안전 조치가 돼 있어야 한다.

구거를 눈여겨봐라

구거는 소규모 수로부지를 말한다. 대개 논에 붙어 있다. 땅 투자 고수들은 이런 구거를 노린다. 구거를 이용하면 땅을 메워 진입로나 도로를 만들 수 있다. 논에는 항상 물이 흐르는 도랑이 있다. 일부러 구거를 활용하려고 논을 찾는 사람이 있을 정도다.

지적도를 떼어봐서 구거라고 표기돼 있으면 눈여겨보자. 일반 투자가들은 구거의 가치를 잘 몰라 저평가돼 있다. 구거 점용허가를 받게 되면 구거가 있는 곳에 다리를 놓거나 흙으로 메워 땅을 평평하게 할 수 있다. 투자 가치가 있는 땅으로 변신하는 것이다. 구거든 하천이든 다리를 놓을 때는 반드시 인근 토목건축설계사무소와 상의한다. 단, 구거 점용허가는 먼저 낸 사람에게 사용 우선권이 있다.

구거 점용허가의 담당 기관은 다음과 같다. 경지 정리된 토지의 구거는 한국농어촌공사, 구거가 천(하천)으로 표기된 경우는 시·군에서 관리한다. 시청 새마을과에서 점용허가를 내주기도 한다. 점용허가 시 공시지가의 5% 정도를 허가비로 징수한다. 임대 기간은 약 10년이고 사용 기간 갱신도 가능하다. 단, 하천부지 점용허가를 받으려면 5m 이내여야 한다.

시가화 예정용지를 눈여겨봐라

도시 발전을 대비해 필요한 개발 공간을 미리 확보해두는 것이 시가화 예정용지다. 도시를 확장하거나 새로운 도시를 만들려면 땅이 필요해서 미리 준비해두는 것이다. 시가화 예정용지는 도시지역의 자연녹지지역, 관리지역의 계획관리지역, 개발진흥지구 가운데 개발계획을 아직 수립하지 않은 지역 등이다. 시가화 예정용지는 도시계획을 할 곳이므로 투자 가치가 높다. 시·군·구청의 도시과를 방문해 도시기본계획 도면을 열람해보면 시가화 예정용지를 알 수 있다. 시가화 예정용지는 도시기본계획상의 개념으로 주거지역이나 상·공업지역으로 활용된다. 도시지역 내 농지 가운데 주거지 인근에 위치한 자연녹지지역이 시가화 예정용지로 선정될 확률이 높다. 비도시지역에서는 계획관리지역이 선정될 확률이 높다. '시가화 예정용지'와 비슷한 '시가화 조정구역'은 최단 5년에서 20년까지 도시개발이 유보되는 지역이다. 이 조정구역 땅을 사게 되면 장기간 묶일 가능성이 있다.

건축이 안 되는 땅도 있다

건축이 된다는 생각에 무조건 토지에 투자하면 낭패 본다. 용도지역이 섞여 있는 땅의 경우 주변은 모두 농림지역인데 몇 필지만 계획관리지역이면 계획관리지역에 해당되더라도 개발이 쉽지 않다. 용도지역만 보고 시세차익을 노리는 투자에 나섰다가는 실패하기 십상이다. 계획관리지역이지만 문화재보호구역으로 주변에 문화재 발굴로 인해 건축 제한을 받아 건축행위가 거의 불가능한 곳도 있다. 토지 거래 시 사전에 반드시 지방자치단체에 건축행위 관련 문의를한다. 최소한 거래계약서에 건축제한 상황 발생 시 계약을 무효화하는 특약 사항을 반드시 추가한다.

지목변경을 고려하고 토지투자하라

02

개발 압력이 높은 지역의 토지가격은 10년 후에도 지속적으로 상승할 것이다. 운 좋게 오래전 투자한 땅값이 올랐거나 개발보상금을 받아 큰 부자가 된 예는 수없이 들어봤을 것이다. 하지만 토지투자자 대부분은 팔리지 않아 할 수 없이 장기투자하거나 가격이 투자 당시보다 하락하기 일쑤다. 시간이 갈수록 토지가격이 상승하길 기다리는 투자는 아마추어 방식이다. 지목변경 등의 방식으로 개발을 해서 토지 가치를 높인 다음 필요한 사람에게 적절한 가격에 팔고 엑시트를 잘해야 진정한 프로다.

지목변경이란

입지가 좋은 농지나 산지를 개발행위 허가를 받아 전원주택이나 펜션부지, 공장용지, 창고용지, 음식점부지로 개발하는 것을 지목변경이라고 한다. 개발행위 허가를 받으려면 반드시 기반시설인 진입로와 배수로를 확보하거나 확보할 수 있어야 한다. 임야는 경사도나 입목이 해당 시·군·구의 도시계획조례에서 정한 허가 기준에 적합해야 한다. 농지는 농지취득자격증명을 발급받아 소유권이전을 할 수 있어야 한다.

토지 주변의 개발 호재와 상관없이 용도만 변경하면 땅의 가치를 높일 수 있다. 지목변경 전 토지이용계획서를 우선 확인하라. 지목에 따라 땅의 가격 차가 벌어진다. 지목변경은 땅의 주된 용도를 변경하는 것이다. 실지지목과 지적공부상의 지목이 다를 때 지목대로 지적공부를 변경하고 등록하는 것을 말한다.

지목이란 토지의 주된 용도에 따라 토지의 종류를 구분해 지적공부에 등록하는 것이다. 지적법에서 지목은 논(전), 밭(답), 과수원(과), 목장용지(목), 임야(임), 광천지(광), 염전(염), 대지(대), 공장용지(공), 주유소(주), 잡종지(잡) 등 28가지로 구분한다. 토지에서 지목은 가치를 판단하는 가장 중요한 요소다. 지목에 따라 건축행위 여부와 건축물의 종류가 결정된다. 그래서 싼 값에 토지를 매입해 지목을 변경하는 것을 재테크 수단으로 삼고 있다.

토지의 개발행위 허가 여부는 해당 지방자치단체 인허가 담당자에게 문의하거나 토지소재지의 토목설계사무소를 방문해 컨설팅을 의뢰하면 된다. 지목변경은 전문 영역일 뿐 아니라 경험이 풍부한 사람의 도움이 절대적이므로 가급적 전문가의 컨설팅을 받아야 한다. 토지 거래 허가 조건이 예상과 달리 난관에 부딪칠 가능성도 있으므로 특약 사항에 '토지거래 허가 조건으로 계약을 한다'는 문구를 넣어야 낭패를 미연에 방지할 수 있다.

지목변경 전 확인 사항

매입한 땅에 건축물을 지을 수 있는지 알아봐야 한다. 땅을 사려는 사람은 토지 매입 전 시·군·구청에서 토지이용계획확인서를 발급받아 용도지역을 확인한다. 도시계획조례를 통해 해당 토지에 들어설 수 있는 건축물인지 점검하는 것이다. 용도지역은 토지의 이용 및 건축물의 용도, 건폐율, 용적률, 높이 등을 제한함으로써 토지를 경제적이고 효율적으로 이용하기 위해 도시관리계획으로 결정된 지역이다. 용도지역은 도시지역, 관리지역, 농림지역, 자연환경보전지역 등으로 구분한다. 지목변경은 개발행위를 해야 하므로 대부분 관리지역에서 한다.

개발행위비용을 체크하라

지목에 따라 개발행위 허가비용이 정해져 있다. 전, 답, 과수원 같은 농지에 건물 신축 시 농지보전분담금이라는 세금을 내야 한다. 임야라면 대체산림자원조성비를 납부해야 한다. 농지보전분담금은 평당 공시지가의 30%를 평수에 곱한다. 대체산림자원조성비는 평당 1만 원 정도의 세금이다. 농지에서 허가를 받든 임야에서 허가를 받든 개발행위 허가를 얻는 것은 동일하지만 그 허가를 위해 필요한 전용비용은 다르다. 전용비용 대비 투자수익률을 사전에 분석해보고 투자한다.

농지전용 허가만으로 땅값 상승

농지전용이란 농지를 농업생산이나 농지개량의 목적이 아닌 그 외의 용도로 사용하는 것이다. 농지전용을 하려면 농지부터 취득한다. 비농업인이 농지를 소유하는데 몇 가지 제한 요소가 있다. 현재 농지법에서 비농업인은 주말·체험농장 정도의 소규모(1,000㎡ 미만) 농지, 상속에 의한 취득이나 담보농지, 농지전용 허가를 받은 농지에 한해 취득할 수 있다. 실무적으로는 현지인의 명의로 지분을 분산 취득해 전용허가를 받기도 한다. 농지를 취득하고 전용 신청을 하려면 해당 토지의 경지정리 및 용수개발과 연접개발제한 접촉 여부 등을 확인하는 것이 중요하다. 해당 토지 주변에 경지정리 및 용수개발 등이 미비하면 전용비(농지보전부담금)가 높아진다.

지목변경, 이렇게 한다

지목변경은 농지전용(산지전용) 허가 → 형질변경(토목공사, 부지조성)

→ 건축물 건축 → 지목변경 등의 절차를 거쳐야 한다. 맨 먼저 농지 취득과 개발규제 등을 확인하고 농지전용허가신청서를 작성해 농지관리위원회에 제출한다. 농지관리위원회는 사업 목적이 타당한지, 유해 시설인지, 건축 용도의 기반시설은 갖춰져 있는지 확인하고 시장 또는 군수에게 신청서류확인서를 제출한다. 관할관청의 농지전용 허가 심사를 거쳐 통과되면 토지형질 변경 공사를 한다. 단, 농지보전부담금 납입을 조건으로 농지전용 허가를 한 경우라면 농지보전부담금의 납입을 확인한 후에 농지전용허가증을 교부하게 된다. 지목이 임야라면 산지전용 허가를 받아야 한다. 산지전용 허가를 받으려면 사업계획서, 산지내역서, 지형도, 임야도 등 농림부령이 정하는 서류를 구비해 산림청장에게 신청서를 제출해야 한다. 농지전용 허가를 받으려면 해당 농지의 소재지를 관할하는 농지관리위원회에 농지전용허가신청서를 제출하고 위원회의 확인을 거쳐 농림부장관의 허가를 받아야 한다. 신청서 제출 시 사업계획서, 소유권 내지 사용권 입증자료, 지적도등본, 지형도 등을 구비해야 한다. 관할청은 허가를 하는 경우 농지전용허가대장에 이를 기재하고 허가증을 신청인에게 교부한다. 지목변경까지 마무리짓지 않아도 전용 허가가 떨어지면 지목변경이 완료된 거나 다름없지만 토지대장에는 건축물을 준공해야 지목이 변경된다.

농지전용 후에는 형질변경을 하게 된다. 형질변경은 경사진 임야를 평지로 만들거나 수로와 구렁으로 돼 있는 논을 흙으로 메워 건축할 수 있는 용지로 만드는 것으로 부지조성공사를 말한다. 형질변경을 하고 난 다음 그 토지가 속한 각 용도지역에 따라 허용되는 건폐율, 용적율, 건축 가능한 건축물을 확인하고 그에 맞는 건축물을 짓게 된다. 건축물이 완공되면 관할 행정처에서 지목변경을 신청한다. 지목이 답(논)이었던 농지에 공장을 지었다면 공장부지(공)로 지목을 변경하는 것이다.

마지막으로 관할 행정청에 지목변경을 신청한다. 신청을 받은 행정청은 현지에 담당 공무원을 파견해 이용 현황이나 관계 법령의 적합 여부 등을 조사한다. 조사 결과 지목변경을 허가하는 경우 토지이동정리결의서를 작성하고 대장과 도면을 정리하는 과정을 거친다. 지목변경으로 인해 등기부등본의 지목 기재를 변경하려면 토지대장등본 또는 임야대장등본을 첨부해 등기촉탁서를 작성하고 제출한다. 토지는 지목변경 전에 형질변경을 하는 것만으로도 부동산의 가치에 큰 영향을 끼친다.

실제로 지목변경 절차를 밟다 보면 이론과 달리 일사천리로 진행이 되지 않을 수 있다. 혼자서 해보는 것도 좋지만 지역 사회 특성상 현지 설계사무소나 전문중개업소를 찾는 게 도움이 될 수 있다. 내가 운영하는 컨설팅회사도 일의 신속성과 정확성을 위해 현지 전문업소를 찾는다.

허가받은 땅이라도 철저히 점검하라

허가받은 땅이라면서 비싸게 부르는 땅이 있다. 토지투자 초보자는 지목변경이 마무리되지 않은 상태에서도 허가받은 땅이면 전부 투자 가치가 있다고 착각한다. 개발행위 허가는 최초 허가 기간으로부터 2년 동안 유효하다. 1회에 한해 1년 연장할 수 있다. 최근 지방자치단체에서 허가 기간이 경과한 토지 허가를 취소하고 있다. 허가증만 믿고 토지를 거래하다가 매수자는 부서 담당자의 재량과 지방자치단체의 심사를 거쳐 허가권 명의변경이 불가능할 수 있다. 사전에 개발행위 허가 기간을 반드시 확인한다. 허가 종류에 따라 주택은 되지만 공장용지는 안 되는 경우도 있다. 공장은 개발행위 허가 시 주민 민원으로 도시계획심의 대상 시설이 많기 때문이다.

03
미래의 황금알,
세종특별자치시 토지 접근법

"우리가 미국 가면 주로 뉴욕을 가나요, 아니면 워싱턴을 가나요." 미국 여행 시 뉴욕엔 반드시 들르지만 워싱턴을 꼭 들르지는 않는다. 아웅산 수지로 유명한 미얀마에 가보지 않은 대부분의 사람들은 양곤을 수도로 알지만 실제 수도는 네피도다. 나도 미얀마에 가보기 전엔 양곤을 수도로 알았다. 미국은 연방정부와 각 주가 경제수도와 행정수도를 따로 두고 있다. 연방정부 행정수도는 워싱턴 DC, 경제수도는 뉴욕이다. 뉴욕주의 행정수도는 올버니, 경제수도는 뉴욕이다. 캘리포니아 행정수도는 새크라멘토다.

서울은 뉴욕처럼 경제 문화 도시로, 세종특별자치시는 명실상부한 행정수도가 될 것이다. '대한민국 수도는 서울이다'가 수년 이내

개헌으로 헌법에서 빠질 수도 있다. 그렇다면 대한민국 제2의 수도는 어디란 말인가. 대부분의 사람들은 세종특별자치시라고 추정할 수밖에 없다. 집권 여당도 세종특별자치시를 지역구로 둔 이해찬 대표를 필두로 20대 국회 임기 내 13개 상임위원회와 예산결산특별위원회가 포함된 '국회 세종분원 설치'를 추진한다는 계획이다.

문재인 정권 들어 남북 관계 호전으로 파주시와 연천군의 땅들은 시세가 급등했다. 속칭 싸게 나오는 매물이 없다. 설령 매물이 있더라도 나중에 북한에 그다지 호의적이지 않은 정권으로 바뀌거나 남북 관계가 다시 나빠지면 파주시와 연천군의 땅값은 급락할 수밖에 없다. 긴 안목으로 여유자금을 가지고 투자하지 않으면 10년이 지나도 열매를 거두기 힘들 수 있다.

25년 후에는 세종특별자치시만 인구 증가

2044년엔 세종특별자치시를 제외한 전국 시도에서 인구가 감소할 것으로 예상된다는 통계청 자료가 발표됐다. 통계청의 '장례인구특별추계(시도편) 2017~2047년'에 따르면 2018년 전국 총인구는 5,170만 9,000명으로 작년보다 0.20% 늘어난다. 총인구는 2028년 5,194만 명까지 늘어나다가 2029년부터 줄어들 것으로 예측했다.

통계청은 2035년 강원도, 2036년 인천광역시, 2037년 경기도와 충청북도, 2040년 충청남도에 이어 2044년에는 제주특별자치도까지 인구 감소세가 확대돼 2044년 이후에는 세종특별자치시를 제외한 모든 시도에서 인구가 감소할 것으로 전망했다. 2017년부터 30년 동안

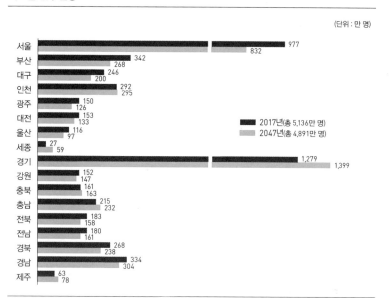

(단위 : 만 명)

시도별 인구전망 그래프
- 서울: 977 / 832
- 부산: 342 / 268
- 대구: 246 / 200
- 인천: 292 / 295
- 광주: 150 / 126
- 대전: 153 / 133
- 울산: 116 / 97
- 세종: 27 / 59
- 경기: 1,279 / 1,399
- 강원: 152 / 147
- 충북: 161 / 163
- 충남: 215 / 232
- 전북: 183 / 158
- 전남: 180 / 161
- 경북: 268 / 238
- 경남: 334 / 304
- 제주: 63 / 78

2017년(총 5,136만 명)
2047년(총 4,891만 명)

출처 : 통계청

부산광역시(-74만 명), 대구광역시(-46만 명), 광주광역시(-23만 명), 울산광역시(-19만 명)의 인구는 15% 이상 감소할 것으로 분석했다. 같은 기간 경상남도(-30만 명), 경상북도(-29만 명), 전라북도(-25만 명), 대전광역시(-20만 명), 전라남도(-18만 명) 인구는 9~14%, 강원도는 3.2%(-5만 명) 감소할 것으로 추산했다. 반면 세종특별자치시 인구는 2017년 대비 2047년까지 124%(33만 명), 제주특별자치도는 23.5%(15만 명), 충청남도와 충청북도는 각각 7.6%(16만 명)와 1.6%(3만 명), 인천광역시는 0.8%(2만 명) 증가할 것으로 예상했다.

반드시 '인구 증가와 부동산 시장의 상관관계가 100% 관계있다'고 볼 수는 없다. 일본은 인구가 줄어도 아베 취임 이후 경제가 큰 폭으로 성장하니 부동산이 상승했다. 부산광역시, 대구광역시, 광주광역시 등은 10여 년 동안 인구가 감소했어도 아파트값은 대체적으로 상승세를 탔다. 하지만 토지가격은 인구가 증가할수록 개발 압력이 높아 정비례로 오른다는 것이 정설이다.

대출 용이한 토지담보대출

주택 규제는 갈수록 늘어나고 있지만 상대적으로 토지담보대출이 비교적 자유롭다. 대출을 이용하면 땅값의 30~40%만 있으면 투자가 가능하다. 특히 세종특별자치시 장군면, 금남면, 연서면에 저평가된 땅이 산재해 있는데 미래의 황금밭으로 변할 것이다. 상속 증여 시 시가로 매겨지는 다른 부동산에 비해 유리하다. 세종특별자치시 토지에 관심을 보이는 자산가도 상당하다.

10년 이내 세종시역 신설이 확정될 듯

"세종특별자치시 땅값이 다락같이 오른 건 아닌가요?" "오르는 말에 올라타라는 주식 격언 들어보셨죠? 지금도 저평가되고 지목변경 가능한 땅이 널려 있습니다." 세종특별자치시 공시지가는 수년 동안 연속 1~2위를 달리고 있다. 충청권에서 KTX 세종역 신설 논란이 뜨거워진 시기는 2016년이다. 당시 세종특별자치시에 지역구를 둔 더불어민주당 이해찬 의원은 세종역 신설을 대표 공약으로 내세워 7선에 성공했고 국무총리자리까지 꿰찼다. 이에 발맞춰 타당성 조사용역이 진행되고 세종역 신설 움직임이 구체화되고 있다. 여당인 이해찬 의원과 충남지사마저 찬성한다는 입장으로 선회했다.

국회 세종분원 설치 논의가 본격화되는 만큼 KTX 세종역 설치가 화두가 될 것이다. 세종특별자치시가 행정수도로서 위상을 갖추려면 교통망 등이 충족돼야 하지만 현재 광역자치단체 가운데 KTX역이 유일하게 없어 오송역을 간이역처럼 써야 하는 실정이다.

중앙공무원 집결지인 세종특별자치시에 역이 들어설 수밖에 없다. 어느 나라를 가든 중앙공무원 집결지에 지하철이든 국철이든 정차하지 않는 곳이 없다. 오송역 부근 지역 주민이 세종역 설치를 반대하는 여론을 형성하고 있지만 몇몇 유력 공공기관을 추가로 오송으로 보내는 것으로 충청북도 민심을 달랠 것으로 보인다. 반면 수도권 통근자와 세종특별자치시 남부, 대전광역시 서부를 중심으로 세종역 설치를 지지하는 여론이 높다. '호남고속철도 세종역 설치 사전 타당성 조사' 연구용역 결과가 2020년에 나올 가능성이 농후하다.

세종~대전 간 광역철도건설사업이 수면 위로 떠올라 속도를 내고 있다. 이춘희 세종특별자치시장은 당시 모 경제지의 대전 지역 포럼에서 대전지하철 1호선을 세종특별자치시까지 연장하는 안을 검토하기로 대전광역시와 의견을 모았다. 대전세종연구원도 정책연구에서 세종~대전 간 광역교통 수요에 대응하기 위해 광역철도 연결이 필요하다고 분석했다. 도시 간 출퇴근 시간대 자가용 및 대중교통 이용이 급증하고 있어 대량 운송이 가능한 교통수단이 검토돼야 한다는 것이다. 대전세종연구원이 분석한 자료를 보면, 세종~대전 간 도로시설 소통 상태는 1일 평균 8만 8,531대에서 16만 3,793대로 85% 증가하는 것으로 나타났다. 용량 대비 교통량$_{v/c}$ 역시 0.58에서

세종~대전 간 장래여건 예측

구분	2014년		2020년	
교통수단 분담률	승용차+택시	버스+지하철	승용차+택시	버스+지하철
	6만 1,512	9,303	13만 6,624(↑122%)	3만 7,749(↑306%)
도로시설 소통 상태 분석	대/일	V/C	대/일	V/C
	8만 8,531	0.58	16만 3,793(↑85%)	1.07(↑0.49)

출처 : 대전세종연구원

1.07까지 2배가량 증가해 포화 상태에 이르는 것으로 파악됐다.

세종시역 신설과 대전지하철 1호선을 세종시까지 연장하는 안도 빠른 속도로 검토 중이다. 확정 발표 전 발 빠르게 투자하는 게 남보다 앞서는 재테크 방법이다. 대전 시내만 운행하고 있는 지하철을 세종특별자치시까지 연장하는 사업으로 지하철이 뚫리게 되면 대전과 세종 간 교통 편의가 크게 개선될 전망이다. 대전지하철 1호선 반석역과 세종터미널 9.7㎞를 잇는 구간이다.

대전~세종 광역철도는 대전도시철도 1호선 외삼차량기지에서 북유성대로와 세종로 및 국도 1호선 도로를 활용해 세종터미널까지 건설된다. 외삼역, KTX 세종역, 세종역 등 3개의 역사가 들어선다. 향후 인구나 교통량을 감안해 외삼역과 KTX 세종역 사이에 장래역(백룡역) 1개소를 설치하면 4개의 역사가 건립된다. 광역철도는 외삼차량기지부터 세종특별자치시 금남면 발산리 KTX 세종역까지 대부분 구간을 지상으로 건설하고 KTX 세종역을 지나 세종터미널까지 1~2㎞ 구간을 지하로 건설하는 방안이 유력하다.

호남선 KTX를 충청남도 천안~세종~공주~전라북도 익산으로
이어지는 단거리 직선형으로 변경해 신설해야 한다는 요구가 확산되
고 있다. 거리가 19㎞나 줄어들고 요금도 1인당 3,000원가량 저렴해
질 것이라며 전라북도와 전라북도 지역 국회의원까지 적극 나섰다.

전라북도 지역의원들은 코레일에 대한 국정감사에서 정부가
2005년 현재 호남선 KTX 분기역을 오송으로 결정해 전라북도와 광
주광역시·전라남도 지역 주민들이 시간과 경제적 피해를 봐왔다며
신규 고속철도(수원발·인천발 KTX 등) 개통에 대비하고 전라선 등 고
속철 수혜 지역 확대를 위해서도 평택~오송 복복선보다 평택~천안
~세종~공주~익산으로
이어지는 단거리 직선화
복복선이 훨씬 더 합리적
이라고 주장하고 있다.

세종특별자치시 개발
은 현재 진행 중이다. 국
회의원이나 대선 후보들
이 확실한 우위를 점하려
고 세종 시민들이 좋아하
는 정책이나 공약을 추진
할 것이다. 즉 청와대 분
원, 국회의사당 분원 설
치 추진, 세종~서울 고

출처 : 한국철도공사

속도로 조기 완공과 추가 정부기관과 공공기관 이전을 추진할 확률이 높다.

세종특별자치시 아파트는 분양만 유망

"세종특별자치시에 갭 투자하러 간다는 말 들어보셨어요? 앞으로도 듣기 힘들 것입니다." 수강생을 대상으로 하는 투자 강의에서 내가 가끔 던지는 질문이다. 전국구인 세종특별사시시는 공공택지이므로 저렴하게 분양할 수밖에 없다. 매매 시장보다 분양 시장에 접근하는 게 더 유리하다. 당첨 시 최소 5,000만 원 이상의 프리미엄이 보장되므로 청약에 적극 임해야 한다. 기존 세종특별자치시 아파트는 매매가와 전세가 큰 폭으로 벌어졌다. 갭 투자도 힘들고 월세 받기도 녹록치 않아 매매가가 큰 폭으로 오르기 쉽지 않다. 전국에서 전세 시장이 가장 좋지 않은 곳이 바로 세종특별자치시다. 일부 지역에선 전셋값이 하락하면서 '깡통전세' 우려도 커지고 있다. 실수요 차원에서 접근하는 것이 바람직하다.

상가투자는 신중히

실제 공실율은 20%가 넘어 전국 최고 수준인 세종특별자치시 상가는 더 악화될 수 있으므로 선별적으로 접근한다. 실제 세종특별자치시 상가에 잘못 발을 담근 사람들의 매도 상담이 주를 이루고 있다.

과욕을 버리고 현재를 즐겨라

인도 우화에 등장하는 시칸다르왕은 돈과 권력을 거머쥔 욕심 많은 왕이다. 어느 날 거리에서 거지 성자가 동냥 그릇을 내밀며 물건을 채워달라고 부탁했다. 왕은 신하를 시켜 음식, 비단, 보석으로 채우게 했지만 그릇은 항상 반만 채워져 있었다. 이상하게 생각한 왕은 거지 성자를 보며 이유를 물었다. "세상의 모든 보물을 여기에 담는다 해도 그릇은 항상 비어 있을 것입니다. 이것은 욕망이라는 그릇입니다."

투자에 실패하는 이유 가운데 가장 큰 원인은 바로 욕심을 제어하지 못하기 때문이다. 투자는 한정된 자산을 더욱더 키우기 위한 인간의 욕망에서 비롯된다. 투자에서 욕망은 늘 주의해야 할 위험 요소다. 정보에 어두운 은퇴자들은 한 방에 노후자금을 날릴 수도 있다.

시간을 돌아보면 욕망의 극에 달했던 자산들은 어김없이 투자자들에게 큰 손실을 안겨줬다. 2007년 무리하게 빚을 내서 강행한 강남권 재건축 불나방 투자, 2007년 인기 절정이던 중국 펀드투자, 그 이후 저축은행 고금리후순위채와 동양증권 회사채 투자, 장밋빛 전망만 가득한 바이오주식과 고수익을 내세우는 암호화폐투자 등을 들 수 있다.

나도 마찬가지다. 잘 모르는 위험한 금융상품에 선뜻 거금을 투자하고 고수익을 약속하는 지인들을 믿은 나머지 상당한 자산을 날렸다. 돌이켜보면 이 모든 게 욕심에서 비롯된 것이다. 고수익을 미끼로 하는 이들에게 몇 건의 투자사기를 경험한 뒤 은퇴자들에게 이 같은 유형의 투자사기를 당하지 않도록 강의하고 있다.

컵에 80%만 물을 채우고 나머지는 자신보다 못한 사람들을 위한 자선으로 채워야 한다. 100% 채우려고 하면 물이 넘쳐 자신뿐 아니라 주변 사람들도 해치는 독극물이 된다.

미래보다 현재를 즐겨라

강남에 위치한 '한강변 아파트에 거주하는 게 마지막 꿈'인 사람들이 적지 않다. 한강변에 위치한 아파트가 가장 상승률이 높아서이기도 하지만 맑은 날 한강을 보면서 커피 한 잔의 여유를 누리고 싶다는 의미로 해석할 수 있다. 한강변 아파트 꿈을 이룬 집주인은 전보다 더 열심히 일하면서 건물주를 꿈꾼다.

정작 안락의자에 앉아 한강을 보면서 행복한 사색의 시간을 즐기는 사람은 주인이 아니라 그 집에서 일하는 사람일 수도 있다. 어느 정도 부를 일궜으면 큰 욕심 부리지 말고 현실에 만족하면서 인생을 즐기는 게 삶을 마무리할 때 뒤돌아보면 좋은 선택일 수도 있다.

대체적으로 서구 사람들은 긍정적이다. 손에 잡히지 않은 먼 미래보다 눈앞의 현실을 즐긴다. 서유럽에 가보면 고급 세단을 거의 찾아볼 수 없다. 주말마다 가족과 놀러가기 좋은 해치백 스타일의 자가용을 몰고 다닌다. "여보, 조그만 참고 기다려. 은퇴하고 크루즈 여행 가자." 막상 은퇴하면 아내는 남편과의 관계가 어색해져서 편한 친구와 여행을 가고 싶어 한다. 크루즈 여행 경비만 지원해달라고 얘기하는 경우도 있다. 먼 미래의 주먹만 한 다이몬드를 바라는 게 아니라 매일매일 풀잎으로 만든 풀잎반지를 원하고 있었는지 모른다.

9장

통일한국을 대비하는
부동산투자법

베를린에서 바라본 통일 이후 한국 경제의 득과 실

통일 전후 부동산 가격 치솟다가 다시 침체

냉전의 차가운 공기가 흐르는 1980년 동베를린. 한 발의 총성이 어둠이 내려앉은 잿빛 거리의 정적을 깬다. 동독과 서독을 연결하는 체크포인트(검문소). 한석규가 서독으로 망명하는 장면으로 영화 〈이중간첩〉(2002)은 시작한다.

독일 베를린 부동산 연구 차 머물 당시 체크포인트를 보면서 통일후 한국의 모습을 머릿속으로 그려봤다. 발표된 자료만 들춰보고 얘기하는 것보다 직접 통일된 독일을 가보는 게 효과적이므로 통일 후 미래의 한국 부동산 연구 겸 독일 전역을 여러 차례 방문했다.

남북 관계가 혼선을 빚고 있지만 파주시, 연천군, 철원군 등 접경 지역의 투자 문의는 늘었다. 심지어 북한 깊숙한 부동산까지 물어보

베를린 시내에 남아 있는 장벽과 한국에서 공수된 정자

기도 한다. 정부에서도 DMZ 인근을 한반도 평화를 생각하는 평화 관광의 공간으로 만들 계획이라고 밝혀 수혜 지역에 대한 부동산 투자자들의 관심이 증가하고 있다. 기존에 외국인과 안보관광 중심의 관광에서 남북 교류 협력과 평화의 분위기를 감안해 국민이 보고 느낄 수 있는 체감형 관광지대로 꾸리겠다는 내용이다. 탈북해서 남한에 정착한 사람들까지 통일 수혜 부동산의 궁금증에 목말라 나를 찾아오고 있다.

갑작스러운 독일 통일 과정

"오늘부터 여행 출국 규제를 완화하겠음."

동독의 정치국원이자 정부대변인이던 귄터 샤보브스키의 기자회견 오보로 독일은 통일이 갑작스럽게 됐다. 원래는 "국외 이주에 대해 양 독일 국경 혹은 동서 베를린의 모든 검문소를 사용할 수 있음"이라고 했어야 했다. 그러나 "동독 국민은 베를린 장벽을 포함해 모든 국경 출입소에서 출국이 인정됨"이라고 발표해버렸다.

듣고 있던 기자가 언제부터 시행되느냐고 물었다. 계획은 11월 10일 아침에 시행되기로 했으나 서류에 날짜가 명기돼 있지 않아서 지체 없이 "지금 바로 시행한다"고 해버렸다. 이 기자회견이 전 세계로 보도됐다. 이 소식을 접한 동독 주민들은 베를린 장벽에 몰려들었다. 시간이 지날수록 시민 수는 기하급수적으로 늘어났다. 결국 경비대가 통제할 수 없는 상황에 이르렀고 수많은 동독 주민이 서독으로 넘어가기 시작했다.

차근차근 통일 준비한 독일

독일은 통일 이전부터 동서독 간 인적, 물적 교류가 활발했다. 분단 직후인 1950년대부터 서신 교환을 허용했고, 1960년대 말에는 빌리 브란트 서독 총리의 동방정책을 계기로 교류 확대에 나섰다. 1972년에는 서독과 동독이 기본조약을 맺었다. 골자는 상호 승인과 UN 동시 가입이었다. 본 조약 외에 통행 규제 완화, 이산가족 재결합, 우편물 교환 확대 등을 포함하는 각서도 교환했다. 1973년에 동서독은 UN에 동시 가입했고, 교류를 확대해 연간 500만 명 이상의 동독인이 서독을 방문하고 동독 시청자의 대부분이 서독 TV를 시청하는 성과를 냈다.

독일은 통일비용을 충당하려고 1991년 '연대세'라는 이름의 세금을 만들었다. 소득세와 법인세에 추가로 붙는 세목으로 도입 당시엔 7.7%였다. 도입된 이후 1993년에 폐지된 연대세는 1995년부터 5.5% 수준으로 다시 부활했다가 아직까지 유지되고 있다.

독일은 통일 당시 동독의 마르크화를 서독 화폐와 일대일로 교환했다. 당시 서독과 동독의 경제력 차는 9배 수준에 달했다. 동독의 생산성은 서독의 4분의 1에 불과했다. 적정 화폐 교환 비율은 서독 대 동독이 4.4 대 1이었다. 조약 체결 이후 서독은 연간 평균 32억 달러를 동독에 지원해 동독 경제성장을 도왔다. 1990년 10월, 동서독은 분단 45년 만에 통일국가로 다시 태어났다. 하지만 천문학적 통일비용으로 독일 경제는 오랜 시간 파탄날 수밖에 없었다.

독일의 분단 시기, 동서 베를린의 경계였던 브란덴부르크

커지는 빈부격차 심각

통일 이후 30년이 지났지만 독일은 동서 간 경제 격차가 여전하다. 임금 수준, 고용 지표, 생산성 등 주요 경제 지표에서 옛 동독 지역이 옛 서독보다 훨씬 뒤떨어진다. 동독 지역은 전체 독일 실업률의 2배에 달해서 일자리를 찾아 구동독에서 서독으로 이주 행렬이 지금까지 이어지고 있다. 심지어 인구 유출 사태에 직면한 동독은 교통노선, 의료기관, 학교 등이 줄줄이 감소하고 있다.

동독 집값이 서독보다 더 가파르게 올라

통일이 부동산 시장에 호재임이 분명하지만 우리보다 먼저 통일을 경험한 독일의 사례를 살펴보면 장밋빛 전망만 있는 건 아니다. 독일은 1989년 11월 베를린 장벽이 무너지고 1년 만인 1990년 10월 서독의 흡수통합으로 통일이 이뤄졌다.

통일 직후 서독과 동독 모두 부동산 가격이 상승했다. 시장경제 체제로 편입된 동독의 주택 및 택지가격이 급격히 상승했다. 주택가격은 1985년을 100으로 했을 때 서독은 1990년에 116.4, 1993년에 137.2를 나타냈다. 동독은 1989년을 100으로 했을 때 1993년에 195.2로 2배 가까이 상승했다. 택지가격은 서독이 89.24마르크/㎡(1990)에서 96.53마르크/㎡(1993)로 8.2% 상승했고, 동독 지역은 13.11 마르크/㎡(1991)에서 28.30마르크/㎡(1993)로 2.2배 상승했다. 동독의 급격한 부동산 가격 상승은 향후 개발에 대한 기대심리가 반영된 데서 이유를 찾을 수 있다.

독일 할레연구소에 따르면, 1990년 구동독 지역의 신규 주택건축은 2만 호를 밑돌다가 1996년경에 18만 호까지 치솟았지만 2001년 4만 호, 2008년 3만 호로 급감한다. 이 여파로 동독 지역의 주택 재고는 1990년경 810만 채에서 통일 직후 급격한 공급으로 2001년경 890만 채에 육박했다. 공급 과잉은 가격의 하락을 가져왔다. 1990년의 주택가격을 100으로 봤을 때 구동독의 주택가격은 1993~1994년경 110을 넘어섰다가 곤두박질치기 시작해 2003~2004년에는 95선까지 떨어졌다. 1990년대 중반 이후 독일의 경기침체 속에 동독 시역의 아파트값 하락이 두드러졌다.

통일 후 남한보다 북한 부동산 수혜 가능성

남북 관계에 대한 개선 소식이 나올 때마다 통일 수혜 주식 시장이 먼저 반응한다. 대표적으로 인프라 설치 관련 건설, 시멘트, 철도주 등이다. 통일 직후 인프라 설치 관련 건설 시장이 특수를 누리겠지만 엄청난 통일비용으로 한국 경제는 오랫동안 침체를 경험할 것이다. 한국건설산업연구원도 자료를 통해 지금 통일이 될 경우 북한 건설 시장 규모가 향후 20년 동안 총 224조 6,000억 원에 이르고 북한 경제특구, 인프라 개발 건설 물량만 60조 원에 달할 것으로 추정하면서 건설 산업이 통일의 최대 수혜를 입을 것으로 내다봤다. 통일이 되면 상대적으로 개발이 거의 된 남한의 부동산보다 개발할 곳이 많은 북한의 부동산이 수혜를 볼 가능성이 있다.

독일 통일 이후 주택 건설 산업도 최대 호황을 누렸다. 1980년대 중반 이후 주택 건설 시장이 정체를 보이던 서독은 1994년 한 해에만 557만 가구의 주택을 쏟아내며 20년 만에 최고 수준을 기록했다. 동독에서도 통일 이후 주택 건설이 증가 추세를 보인 가운데 1994년 6만 8,661가구가 건설돼 최대 실적을 기록했다.

활황이 그리 오래가진 못했다. 1994년 정점을 찍은 주택 시장은 1995년 이후 과잉 공급·투자에 따른 후유증으로 침체기에 접어들었다. 1995년 18만 6,155건에 이르던 동독 지역 건축허가 건수는 2003년 3만 8,697건까지 급감했다. 2001년 동독 주택가격은 1995년 대비 15% 이상 빠졌다. 독일 정부가 동독 지역에 대한 주택·인프라 지원 정책을 펴는 과정에서 중복·과잉 투자 문제가 불거졌다. 또 독

통일을 전후한 동·서독의 변화

서독	구분	동독
• 통일 초기의 통일 특수 • 실업률 증가	경제구조	• 제조업 감소, 서비스업 고용 증가 • 건설업 급성장
• 1985년 100 → 1993년 137.2 (8년간 37.2% 상승)	주택가격지수	• 1989년 100 → 1993년 195.2 (4년간 95.2% 상승)
• 1990년 89.24 → 1993년 95.53 (3년간 8.2% 상승)	택지 가격 (마르크/m²)	• 1991년 13.11 → 1993년 28.30 (2년간 115.9% 상승)
• 주택 건설 사업 증가 (1994년 건설 실적 중 주택 비율 63%)	주택개발	• 주택 개선 사업 증가 (1994년 건설 실적 중 주택 비율 45%)
• 유입 인구 증가 • 1989년 6,206만 명 → 1994년 6,601만 명(5년간 6.4% 증가)	인구 이동	• 서독 인접지, 대도시 인구 유출 많음 • 1984년 1,661만 명 → 1994년 1,553만 명(10년간 6.5% 감소)

출처 : 부동산114

옛 동독 지역의 건축허가 건수

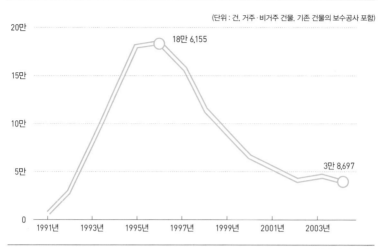

(단위 : 건, 거주·비거주 건물, 기존 건물의 보수공사 포함)

출처 : 독일 통계청

일 정부는 동독 인구가 서독으로 이주하고, 출산율은 떨어지면서 인구가 감소할 것이란 점을 간과했다.

남한과 비교해 북한의 인프라 수준은 매우 열악하다. 통일에 이르는 과정이나 통일 이후에 북한 지역 내 대규모 개발 사업이 추진될 것으로 예상된다. 하지만 인구가 감소하는데도 주택이 과잉 공급된 점과 기반시설 과잉 투자로 유휴시설 처리 문제가 부상한 독일의 경험은 우리에게 시사하는 바가 크다. 결국 남북한 인구가 얼마나 증가, 감소하느냐에 따라 각기 다른 투자 시나리오를 세워야 한다.(출처 : 부동산 114)

준비 안 된 급진적 통일 시, 경기침체 빠질 듯

급진통일을 했던 독일의 경우 통일 이후 지금까지 서독에서 동독으로의 이전지출은 3,000조 원에 육박한다. 서독과 동독의 인구 비율이 4 대 1, 동독 근로자의 생산성이 서독의 30%일 때 이야기다.

남북한의 인구 비율은 2 대 1이며 북한의 1인당 소득은 남한의 3%가 채 되지 않는다. 간단한 산술로 보더라도 급진통일이 우리 재정에 끼칠 충격은 독일의 2.7배에 달한다. 단기적으로 통일비용이 편익보다 훨씬 높을 것이다. 독일 통일비용의 60%는 동독 주민의 복지 지출이었다. 이 비용은 회수될 자금이 아니므로 투자 유치를 통해 해결할 수 없었다. 결국 서독 주민으로부터 세금을 걷어서 충당했다.

북한의 토지나 지하자원을 매각해 통일비용을 충당하자는 제안도 있지만 법적 소유권 문제와 자본가들에게 헐값 특혜 논란으로 논쟁거리만 남을 것이다. 친자 확인 소송, 재산권 다툼 등 재산권 처리와 관련된 법적 분쟁도 증가할 것이다. 독일은 토지반환권 소송이 수백만 건에 달했다. 법률가, 감정평가사 등은 북한의 토지 소유권에 대한 소송 특수를 누릴 것이다.

통일 후,
유망한 북한의 부동산

신의주와 개성, 평양 유망

몇 년 전 가족과 중국 방면을 통해 올라가는 백두산 관광길에 올랐다가 랴오닝성에서 숙식을 하게 됐다. 북·중 접경지대인 랴오닝성 단둥시 압록강 주변에서는 신의주나 평양 등 북한의 주요 도시로 가려는 중국인 관광객(유커)과 한복을 차려 입은 북한 여인을 어렵지 않게 볼 수 있다. 3대가 덕을 쌓아야 볼 수 있다는 백두산 천지를 내려다보면서 통일이 된다면 북한 어느 지역이 한국 투자자들을 불러 모을지 생각하는 계기가 됐다. 방송이나 새터민 등 여러 경로를 통해 북한 유망 부동산에 대해 익히 들었다. 대한민국 여기저기를 휩쓸고 다닌 경험을 바탕으로 감히 통일을 가정 아래 북한 부동산 시장을 알려진 사실과 데이터에 기반해 풀어볼 것이다.

GTX 타고 신의주, 나진, 러시아까지 간다

서울 대도시권에서 개성, 평양 대도시권, 신의주, 곽산에 이르는 서해 축을 기반으로 한 환황해경제벨트, 부산광역시부터 울산광역시 등 동남산업단지를 거쳐 나진·선봉까지 이어지는 동해 축을 기초로 한 환동해경제벨트, 남북 접경 축이 핵심인 접경지역평화벨트 등 통일을 가정해 국토 영역을 봐야 한다. 훗날 통일이 된다면 GTX A노선은 파주에서 신의주까지, GTX C노선은 의정부에서 나진·선봉까지 연결될 가능성이 크다. 나진·선봉은 블라디보스토크로 가는 관문으로 우리나라와 러시아와 연결할 관문으로 발전 가능성이 크다.

경제제재 해제 후 통일까지 생각한다면 북한에서는 중국을 마주보고 있는 신의주와 개성, 남포, 평양이 유망하다. 개성은 산업단지가 있고, 평양은 북한 수도다. 남북경협이 다시 본격화된다면 제2,

맑은 날 촬영한 백두산 천지

러시아 블라디보스토크 전경

제3의 개성공단이 나올 것으로 보인다. 서해안 변의 남포와 중국 국경이 맞닿아 있는 신의주가 유망하다.

현재 북한의 도시화율이 남한에 비해 훨씬 낮다. 전체 인구 대비 수도인 평양에 사는 인구 비중이 서울 거주 인구 비중보다 낮다. 북한 주민들도 수도인 평양의 거주를 선호한다. 정치, 경제, 문화의 중심지 평양 거주민들은 신분도 특별하다.

한국에서 부동산투자 경험이 있는 사람들을 중심으로 여행 겸 북한으로 땅 사러 가는 유행이 나타날 것이다. 국내 대기업들도 마찬가지다. 북한 지역 토지의 원 소유주는 상당 부분 남한에 거주한다. 북한에서 토지개혁을 할 때 지주들이 대거 남한으로 내려왔기 때문이다. 통일이 되면 북한은 수복지구가 되지만 토지소유권 소송 등으로 엄청난 혼란을 겪을 것이다. 한국전쟁 이후 철원군 일대를 수복했을 때 원 소유주에게 돌려준 바 있다. 동독에서도 원 소유주에게 토지를 돌려줬는데 이 과정에서 엄청난 소송이 발생했다. 통일이 된다면 법적으로 소유권을 정확히 확인하고 북한 부동산에 투자해야 한다.

독일 통일 후 구동독 지역 주택의 공급 과잉을 낳았다. 그 결과 공실이 늘고, 임대료 수입이 생기지 않으면서 투자자들은 실질적으로 손실이 컸다. 따라서 통일 후 북한에 투자할 경우 철저하게 평양, 개성, 신의주, 나진, 선봉 등 대도시이거나 발전 가능성 있는 도시에 압축 투자해야 한다.

한강 변에 홀린 강남 부자들, 북한 대동강 변 아파트에 몰릴 듯

'평양에서 돈 벌려면 집부터 사야 된다'는 말이 유행하고 있다. 한강 변 아파트에 대한 투자 성공 경험을 바탕으로 북한 대동강 변의 아파트에 돈이 몰려 단기간에 급등할 수 있다. 대표적으로 평양 대동강변의 고층아파트군 건설과 미래과학자거리 등이다. 평양도 서울 한강처럼 대동강 중심으로 시가 구성돼 있다. 평양의 압구정은 평양시 중구역 창광거리다. 강남구는 강의 남쪽에 있지만 평양의 강남은 서울로 치면 강북이다. 동대원구 위쪽의 대동강구가 입지가 좋다. 대동강 위쪽에는 중구와 모란봉구가 중심축을 이루고 있다.

평양의 아파트는 약 25평에 방이 두세 칸 정도 된다. 고위간부나 특별계층이 사는 신축 아파트는 30~50평 규모다. 주로 평양 광복거리에 지어진 아파트다. 평양의 압구정동인 창광거리도 북한의 특권층이 모여 사는 주거단지다. 거의 40~60평 규모다. 평양에서 거래되는 평균 아파트 시세는 1억 원대다. 대동강 조망 등 입지가 좋은 물건은 2~3억 원에 매매가가 형성되고 있다. 통일 후 강남 부동산 폭등을 경험한 남한 투자자들이 이 지역 아파트에 몰빵투자할 것으로 보인다.

하지만 북한은 중국처럼 내부 인테리어 등을 마감하지 않고 골조만 분양하는 아파트가 대부분이다. 투자자들은 추가 공사를 해야한다. 아파트 내부 공사만 따로 하는 한국 고급 인테리어업계가 대거 진출해 급성장할 것으로 보인다.

북한 사람들이 직접 주택 소유권을 거래하는 것은 아니다. 북한의 모든 주택은 국가 소유다. 대신 사람들은 주택에 거주할 수 있는 권리증이자 소유권으로 인정받는 '입사증'을 거래한다. 북한 사람들은 주택 거래 시장 이름을 '해빛(햇빛)동' 혹은 '해빛마을'이라 한다. '해빛'이라는 이름이 붙은 이유는 중개인들이 사계절 내내 종일 햇볕이 내리쬐는 밖에 서 있기 때문이다.

역세권, 시세권에 따라 차이 나는 북한 아파트

북한 내 주택 거래는 우리처럼 소유권을 매매하는 개념이 아니라 주거권을 사고파는 개념이다. 북한 주택은 소유권이전이 불가능하다. 북한의 아파트도 시장에서 거래된다. 속칭 돈주 아파트(돈주들이 지은 고급아파트)만 중개하는 중개인도 있다. 부동산중개인들이 거점으로 삼고 있는 대표 지역은 대동강 강변에 위치한 선교구역이다. 거래 수수료는 팔고 사는 쪽에서 주택가격의 2%를 낸다.

우리나라의 주택가격은 역세권이나 조망권, 직주근접을 따진다.

평양의 주택가격은 주로 역세권인지, 시세권(시장과 가까운지)인지, 도둑 전기를 끌어다 쓸 수 있는 위치인지에 따라 결정된다. 우물이나 펌프가 있어 물 문제를 해결할 수 있는지도 중요하다. 주택 매매 시 북한 원화에 비해 상대적으로 안전한 중국의 위안화와 미국의 달러화가 통용된다.

거주하기에는 불편할 수도

외형은 보기 좋지만 직접 거주하기에 불편할 수도 있다. 북한은 전기가 매우 부족해 평양도 중구역을 제외하고 하루 3~6시간밖에 공급하지 못하고 있다. 50층 고급아파트의 전기가 끊기면 사람들은 집에 올라갈 수 없고 난방도 수돗물도 보장이 안 된다. 온수 난방이 제대로 되지 않으므로 전기로 해결해야 하는데 전기도 불안전하다. 경제제재가 풀리고 통일이 가시화된다면 남측의 지원으로 이런 부분은 해결될 것으로 보인다. 군부에 의해 1년이 안 되는 공사기간을 거쳐 아파트가 지어졌으므로 실거주는 안전진단 검사 이후가 바람직하다.

03

통일 후,
진짜 돈 되는 것은

채권가격은 급락할 듯

독일의 사례를 보면 통일 이후 투자 매력도는 직접적으로 주식과 부동산이 될 것이다. 기대감을 먹고사는 통일 관련 주식들이 먼저 상한가를 칠 것이다. 독일 닥스지수는 1990년 9월부터 2000년까지 240% 넘게 올랐다. 의류와 제약 등 경공업 관련 주식이 수혜를 봤다. 독일의 대표 의류 브랜드인 휴고보스는 주가가 971% 상승했다. 제약회사인 바이엘도 445% 올랐다. 물류기업인 루프트한자(397%), 에너지 기업 에온(336%)도 수혜를 입었다.

부동산 관련 회사들도 초기에는 큰돈을 벌 것이다. 통일 초기에는 북한 곳곳에 도로와 철도·항만·주택 등 기본 인프라를 갖춰야 하므로 북한의 대도시나 개발지, 인근 토지 시장에 자금이 몰릴 것이다. 부동산 상승 랠리는 예상보다 길지 않을 수 있다. 독일에선 통일 초기 부동산 경기가 과열되면서 1990년대 중반부터 주택가격이 하락세를 보였다. 주식 시장도 부동산과 같이 통일 초기에 급등하다가 몇 년 동안 통일비용이 경제에 부담으로 작용한 결과 경기가 침체될 가능성이 있다. 막대한 통일비용 부담으로 독일 경제가 어려워진 것을 보면 유추할 수 있다. 통일 이후 채권은 상당 기간 인기가 떨어질 것이다. 통일비용 마련을 위해 국공채 등 채권 발행이 늘면서 금리가 급등(채권 가격은 하락)할 가능성이 크다.

통일의 가장 큰 효과는 인구 7,000만 명이 넘는 내수 시장이 생기고 국방비 절감 부분을 경제 활성화에 쓸 수 있다는 것이다. 북한의 풍부한 천연자원을 활용하면 원자재 수입을 줄일 수도 있다. 북한 리스크가 사라지면 정부나 금융기관이 해외에서 돈을 빌릴 때 조달 금리도 낮아지지만 독일 사례를 볼 때 통일 후 경기가 더 어려워질 수도 있다.

급진적 통일되면 경기침체 장기화될 수도

문재인 정부의 주장대로라면 평화경제로 8,000만 단일 시장을 만들 수 있고 통일까지 된다면 세계 경제 6위권이 될 것이다. 2050년엔 GNI 7~8만 달러 시대가 가능하다. 청와대가 인용한 영국 경제경영연구센터CBER의 '세계 경제 성적 일람표 2019'에 따르면, 2030년대에는 통일한국의 GDP가 영국과 프랑스를 꺾고 세계 6위에 이를 것으로 예상된다. 너무 일방적이고 장밋빛 환상이다.

만약 급진적으로 통일이 된다면 외국인 투자가들은 국내에 투자한 돈을 기대수익률이 높은 다른 나라로 옮길 가능성이 크다. 그 과정에서 원화 가치가 폭락하는 등 2008년 글로벌 금융위기와 비슷한 충격이 올 수 있다. 통일비용도 문제다. 2010년 대통령 직속 미래기획위원회가 추산한 비용은 점진적 통일 시 3,220억 달러(약 343조 원), 급진적 통일 시 2조 1,400억 달러(약 2,280조 원)였다.

통일 전에 비해 통일 후 독일 정책 금리는 2배가량 올랐다. 서독마르크는 유럽환율메커니즘ERM의 중심 통화여서 안전했으나 영국과 이탈리아의 화폐 가치가 폭락함으로써 1992년 이 두 국가가 ERM에서 탈퇴할 수밖에 없었다. 한국은 서독에 비해 경제력이 약하고 급하게 통일부터 진행시킨다면 정치경제적 불확실성으로 인해 외국 자본은 한국 자본 시장에서 대거 이탈 가능성이 있다. 금리를 올려서 이를 막고자 한다면 가계와 정부 부채 등이 뇌관이 돼 한국 경제 전체가 통일 때문에 망가질 수 있다.

경제력 차이로 당장 통일은 힘들 듯

북한은 2016년(146만 원) 수준을 유지했지만 남한은 같은 기간 1인당 GNI가 3,212만 원에서 3,363만 원으로 늘어 남북 격차가 더 벌어졌다. 경제성장률이나 무역총액 등 주요 통계지표 대부분이 마찬가지다. 통계청이 발간한 '2018 북한의 주요 통계지표'를 들여다보자. 통계에 따르면 2018년 북한 GNI는 36조 6,310억 원으로 남한(1,730조 4,614억 원)의 4.5% 규모다. 북한 인구는 2,501만 명으로 남한

(5,145만 명)의 절반이다. 북한 주민 1인당 GNI를 계산하면 146만 원으로 남한(3,363만 원)의 23분의 1 수준이다.

통일 당시 서독 경제의 규모는 동독보다 10배나 더 컸지만, 통일 후 독일은 10년 이상 성장 둔화와 고실업 증세의 '독일병' 즉, 막대한 경기침체를 경험했다. 우리나라와 북한의 경제 규모는 통일 당시 독일보다 몇 배 더 벌어져 있다. 경제 격차를 대폭 좁혀놓지 않으면 대한민국도 통일 부담으로 장기간의 경기침체기를 보낼 것이다. 문재인 정권 들어 한국 경기가 국내외적 이슈로 급격히 침몰하고 있다. 북한과의 경제 격차가 빠르게 좁혀지고 있는 것은 내가 별로 인정하고 싶지 않은 현실이다.

그럼에도 불구하고 국내외적 정치경제 논리상 여러 자료를 비교해본 결과, 10년 안에 통일은 이뤄질 수 없다. 너무 성급하게 통일을 예상해 통일 수혜 부동산에 단기투자하는 것은 바람직하지 않다. 최소한 북한 경제와 남한 경제력 차가 좁혀진 것을 확인하고 점진적으로 통일을 진행시키는 게 맞다. 문재인 정권에서 통일은 국내외적 여건상 불가능하다. 그러니 섣불리 경기 이북 지역 부동산이나 통일 관련 주식에 투자하는 것은 바람직하지 않다. 통일은 10년이 넘게 걸리는 장기 과제다.

휴전선 인근 땅값도 베를린 장벽 인근처럼 폭등할까

내가 다녀온 베를린시 브란덴부르크 인근 포츠다머 플라츠는 1920년대까지 유럽의 교통 상업 중심지였다. 이 지역이 동베를린 지

천지개벽한 베를린 장벽 인근 포츠다머 플라츠 '소니센터'

역에 위치해 오랫동안 방치됐었다. 베를린 장벽이 지나가던 포츠다머 플라츠에 베를린의 층고 제한을 푼 결과, 세계적인 건축 전문가를 통한 공모를 통해 천지개벽됐다. 크라이슬러타운, 소니센터, 베를린몰 등 쇼핑센터와 유수 기업체, 글로벌 금융기관이 포진해 있다.

이스트사이드 갤러리는 베를린 장벽 일부에 조성된 미술 갤러리다. 슈프레강이 보이는 지역에 위치한 1.3km 길이의 장벽에 조성돼 있다. 이 인근은 지하철 교통망도 좋고 관광객으로 인산인해다. 고급아파트가와 대기업들이 산재해 있다. 이스트사이드 갤러리 일대는 중심 상업지 인근이라서 폭등했다. 하지만 우리나라의 휴전선과 가까운 지역의 땅은 독일과 달리 상업지역으로 변모할 가능성보다 후손들의 역사의 장소로 활용하기 위해 공시지가로 전면 수용될 가능성이 있다. 휴전선과 아주 가까이 붙어 있는 토지보다 상당 부분 떨어진 수용지 인근의 토지가 유망할 수 있다.

통일 후 경기침체에 따른 남한 부동산 시장 위축과 북한 부동산 시장의 쏠림 현상으로 남한 부동산 시장에는 악재가 될 수 있다. 남한 부동산 시장 규제를 유지시키는 정권이 앞장서 통일의 주체가 될 수 있기 때문이다. 통일 전 독일보다 GDP 차이가 크므로 급진적인 통일은 남한에 정치경제적으로 큰 혼란만 빚을 것이다. 그래도 자식 세대를 위해 통일 이후를 대비해 투자한다면 중장기적으로 파주시, 고양시, 김포시, 연천군 등의 주택 시장보다 토지 시장이 유망하다. 파주시는 신의주에서 평양, 개성을 거쳐 서울로 가는 경의 축의 중심이 될 가능성이 높다. 도로 접근이 쉬운지, 공장이나 상업시설 등 어떤 용도로 개발될지부터 따져보는 게 순서다. 토지는 중장기적 관점에서 투자해야 한다. 통일이 가까워질수록 접경지 인근 땅은 토지거래허가제가 확대되고 비사업용 토지로 구분되면 양도소득세 부담이 커질 것이다. 비사업용 토지는 기본세율(6~42%)에 10%p가 가산돼 큰 폭으로 오르지 않는 이상 실익이 거의 없다.

발상의 전환 투자

2014년 장벽 감시 초소가 이베이에 3,000유로부터 경매가로 나온 적이 있다. 우리나라 돈으로 400만 원 정도 된다. 베를린 장벽 붕괴 후 일부 떨어져 나간 벽돌과 조각들을 경매에 부친 것이다. 우리나라의 경우 휴전선 철조망을 기념품처럼 만들어 수백만 원에 팔거나 판문점 경비 초소가 수집가를 통해 수천만 원 경매가로 시작해 나올 수도 있다. 발상의 전환을 통해 남북접경지역 부동산에 투자하는 것보다 인근 고물상에 투자해 통일 기념품이 될 만한 것을 수집해 이

베이나 알리바바 등 글로벌 경매회사를 통해 판매하는 게 부자로 가는 지름길일 수 있다.

난 수년 동안 강의나 칼럼을 통해 위와 같은 뼈 있는 농담을 했다. 공교롭게도 최전방 부대의 한 사단장이 남북군사합의에 의해 파괴한 GP의 철조망을 여당 의원들에게 선물액자를 만들어줘서 이슈가 됐다.

부동산투자 성공의 절반은 긍정의 힘

"구두가 안 팔리는 것은 팔리는 구두를 만들지 못했기 때문이지 경기가 좋고 나쁘다"가 아니다. 세상을 긍정적으로 보고 사회복지사업도 활발히 하는 바이네르 김원길 대표가 늘 하는 말이다.

옛날에 우산장사와 짚신장사를 하는 두 아들을 둔 어머니가 있었다. 이 어머니는 해가 쨍하는 날이면 우산 파는 아들의 장사가 안 될 것을 걱정 했고, 비가 쏟아지는 날이면 짚신을 파는 작은아들의 장사를 걱정했다. 이 어머니는 해가 떠도 걱정, 비가 와도 걱정이었다. 그런데 한 사람이 찾아와 걱정에서 헤어날 방법을 가르쳐주었다. 해가 뜨면 작은아들의 장사가 잘될 것을 기뻐하고, 비가 오면 큰아들의 장사가 잘될 것을 기뻐하라는 얘기였다. 그렇게 생각하니 비가 와도 해가 떠도 걱정이 없게 됐다.

버락 오바마 미국 전 대통령은 하버드대학 법대를 나왔다. 대학 시절 학생들이 발간하는 신문의 편집장을 맡았다. 당시 그가 해낸 일 가운데 동료들이 가장 뚜렷이 기억하는 일이 있다. 모든 부정어를 긍정어로 바꿔 게재하는 것이었다. 이를테면 '자유가 없는 나라'라는 표현을 '자유를 향한 꿈이 있는 나라'로 바꾸는 것이다. 오바마는 대통령이 돼서도 연설문을 직접 수없이 수정했다. 퇴임 후 언론으로부터 긍정적인 명문을 가장 많이 남긴 대통령으로 인정받게 됐다.

"모두 눈을 감고 남편을 한 번 떠올려보세요. 좋은 점을 한 번 생각해보시고요. 생각 잘 안 나시죠? 이젠 거꾸로 단점을 한 번 생각해보세요. 30년 전 신혼 시절부터 친구들을 밤늦게 데려와 집에서 술안주 내놓으라고 한 거, 시댁 보증 서서 힘들었던 거, 첫아이 태어날 때 늦게 도착해 서러웠던 거. 전부 생각나시죠? 엘리베이터 기다리다가 외국인과 눈이 마주치면 어떤가요? 외국인은 주로 우리 보고 어떤 표정을 짓던가요? 눈웃음을 주거나 '하이' 하고 인사하기 마련이죠. 반면 우리나라 사람끼리 눈이 마주치면 어떤 현상이 벌어지나요, 잘 아시죠?" 서구 사람들은 사물을 처음 볼 때 긍정적인 면을 많이 보는 반면 우리나라 사람들은 부정적인 면을 본다.

"서구의 역대 대통령들은 퇴임하면 주로 뭐 하나요? 저처럼 강의 다니고 봉사 활동 다닙니다. 반면 우리나라 대통령들은 어떤가요, 다 아시죠?" 전임 대통령을 판단할 때 우리는 잘못한 점 두세 가지를 크게 부각시키고 잘했던 7개는 전부 무시한다. 외국은 단점보다 장점을 더 부각시키면서 국가에 좋은 것은 후임 정권도 계승한다는 점이 우리나라와 다르다.

"일본처럼 우리나라 부동산도 폭락한다고 20년 이상 매스컴에서 떠들 때 부동산 전부 정리한 분 어떻게 됐나요?" 상담을 해보면 주식이나 펀드 등 위험한 투자를 해서 원금의 상당 부분을 날린 사람들이 대다수다.

그나마 불황에도 부동산투자를 해서 이만큼 잘 살고 있는 것이다. 아무것도 없이 우리 회사 직원으로 들어왔다가 단기간에 부동산투자로 내 집 마련도 하도 건물도 사고 나중에는 부동산회사까지 차린 직원들이 여럿 있다. 부동산회사가 아닌 일반 회사 생활을 했다면 지금까지 내 집 마련도 하지 못하고 세상을 부정적으로 보면서 인생을 허비하고 있을 것이다. 깨어 있는 시간은 항상 부동산만 생각하고 현장 탐방 가고 했던 게 결국 본인을 부자로 만든 것이다.

지은이 **박상언**

유엔알 컨설팅, 유엔알 자산운용사, 상빌딩 대표이사.
서울과기대, 경기대, 가천대, 국민연금, 롯데, 신세계 등 여러 대학과 기관, 백화점 등에서
실무 위주의 강의를 진행 중이며 KBS, SBSCNBC 등에 출연하고 있다. YTN 생생경제 자
문위원, 글로벌 부동산그룹 Gerson Lehrman Group, Inc 자문위원으로 활동했으며, 금
융권 PB 대상 부동산 교재를 집필하기도 했다. 또한 고객들의 자산관리뿐만 아니라 유망
스타트업이나 중견기업 여러 곳에 엔젤투자자로 참여하고 있다. 무대마술과 음악을 접한
실전 재테크 강의로 인기가 높은 섭외 1순위 강사이며, 한경 Hi-ceo 선정 베스트 강사, 한
국 HRD 명강사에 뽑힌 바 있다.
저서로는 베스트셀러인 『오르는 부동산 돈 되는 부동산 잘 팔리는 부동산』 『나는 연금형
부동산으로 평생 월급 받는다』 『10년 후에도 살아남을 부동산에 투자하라』 『대한민국 부
동산 투자를 지배하는 100가지 법칙』 등 10여 권 이상의 책이 있다.

**앞으로 10년,
살아남는
부동산
사라지는
부동산**

1판 1쇄 발행 | 2019년 10월 15일
1판 3쇄 발행 | 2020년 3월 25일

지은이 박상언
펴낸이 김기옥

경제경영팀장 모민원 기획 편집 변호이, 김광현
커뮤니케이션 플래너 박진모
경영지원 고광현, 임민진
제작 김형식

디자인 제이알컴
인쇄·제본 민언프린텍

펴낸곳 한스미디어(한즈미디어(주))
주소 121-839 서울특별시 마포구 양화로 11길 13(서교동, 강원빌딩 5층)
전화 02-707-0337 | 팩스 02-707-0198 | 홈페이지 www.hansmedia.com
출판신고번호 제 313-2003-227호 | 신고일자 2003년 6월 25일

ISBN 979-11-6007-411-6 13320